Uni-Taschenbücher 1856

Springer Fachmedien Wiesbaden GmbH

Sturm, Politische Wirtschaftslehre

Roland Sturm

Politische Wirtschaftslehre

Springer Fachmedien Wiesbaden GmbH

ISBN 978-3-663-19538-2　　　ISBN 978-3-663-19537-5 (eBook)
DOI 10.1007/978-3-663-19537-5

© 1995 by Springer Fachmedien Wiesbaden
Ursprünglich erschienen bei Leske + Budrich, Opladen 1995

Das Werk einschließlich aller seiner Teile ist urheberrechtlich geschützt. Jede Verwendung außerhalb der engen Grenzen des Urheberrechtsgesetzes ist ohne Zustimmung des Verlages unzulässig und strafbar. Das gilt insbesondere für Vervielfältigungen, Übersetzungen, Mikroverfilmungen und die Einspeicherung und Verarbeitung in elektronischen Systemen.

Einbandgestaltung: Alfred Krugmann, Freiberg am Neckar

Inhalt

I. Einleitung: Politische Wirtschaftslehre in der
   sozialwissenschaftlichen Ausbildung 9

II. Das Verhältnis von Politik und Wirtschaft im Lichte
    sozialwissenschaftlicher Theorieansätze 21

1. Neue Politische Ökonomie 22
1.1. Politisches Unternehmertum 26
1.2. Wählen und Nichtwählen 28
1.3. Politische Konjunkturzyklen 35
1.4. Bürokratie 40
1.5. Koalitionen 42
1.6. Kollektives Handeln 45
1.7. Spieltheorie 49

2. Pluralismus/ Korporatismus 51
2.1. Pluralismus 51
2.2. Korporatismus 55

3. Systemansätze 57
3.1. Systemtheorie 58
3.2. Marxismus 62
3.3. Neue Linke 63
3.4. Empirisch angeleitete Restriktionsanalysen 65
3.5. Regulationstheorien 67

4. Postmoderne 69
4.1. „Ökonomievergessenheit" 69
4.2. Das Ende der Dichotomie von Staat und Wirtschaft 71

III.	*Historische und konzeptionelle Phasen der Wirtschaftspolitik in der Bundesrepublik Deutschland*	75
1.	Nachkriegszeit und Wiederaufbau	77
2.	Aktive Konjunkturpolitik: Karl Schillers Globalsteuerung	87
3.	Versuche der Modernisierung der Wirtschaft durch Struktur- und Technologiepolitik in der Kanzlerschaft Helmut Schmidts	101
4.	Auf dem Wege zu einer angebotsorientierten Wirtschaftspolitik unter Kanzler Helmut Kohl	111
5.	Grundlinien und Perspektiven der deutschen Wirtschaftspolitik	124
IV.	*Ungelöste wirtschaftliche Strukturprobleme*	129
1.	Der wirtschaftliche Strukturwandel in Ostdeutschland	129
1.1.	Die Währungsunion	135
1.2.	Sozialer Umbruch, ABS-Gesellschaften und Treuhand	136
2.	Die Versöhnung von Ökologie und Ökonomie	145
3.	Staatsverschuldung	154
3.1.	Schuldenbegriffe	154
3.2.	Grenzen der Staatsverschuldung	162
3.3.	Die Finanzierung der Deutschen Einheit und Haushaltsrisiken	171
4.	Grenzen staatlicher Intervention in das Wirtschaftsgeschehen (Industriepolitik)	179
5.	Die Standortdebatte	188
V.	*Wirtschaftspolitische Institutionen und Akteure*	197
1.	Das Bundeskartellamt und die Monopolkommission (Wettbewerbspolitik)	197
1.1.	Das Politikfeld und die Institutionen	197
1.2.	Deutsche Einheit und europäische Wettbewerbspolitik	206

2.	Die Deutsche Bundesbank (Geldpolitik) und die europäische Währungsunion	210
2.1.	Die Deutsche Bundesbank	210
2.2.	Europäische Währungsunion	218
VI.	*Ausblick: Perspektiven der politischen Wirtschaftslehre*	222
Namenregister		225
Sachregister		227

Verzeichnis der Schaubilder und Tabellen

Graphik 1: Wahlentscheidung bei Präferenzhäufungen in der Mitte 32
Graphik 2: Wahlentscheidung in polarisierten Gesellschaften 33
Graphik 3: Entscheidungsmodell der Neuen Politischen Ökonomie 40
Graphik 4: „Schuldenbegriffe" und ihre Abgrenzungen 155
Graphik 5: Politikfeld „Wettbewerbspolitik" 202
Graphik 6: Inflationsrate und Diskontsatz seit 1970 212

Tabelle 1: Marktwirtschaft in Deutschland 76
Tabelle 2: Zeittafel der Privatisierungs- und Beteiligungspolitik 122
Tabelle 3: Öffentliche Finanztransfers von West- nach Ostdeutschland 134
Tabelle 4: Zur Finanzentwicklung der Treuhandanstalt 144
Tabelle 5: Staatsverschuldung nach Haushaltsebenen 171
Tabelle 6: Registrierte Fusionen, 1973-92 204
Tabelle 7: Die Präsidenten und Vizepräsidenten der Deutschen Bundesbank 211
Tabelle 8: Die Entwicklung des Bundesbankgewinns 218

I. Einleitung
Politische Wirtschaftslehre in der sozialwissenschaftlichen Ausbildung

Die sozialwissenschaftliche Ausbildung an vielen deutschen Universitäten hinkt heute mehr als zweihundert Jahre alten Erkenntnissen hinterher. Sie glaubt, die Zusammenhänge von Gesellschaft, Staat und Politik lehren zu können, ohne sich einer der wichtigsten Grundlagen gesellschaftlicher Existenz, nämlich ihrer wirtschaftlichen Basis zu versichern. „Der Wohlstand der Nationen", so der Titel des Werkes von Adam Smith, mit dem der schottische Philosoph und Nationalökonom 1776 die Grundlagen der modernen Wirtschaftstheorie legte, ist weder politisch und sozial voraussetzungslos, noch ohne politische und soziale Konsequenzen. Dennoch führt die Politische Wirtschaftslehre heute im Kanon der Pflichtveranstaltungen für Anfänger und fortgeschrittene Studierende sozialwissenschaftlicher Fächer an deutschen Universitäten ein Mauerblümchen-Dasein. Die intellektuelle Verdrossenheit, die das Scheitern vor allem ökonomisch begründeter marxistischer Patentrezepte zur Gesellschaftsreform hinterließ und ein in den achtziger Jahren durchgesetzter und sich durchsetzender rigoroser Individualismus[1], der immer weniger soziale Eingebundenheit in welcher Form auch immer zu akzeptieren bereit ist, haben in unheilvoller Allianz das Interesse an Problemen wirtschaftlicher Gemeinwohlgestaltung, und damit auch an der Wirtschaftsverfassung der Bundesrepublik Deutschland, in den Hintergrund gedrängt. Die deutsche Einheit hat zwar das unbestreitbar Bedrohliche ökonomischer Ungleichgewichte für gesellschaftliche Stabili-

---

1 Vgl. z.B. Ulrich Beck/Elisabeth Beck-Gernsheim (Hrsg.): Riskante Freiheiten. Individualisierung in modernen Gesellschaften, Frankfurt am Main 1994.

che ökonomischer Ungleichgewichte für gesellschaftliche Stabilität ins Gedächtnis gerufen, nicht aber die konzeptionelle Debatte um eine Weiterentwicklung der deutschen Wirtschaftsverfassung belebt.

So bleibt festzuhalten, daß mit der richtigen Erkenntnis der Kritik am Marxismus, daß holistische Erklärungsmuster gesellschaftlicher Prozesse, die versuchen allen Weltproblemen ihren unverrückbaren Stellenwert zu geben, an gedanklicher Starre und Modellplatonismus scheitern müssen, auch Wesentliches verloren ging. Trotz verbaler Bekenntnisse zur Interdisziplinarität[2], fehlt in der Wissenschaft heute das Gespür für notwendige Bemühungen um systematische und mehrere Dimensionen des Gesellschaftlichen übergreifende Analysen.[3] Konsens über Richtung, Qualität und Anlaß der Intervention von Politik in wirtschaftliche Zusammenhänge besteht immer weniger. Die früher von der Wirtschaftslehre[4] präferierte sozialtechnologische Suche nach der vielleicht nicht ökonomisch wirkungsvollsten, aber politisch durchsetzbaren und sich politisch auszahlenden Alternative der Ordnung der Wirtschaft kann heute nicht mehr auf das augenzwinkernde Verständnis des Wählerpublikums hoffen. Die bestehende Wirtschaftsordnung darf sich aus der Verantwortung genommen fühlen, weil sie alternativlos und damit unpolitisch erscheint, auch wenn sie de facto weiterhin selbstverständlich täglich gesellschaftliche Realität formt.

Es ist dennoch müßig, einleitend das doch Selbstverständliche, die ernsthaft von niemand angezweifelte(n) Interdependenz(en) von Politik und Ökonomie[5] im Detail zu begründen. Um das Pro-

---

2 Z.B. die überzeugende Argumentation bei Heinrich Mäding: Zum interdisziplinären Charakter der Theorie der Wirtschaftspolitik. Überlegungen am Beispiel der Beurteilung der regionalen Wirtschaftspolitik, in: Jahrbuch für Neue Politische Ökonomie 7(1988), S. 229-247.

3 Zur Debatte: Roland Sturm: New German Studies in Political Economy, in: European Journal of Political Research 23(1993), S. 421-428.

4 So das Plädoyer von Carl Böhret: Politische Wirtschaftslehre – Portrait einer Disziplin, in: Ders./Dieter Grosser (Hrsg.): Interdependenzen von Politik und Wirtschaft, Berlin 1967, S. 29.

5 Die von Carl Böhret und Dieter Grosser herausgegebene Festgabe zum 65. Geburtstag des Begründers der Politischen Wirtschaftslehre der Nachkriegszeit, Gert von Eynern, (Berlin 1967) trug bezeichnenderweise den Titel „Interdependenzen von Politik und Wirtschaft". Vgl. auch Gert

blembewußtsein zu schärfen, sind jedoch einige aktuelle Hinweise an die Adresse der sozialwissenschaftlichen „Ökonomievergessenheit" angebracht. Nur das Vernachlässigen wirtschaftlicher Zusammenhänge ermöglichte beispielsweise die populäre „Postmaterialismus"-Debatte, die von der dauerhaften Bedürfnisbefriedigung oder doch zumindest der Maslowschen Bedürfnisrangordnung ausgeht und einen der Befriedigung wirtschaftlicher Grundbedürfnisse nachgeordneten zivilisatorischen Forschritt der Menschheit annimmt.[6] Die damit implizierte Produktionsferne und Ästhetisierung von Politik angesichts fortschreitender Armut und Massenarbeitslosigkeit auch in den führenden OECD-Ländern ist von ihrer Realitätsblindheit nur zu befreien durch eine Debatte über die „Gleichzeitigkeit des Ungleichzeitigen"[7], von zivilisatorisch-gesellschaftlichem Glauben und ungelösten ökonomischen Problemstellungen. Mit anderen Worten, durch die Anerkennung sozialintegrativer Herausforderungen, die nicht zuletzt politische Folgeprobleme wirtschaftlicher Entwicklungsprozesse sind.

Die Bedeutung wirtschaftlicher Zusammenhänge holt, wie im Falle des Postmaterialismus, nicht einfach Realität ein, sie bildet immer aufs Neue Rahmen und Gegenpol sozialwissenschaftlicher Re-interpretationsversuche von Realität. Nur die einseitig politische Deutung des Transformationsproblems in Osteuropa und der DDR konnte nach der politischen Wende und dem Ende des real-existierenden Sozialismus als gesellschaftlichem Dogma Strategien eines politisch voluntaristischen Dritten Weges für einige DDR-Intellektuelle zeitweise plausibel erscheinen lassen. Nur die einseitig sozialwissenschaftliche Sicht der deutschen Vereinigung konnte sich der Illusion hingeben, das „Experiment Vereinigung" biete Zeit und Raum für eine „sozialen Großversuch".[8] Der gleichzeitig ablaufende ökonomische Überlebenskampf in Ostdeutschland kam bei solchen Visionen nicht vor, was selbstverständlich nicht verhindern

---

von Eynern: Grundriß der Politischen Wirtschaftslehre, Köln/Opladen 1968.
6 „In short people are safe and have enough to eat." Ronald Inglehart: The Silent Revolution, Princeton 1977, S. 22f.
7 Zum Begriff: Ernst Bloch: Ungleichzeitigkeit und Pflicht zu ihrer Dialektik, in: Erbschaft unserer Zeit (1932), Neuausgabe 1977, Bd.4, S. 104-126.
8 So die Titel des von Bernd Giesen und Claus Leggewie editierten Rotbuches, Berlin 1991.

konnte, daß er sich in der Realität in der Form einer zusammenbrechenden ostdeutschen Wirtschaft mächtig Geltung verschaffte.

Einseitigkeiten sind aber kein Privileg der Sozialwissenschaften. Aus der umgekehrten Perspektive der Wirtschaftswissenschaften wird nicht erst seit dem Zusammenbruch des Ostblocks häufig die Wirtschaftsverfassung ihrer politischen Implikationen entkleidet und als quasi natürliche Ordnung verabsolutiert. „Immer wieder", so Gert von Eynern bereits aus der Nachkriegserfahrung, „erscheint die Wettbewerbswirtschaft als das Natürliche und das Selbstverständliche, an dem höchstens hier und dort ein paar unbedeutende Korrekturen vorzunehmen wären. Mindestens als Sonntags-Philosophie, vielfach aber auch als Glaubenssatz für das Alltagsleben spielt die ‚free enterprise philosophy' eine große Rolle. Als im deutschen Wahlkampf des Jahres 1949 die ‚Marktwirtschaft' durch das löbliche Attribut ‚sozial' veredelt wurde, war ihr Siegeszug sicher. Denn eine soziale und gleichzeitig freie und machtlose Wirtschaft entspricht dem Lebensbedürfnis mindestens des heutigen Menschen. Nur dadurch ist es auch zu erklären, daß die Staatsverfassungen über die Wirtschaftsordnung hartnäckig zu schweigen versuchen. Staat und Wirtschaft sind getrennte Sphären; die Wirtschaft erscheint nicht als eine öffentliche, sondern als eine rein private Angelegenheit. Sie funktioniert ohne staatliche ‚Eingriffe' auf Grund ihrer eigenen Gesetzmäßigkeit, und sie enthält – scheinbar – keine Elemente, die den Frieden der Gesellschaft stören könnten, vor allem keine Machtphänomene."[9] Der Widerspruch zwischen dem Glaubenssatz der Selbstoptimierung des Marktes und der täglich zu beobachtenden Bereitwilligkeit von Unternehmen, sich staatlicher Subventionen zu bedienen, ja diese zu fordern, weist ebenso wie der weitgehende gesellschaftliche Konsens, daß der Markt zum Beispiel im Umweltbereich, bei der Vermögensverteilung oder der Grundbedürfnisbefriedigung unterer Einkommensgruppen, Effekte erzielt, die staatliche Politik zu korrigieren hat, darauf hin, daß die Wirtschaft eben gerade nicht darauf beharren kann, eine unpolitische Privatveranstaltung zu sein.

---

9 Gert von Eynern: Die wirtschaftliche Macht, Berlin 1952, S. 10f. Nicht weniger bedenklich ist, wenn Ökonomen ihrer Zunft heute bestätigen: „Eine übermäßige Mathematisierung der Wirtschaftswissenschaft geht so einher mit einer zunehmenden Entfernung von der Wirklichkeit." Horst Hanusch: Zurück zur Wirklichkeit, in: Zeit-Punkte 3(1993), S.114.

Das Erkennen des Interdependenzproblems birgt eine zentrale Frage in sich, die in ihren vielen Facetten Gegenstand des II. Kapitels sein wird, diejenige nach dem Primat der Politik bzw. dem Primat der Ökonomie. Hier bietet die sozialwissenschaftliche Forschung, sieht man von Glaubenssätzen einiger Dogmatiker ab, keine absoluten Gewißheiten.[10] Theoretisch denkbar sind einerseits weitgehende Freiräume mit politischer Eigenlogik, und jedes politische System wäre am Ende, würde es solche nicht nicht nur für vorhanden, sondern auch für wesentlich halten. Andererseits reduzieren sich solche politischen Freiräume, wenn Finanzierungsfragen auftauchen oder die geographischen Grenzen gemeinsamen politischen Handelns (in der Regel also des Nationalstaates, aus optimistischer Sicht: der EU bzw. weltweit: der UNO) dem nach einheitlichen Prinzipien funktionierenden Weltmarkt gegenübergestellt werden. Zur genaueren Analyse des Freiraumproblems ist das jeweilige Verhältnis politischer und ökonomischer Variablen sinnvollerweise im kleineren Rahmen, politikfeldspezifisch im relevanten historischen Zusammenhang zu untersuchen. Je näher Politikfelder in ihrem Wesenskern am Prozeß der Produktion des gesellschaftlichen Reichtums liegen, desto schwieriger dürfte es werden, politische Entscheidungen von einem im einzelnen zu definierenden ökonomischen Bedingungsgeflecht abzukoppeln.

Die Frage nach der entscheidenden spezifischen Einflußgröße bleibt eine offene, aber fruchtbare Forschungsfrage. Die Politikfeldforschung hat dieses systematisierbare „Nebenprodukt" von Politikfeldstudien bisher wenig beachtet. Der Fächer der Felder, in die sich „Wirtschaftspolitik" ausdifferenziert, deren Abgrenzung und unterschiedliches Gewicht böten erste Ansatzpunkte einer Bestandsaufnahme. Über die Frage nach spezifischen Einflußgrößen hinaus stellt sich die Frage nach Regelmäßigkeiten der Richtung von Einflußnahme, also die Machtfrage. Da entscheidende Machtfragen immer Staatswesen insgesamt betreffen (Macht in gesellschaftlichen Teilbereichen ist eben solcherart begrenzt), ist zu erwarten, daß das jeweilige Mischungsverhältnis ökonomischer und politischer Macht in Gesellschaften bei der Analyse von Grenzüberschreitungen von der Wirtschaft in die Politik oder umgekehrt

---

10 Vgl. Heidrun Abromeit: Staat und Wirtschaft, Frankfurt am Main/New York 1981, S. 11ff.; Heidrun Abromeit/Ulrich Jürgens (Hrsg.): Die politische Logik wirtschaftlichen Handelns, Berlin 1992.

verdeutlicht werden kann. Allerdings wäre davor zu warnen, einige grundsätzliche Erkenntnisse über den Charakter von Macht und Herrschaft beispielsweise in modernen Industriestaaten, zu einer „allgemeinen Theorie der ökonomischen Bedingungen des Regierungssystems"[11] auszuweiten, wie Böhret dies einmal für die Politische Wirtschaftslehre gefordert hat. Dazu ist der Graben zwischen Macht und gesellschaftlicher Strukturierung zu tief oder anders gesagt: Es gibt keine ableitbaren Formen der Machtausübung. Macht taucht eher als Begrenzung von Handlungsalternativen denn als Filter für institutionellen Wandel auf.[12]

Die Gegenpositionen zu diesem forschungsorientierten Herangehen wurden, knapp zusammengefaßt, nach zwei logisch unterscheidbaren Prinzipien formuliert. Das erste orientiert sich am Gesamtsystem der Marktwirtschaft als politikfreiem Raum bzw. am Gesamtsystem des Kapitalismus als Ausdruck einer durch ökonomische Machtverhältnisse dominierten Gesellschaftsformation. Beide systemischen Ansätze haben gemeinsam, daß sie schon in die Prämisse ihres gesamtsystemischen Ansatzes die Entscheidung über das Verhältnis von Politik und Ökonomie einbauen. Demgegenüber steht der radikale Individualismus der sogenannten „Neuen Politischen Ökonomie", die das Problem des Verhältnisses von Politik und Ökonomie situativ und individuell löst. Jede Einzelentscheidung jedes Bürgers kann auf ihre Rationalität durch die Anwendung des ökonomischen Prinzips der Kosten-Nutzen-Abwägung geprüft werden. Gesellschaftliche Elemente entstehen somit bestenfalls als Resultante von Einzelentscheidungen. Gesellschaftlichkeit[13] und der gesellschaftliche Bezug von Wirtschaft und Politik werden erst gar nicht zum Problem.

---

11 Böhret, a.a.O., S. 21.
12 Vgl. Volker Ronge/Günter Schmieg: Restriktionen politischer Planung, Frankfurt/Main 1973, S. 316ff.
13 Nicht zufällig war es die konservative britische Premierministerin (1979- 1990) Margaret Thatcher, die in einem Interview mit der britischen Frauenzeitschrift „Woman's Own" vom 31.10. 1987 bemerkte: „...there's no such thing as society. There are individual men and women, and there are families. And no government can do anything except through people, and people must look to themselves first."

In der Politikwissenschaft der Nachkriegszeit lassen sich drei Phasen der Entwicklung von Paradigmen[14] zum Interdependenzproblem identifizieren, die sich auch in der Namensgebung für unseren Untersuchungsgegenstand ausdrücken. Am Anfang dominieren die Bemühungen der Politischen Wirtschaftslehre um ein Verständnis wirtschaftlicher Zusammenhänge und Institutionen. Kritische Fragen in den fünfziger und sechziger Jahren werden vor allem von Gewerkschaftsseite aufgeworfen und kreisen um die Themenbereiche betriebliche Demokratie (Mitbestimmung), Vermögensverteilung und Sozialpolitik. Daneben werden Fragen nach der Effizienz von Institutionen und nach der Zielrichtung staatlicher Eingriffe in die Wirtschaft gestellt. Politik und Wirtschaft erscheinen als relativ getrennte gesellschaftliche Bereiche, wobei über die Möglichkeit politischer Vorgaben für die Wirtschaft, wenn auch nicht über deren Wünschbarkeit Übereinstimmung besteht.

Die mit der Studentenrevolte Mitte der 60er Jahre einsetzende Kritik der bürgerlichen Gesellschaft bezog ihr Selbstverständnis in erster Linie aus einer anderen Lesart des Verhältnisses von Politik und Wirtschaft. Politik wird zum Oberflächenphänomen, das nur dann richtig verstanden werden kann, wenn die eigentlichen Triebkräfte der Gesellschaft, die aus ökonomischer Ungleichheit entstehenden Klassenkämpfe, analysiert werden. Die marxistische Gesellschaftslehre ist nicht nur eine „Kritik der politischen Ökonomie", wie der Untertitel von Marxens Werk „Das Kapital" lautet, sie versteht sich auch selbst als Weg zur Neubegründung einer anders organisierten politischen Ökonomie, die gesellschaftliche Prioritäten zurechtrückt. Gegen die idealistische Geschichtsauffassung, daß irgendein politisches, religiöses oder anderes Bewußtsein das menschliche Dasein bestimme, setzte Marx die materialistische These, die Menschen „fangen an, sich von den Tieren zu unterscheiden, sobald sie anfangen, ihre Lebensmittel zu produzie-

---

14 Zur Entwicklung von Schwerpunktsetzungen in der Lehre bis Mitte der 70er Jahre vgl. Werner Jann/Marie Therese Junkers: 25 Jahre Lehre von Politik und Ökonomie am Otto-Suhr-Institut in Berlin, in: Carl Böhret (Hrsg.): Politik und Wirtschaft. Festschrift für Gert von Eynern, Opladen 1977 (= PVS-Sonderheft 8), S. 14-25. In diesem Sammelband findet sich auch eine Überblicksdarstellung zur Entwicklung der „Politischen Ökonomie". Vgl. Gerhard Himmelmann: Politische Ökonomie – Herkunft, Probleme, Ansätze: eine Übersicht, in: Ebda., S. 178-213.

ren, ein Schritt, der durch ihre körperliche Organisation bedingt ist. Indem die Menschen ihre Lebensmittel produzieren, produzieren sie indirekt ihr materielles Leben selbst."[15] Die politische Sphäre wird mit anderen Worten den prioritären Wirkungen der Ökonomie nachgeordnet. In einem zweiten Schritt ergibt sich daraus im bezug auf die Einordnung aktueller politischer Entwicklungen, deren „Ableitung" aus dem Kapitalverhältnis. Über den „richtigen" Weg, so das Interdependenzproblem von Politik und Ökonomie zu verstehen, entwickelten sich durchaus kontroverse Subtheorien.

Während die marxistische politische Ökonomie die Debatte um das Interdependenzproblem und mit anfänglichen Erfolgen auch Teile der universitären sozialwissenschaftlichen Lehre und Forschung in den 60er bis Mitte der 70er Jahre in Westdeutschland beherrschte, wurde fast unbemerkt von diesem zeitweiligen „Mainstream" der politischen Wirtschaftslehre der Grundstein für ein drittes alternatives Erklärungsmodell des Interdependenzproblems gelegt. Der früher in Mannheim lehrende Politologe Rudolf Wildenmann trug 1968 mit der Übertragung von Anthony Downsens Klassiker „An Economic Theory of Democracy" (1957) in die deutsche Sprache wesentlich zur Verankerung dieses, in Abgrenzung zur marxistischen „Politischen Ökonomie" „Neue Politische Ökonomie" genannten Paradigmas der ökonomischen Analyse von Politik in den deutschen Sozialwissenschaften bei. Während marxistische Ansätze ökonomische Probleme im gesamtgesellschaftlichen Rahmen diskutieren, plädiert die Neue Politische Ökonomie für einen strikten methodischen Individualismus, also eine Gesellschaftssicht aus der Individualperspektive. Ökonomische Erwägungen dienen dazu, Individualentscheidungen zu strukturieren und ihnen eine gewisse Rationalität zu verleihen.

Heute koexistieren die drei skizzierten Ansätze zur Sytematisierung des Interdependenzverhältnisses von Politik und Wirtschaft, die politische Wirtschaftslehre im traditionellen Sinne, die politische Ökonomie marxistischer Provenienz und die Neue Politischen Ökonomie. Es ist kaum verwunderlich, daß mit dem Scheitern der politischen Alternative des Sozialismus, die marxistische politische Ökonomie, die bereits vorher Mühe hatte, über histori-

---

15 Vgl. MEW, Bd.3 (=Karl Marx/Friedrich Engels: Die deutsche Ideologie, 1845/46), S. 21.

sche und theoretisch-systematische Arbeiten hinaus, ihren Anspruch einzulösen, sich produktiv in laufende gesellschaftliche und v.a. ökonomische Konflikte einzumischen, weiter und insgesamt stark in der universitären Lehre und Forschung an Boden verloren hat. Die traditionelle politische Wirtschaftslehre hat hingegen angesichts zahlreicher, einer breiten Öffentlichkeit unmittelbar präsenter ökonomischer Krisenphänomene, wie Arbeitslosigkeit, internationale Handelskrisen oder Staatsverschuldung, stark an Interesse zurückgewonnen. Zudem wurde sie in den achtziger Jahren um das breite Feld ökologischer Fragestellungen erweitert. Im Unterschied zum Marxismus, der Wirtschaftskrisen als Ausdruck von Endzeitphänomenen des Kapitalismus interpretiert, erwies sich die traditionelle Wirtschaftslehre, auch wenn sie häufig um elegante Antworten verlegen war, als theoretisch offener Analyseansatz, mit dessen Hilfe die Forschung zumindest zeitweise zu Teilerklärungen wirtschaftlich-politischer Zusammenhänge vorstoßen konnte.

Die Neue Politische Ökonomie war in den Wirtschaftswissenschaften, v.a. in der Volkswirtschaftslehre, erfolgreicher als in den deutschen Sozialwissenschaften. Den sozialwissenschaftlichen Siegeszug der Neuen Politischen Ökonomie, wie er in den angelsächsischen Ländern und Skandinavien zu beobachten ist, dort „public choice" oder „rational choice"-Schule genannt, hat in Deutschland ein hartnäckiger, wenn auch diffuser Konsens über die nicht in Frage zu stellende „Gemeinwohlorientierung" von wirtschaftlichem und politischem Handeln als Gegenpol zur „individuellen Nutzenmaximierung" verhindert. In den wirtschaftswissenschaftlichen Nachbardisziplinen hingegen, in denen Kosten-Nutzen-Überlegungen schon immer zum wichtigsten Handwerkszeug zählten, wurde die Neue Politische Ökonomie begeistert rezipiert. Ihr Anspruch, mehr als nur wirtschaftswissenschaftliche Zusammenhänge mit einem ökonomischen Ansatz erklären zu können, hat einige Vertreter der Volkswirtschaftslehre sogar dazu verleitet, einem „Imperialismus" der eigenen Disziplin das Wort zu reden[16]. Die Neue Politische Ökonomie wird aus dieser Sicht, neben der volks-

---

16) Iain McLean (Rational Choice and Politics, in: Political Studies 39(1991), S. 496-512, hier S. 510) spricht vom „imperialism of economics: the barely concealed conviction of many economists that there is only one social science – theirs".

wirtschaftlichen Theorie der Firma und der ökonomischen Analyse des Rechts, ein Unterfall der sogenannten „Neuen Institutionenökonomik", die gesellschaftliche Institutionen im weitesten Sinne einer ökonomischen Analyse unterzieht. Mit welch fragwürdigen Argumenten die angeblich anstehende „Übernahme" der Aufgaben der Sozialwissenschaften durch die Volkswirtschaftslehre begründet wird, mögen stellvertretend die Ausführungen des Saarbrücker Volkswirts Dieter Schmidtchen belegen, der in der Frankfurter Allgemeinen Zeitung einer breiten Öffentlichkeit das Sachproblem u.a. so darstellte[17]:

„Die Neue Politische Ökonomie befaßt sich mit Fragen, die traditionellerweise auch von der Politologie behandelt werden. Stichwortartig seien genannt: Willensbildung in Kollektiven, etwa im demokratisch verfaßten Staat; Entscheidungen und Wachstum von Bürokratien; das Zusammenspiel von Interessenverbänden zur Beeinflussung staatlicher Entscheidungen; Föderalismus; Integrationsprozesse, etwa in Westeuropa; internationale Friedensordnung. Während Politologen häufig die Methode des Geschichtenerzählens verwenden, arbeiten die Volkswirte ‚hart am Fall'. Wissend, daß wissenschaftliche Erkenntnisse durch ‚geordneten Verlust an Informationen', zu gewinnen sind, bilden sie Modelle und leiten daraus empirisch überprüfbare Aussagen ab."

Geordneter Verlust an Informationen und Modellbildung führen unter dem Etikett der „Verwissenschaftlichung" zu einer Entpolitisierung des Politischen. Die Priorität der Ökonomie über die Politik wird von der Neuen Politischen Ökonomie anders als im Marxismus nicht über die Ableitung von Gesellschaftlichkeit aus ökonomischen Zusammenhängen hergestellt, sondern durch die Scharnierfunktion des Ökonomischen. Relevante gesellschaftliche Beziehungen werden als alleine über ökonomische Kosten-Nutzen-Mechanismen vermittelte analysiert. Erfolgreich ist eine Politik in allen Bereichen dann, wenn sie in diesem Sinne ökonomisch denkt und handelt. Der leichte Zugang zu diesem einfachen Grundgedanken erklärt die vordergründige wissenschaftliche Attraktivität der Neuen Politischen Ökonomie. Ausgehend von sehr begrenzten Prämissen lassen sich hochkomplexe, mathematisierbare Modelle

---

17 Dieter Schmidtchen: „Warum leasen Sie nicht eine Braut?"". Ungewöhnliche Fragen der Neuen Institutionenökonomik. Ein Plädoyer für das Studium der Volkswirtschaftslehre, in: FAZ, 3.9.88, S. 15.

für soziales Verhalten in einer eigenen Wissenschaftssprache erstellen und damit eine Kommunikationsgemeinschaft mit wissenschaftlichem Gewicht konstituieren.

II. Das Verhältnis von Politik und Wirtschaft im Lichte sozialwissenschaftlicher Theorieansätze

Das Problem der Interdependenz von Politik und Wirtschaft bleibt theoretisch verbindlich ungeklärt, da es jetzt und in Zukunft unmöglich erscheint, hierzu dauerhaft einen allgemeinverbindlichen Lehrsatz zu formulieren. Zwei Wege der Annäherung an das Interdependenzproblem sind möglich. Der eine wird in der Policy-Forschung gegangen. Bei der Analyse von Politikfeldern tauchen je nach Wahl des Politikfeldes ökonomische Faktoren als Rahmenbedingungen, Strukturelemente oder Glieder in kausalen Verursachungsketten auf. Es ist beispielsweise unmittelbar einleuchtend, daß für die Ausgestaltung der Denkmalpflegepolitik auch, aber weniger zentral als beispielsweise für die Konzeptionen von Privatisierungspolitik, der Zusammenhang von Politik und Wirtschaft eine Rolle spielt. Ohne in Details zu gehen, läßt sich sagen, daß spezifische Antworten, die für die jeweiligen Zusammenhänge von Politik und Wirtschaft für bestimmte Politikfelder gefunden werden, historisch, situativ und eben policy-kontingent sind und immer wieder aufs Neue gesucht werden müssen. Wirtschaftspolitische Entscheidungen betreffen sowohl die Sphäre der Politik als auch die der Wirtschaft. Graphisch wurde dies als gemeinsame Schnittmenge der Kreise Politik und Wirtschaft dargestellt, womit zwar verdeutlicht werden kann, daß Interdependenzen bestehen, nicht aber deren jeweilige Richtung und Qualität.[18]

---

18 Vgl. Alparslan Yenal: Verhältnis von Politik und Wirtschaft. Zur politischen Theorie des Wirtschaftsprozesses, in: Böhret (Hrsg.) 1977, a.a.O. S. 26-64.

Auf der Suche nach verallgemeinerbareren Aussagen zum Verhältnis von Wirtschaft und Politik bietet sich als zweite Strategie der Rückgriff auf das bestehende Angebot sozialwissenschaftlicher Erklärungsmuster gesellschaftlicher Realität an. Diese sind zwar um theoretische Stringenz mindestens auf mittlerer Reichweite bemüht, transportieren aber immer einen gewissen Haushalt normativer Vorentscheidungen, die sich in ihren Prämissen hinsichtlich der Beurteilungsmaßstäbe und des analytischen Herangehens an gesellschaftliche Realitäten niederschlagen. Die Klärung des Interdependenzproblems von Wirtschaft und Politik ist in ihrem Stellenwert innerhalb solcher theoretischer Ansätze von diesen Prämissen mitbestimmt. Bei der Betrachtung einzelner theoretischer Ansätze kann es also nicht darum gehen, sie voluntaristisch zu Spielarten der politischen Wirtschaftslehre umzuetikettieren, es geht vielmehr darum, die Leistungen und die Leistungsfähigkeit solcher Ansätze im Hinblick auf eine Erhellung des Interdependenzproblems zu erkunden.

Die wichtigsten Ansätze werden im folgenden nach der zentralen Bezugskategorie ihrer theoretischen Überlegungen gegliedert, also – stark vereinfacht – nach den Bezugskategorien „Individuum" (Kapitel II.1), „Gruppe" (Kapitel II.2), „System" (Kapitel II.3) und „Enthierarchisierung" (Kapitel II.4), wobei letztere Kategorie eher ex negativo als Gegenpol zur Strukturierung an sich, die allen anderen Ansätzen gemein ist, zu verstehen ist.

1. Neue Politische Ökonomie

Das Forschungsprogramm der Neuen Politischen Ökonomie hat vier Schwerpunkte:

a) der methodische Individualismus, also die rigorose Konzentration auf den Einzelmenschen als Untersuchungseinheit;
b) die Annahme, daß „rationales" Auswählen im Normalfall die Grundlage für Entscheidungen und Verhalten bildet, wobei Rationalität als Optimierungsprozeß des Kosten-Nutzen-Verhältnisses interpretiert wird;
c) Die Enttabuisierung der Grenzen zwischen wissenschaftlichen Disziplinen, der Anspruch also, über das engere Gebiet der

Wirtschaftswissenschaften hinaus, einen wesentlichen Beitrag zur Analyse anderer gesellschaftlicher Zusammenhänge zu leisten; und

d) die Generalisierung der Annahme, daß soziale Beziehungen sich – analog zum Marktmodell in der Wirtschaft – durch Tauschprozesse und Wettbewerb am besten selbst regulieren können.

Das der Neuen Politischen Ökonomie zugrundeliegende Menschenbild ist das des „homo oeconomicus". Menschliches Verhalten wird bei dieser Betrachtungsweise der menschlichen Natur dadurch auf seine wesentlichen Antriebskräfte zurückgeführt, daß ökonomische Kosten-Nutzen-Überlegungen unter der Oberfläche von Alltagshandeln freigelegt werden. Zur Verteidigung gegen die Kritik an der normativen Vorentscheidung für ein Primat des ökonomischen Kalküls bei der sozialwissenschaftlichen Analyse und Prognose menschlichen Verhaltens, die sich v.a. gegen ein einseitig auf ökonomische Koordinaten reduziertes Menschenbild verwahrt, sind von Seiten der Neuen Politischen Ökonomie unterschiedliche Argumente vorgebracht worden.

Zum einen wurde argumentiert, daß der homo oeconomicus-Charakter nicht als anthropologische Konstante zu verstehen sei, sondern in seiner konkreten Ausprägung eher situativ bedingt ist. Schüßler unterscheidet deshalb zwischen einer positiven und einer negativen Variante von Erwartungshaltungen an Kosten-Nutzen Kalküls. Rationalität gepaart mit situativ bedingtem Optimismus oder Pessimismus erweitert den Handlungsspielraum rationalen Entscheidens in seiner Gesamtheit. „Es hat sich gezeigt", so Schüßler[19], „daß das ökonomische Menschenbild je nach Situation, Betrachter oder theoretischem Verwendungskontext eine pessimistische oder optimistische Risikoeinstellung ausdrücken kann. Wer einen Gebrauchtwagen kauft, wünscht sich keinen reinen, wirtschaftlichen Egoisten als Verkäufer, und wer als Geisel in die Hände einer ihm unbekannten Gruppe fällt, wird eigennützige Banditen religiösen Fanatikern vorziehen."

---

19 Rudolf Schüßler: Der homo oeconomicus als skeptische Fiktion, in: Kölner Zeitschrift für Soziologie und Sozialpsychologie 40(1988), S. 447-463.

Zum anderen wird hervorgehoben, daß das Kosten-Nutzen-Denken als zielgerichtetes Unterscheidungskriterium von Alternativen menschlichen Handelns zu verstehen sei. Der Mensch sei kein grundsätzlich selbstsüchtiges Wesen. Er setze das Nutzenmehren nur instrumental als vernünftiges Hilfsmittel zur Orientierung ein. Der homo oeconomicus existiere also nur in der Auswahlentscheidung, nicht aber in der Zielsetzung menschlicher Existenz.[20]

Drittens schließlich bemühen sich einige Vertreter der Neuen Politischen Ökonomie um ein erweitertes Verständnis menschlicher Identität. Es ist beispielsweise vorstellbar,[21] daß der Mensch neben dem Eigenbezug auch immer einen Gesellschafts-/Gemeinwohlbezug hat. Dieser individuell definierte „moralische Raum" kann im Extremfall auf Null schrumpfen und damit identisch werden mit individueller Selbstsucht. Er kann aber auch weiter ausgreifen, was nicht selbstsüchtiges Verhalten plausibel macht, selbst wenn man von der Richtigkeit der Prämissen der Neuen Politischen Ökonomie ausgeht.

Diese wohlmeinenden Unterscheidungen und Differenzierungen spielen in den Modellannahmen der Neuen Politischen Ökonomie nicht nur aus der Sicht der Kritiker, denen mangelndes Differenzierungsvermögen vorgehalten wird, de facto nur eine geringe Rolle. Viele Vertreter des Ansatzes haben ein weit holzschnittartigeres Menschenbild, das dem Vorurteil, die Neue Politische Ökonomie erhebe die Selbstsucht zur gesellschaftlichen Maxime, immer wieder Nahrung gibt. Schon in einem der ersten und einflußreichsten Texte dieser Schule, in der Downs'schen ökonomischen Theorie der Demokratie, werden Selbstsucht und Rationalität schlicht gleichgesetzt. Downs spricht sogar von einem „self-interest axiom", er schließt altruistisches Handeln damit nicht aus, versieht es aber mit dem Etikett „irrational". Aus seiner Sicht der menschlichen Natur gilt: „whenever we speak of rational behavior, we always mean rational behavior directed primarily towards selfish ends"[22]. Die axiomatische Festlegung auf selbstsüchtiges

---

20 So Jon Elster: Nuts and Bolts for the Social Sciences, Cambridge etc. 1989, S. 22.
21 Vgl. Guy Kirsch: Neue Politische Ökonomie, Düsseldorf 1993.
22 Anthony Downs: An Economic Theory of Democracy, New York 1957, S. 27.

Handeln des Individuums schließt Überlegungen zu politisch-kulturellen Entstehungsbedingungen entsprechender Dispositionen und mögliche Prozesse des Wandels solcher Einstellungen aus.[23]

Die ungelöste Frage, die sich in einer solchen Gesellschaft selbstsüchtiger Individuen zu stellen scheint, ist die des möglichen Zusammenlebens, das doch auch Gemeinschaftsaktionen erfordert, bei denen nicht jeder einzelne immer und voraussehbar Zugewinne erzielen kann. Diesem Aggregationsproblem hat sich die Neue Politische Ökonomie innerhalb ihrer Eigenlogik mit Theorien des kollektiven Handelns bzw. spieltheoretisch genähert.[24] Über Prozesse des Handeln und weitere Kooperationsformen bis hin zur Organisationsentwicklung hinaus, gibt es zwei andere Wege, einer Gesellschaft solcher gewinnorientierter Individuen, Stabilität zu verschaffen. Der eine ist der Rückgriff auf Modelle des Gesellschaftsvertrages von Hobbes über Locke bis John Rawls. Hier ist allerdings die Schwierigkeit zu überwinden, die aus der Notwendigkeit erwachsende Bereitschaft des Einzelnen zum Gesellschaftsvertrag mit dessen Nutzenmaximierungsprinzipien zu vereinbaren.[25] Der zweite Weg baut logisch auf eine politische Marktanalogie. So wie auf funktionierenden Märkten mit, wie Adam Smith argumentierte, unsichtbarer Hand hinter dem Rücken der nur ihren Eigennutz mehrenden Individuen durch Angebot und Nachfrage sich ein gesellschaftliches Gleichgewicht und gesellschaftlicher Fortschritt in Form des Wirtschaftswachstums einstellen, so sollte auch im gesellschaftspolitischen Bereich der Wettbewerb im Willensbildungsprozeß, in dem der einzelne seine Eigeninteressen in den Vordergrund stellt, anarchisch zu einer Gemeinwohlmaximierung führen. Wie der Markt, soll er optimal funktionieren, nicht durch Monopolbildung eingeschränkt werden darf, so ist auch jegliche, den demokratischen Wettbewerb in Frage stellende Vermachtung des politischen Willensbildungsprozesses, z.B. durch Dik-

---

23 Vgl. Aaron Wildavsky: Why Self-Interest Means Less Outside of a Social Context: Cultural Contributions to a Theory of Rational Choices, in: Journal of Theoretical Politics 6(2) 1994, S. 131-159.
24 So zusammenfassend mit weiterführender Literatur Randall L. Calvert: Lowi's Critique of Political Science: A Response, in: Political Science and Politics 26(1993), S. 196-199.
25 Vgl. John Rawls: Eine Theorie der Gerechtigkeit, Frankfurt/Main 1979, S. 31.

taturen oder Bürokratien, unzulässig, schädigt Gemeinwohlinteressen und führt zu gesellschaftlicher Stagnation oder Rückschritt.

Facetten und Probleme der Neuen Politischen Ökonomie wurden in einer Reihe von Teilbereichen inzwischen durch speziellere Theorieansätze vertieft. Im Überblick sind dies die Bereiche

1.1. Politisches Unternehmertum
1.2. Wählen und Nichtwählen
1.3. Politische Konjunkturzyklen
1.4. Bürokratie
1.5. Koalitionen
1.6. Kollektives Handeln
1.7. Spieltheorie.

1.1. Politisches Unternehmertum

Die Idee des politischen Unternehmertums geht zurück auf die demokratietheoretischen Arbeiten von Joseph Schumpeter.[26] Schumpeter nimmt radikal Abschied von der traditionellen Sichtweise von Wahlen als Entscheidung primär über gesellschaftspolitische Alternativen. Nicht über politische Richtungen werde bei Wahlen in erster Linie entschieden, sondern über das Regierungspersonal. Programme markieren nur Personen und dienen als Mechanismus, Mehrheiten zu mobilisieren. Insofern ist ihr Inhalt der Aufgabe der Mehrheitsbeschaffung untergeordnet. Da der Wähler bzw. die Wählerin den- bzw. diejenige Politiker(in) wählt, die ihr oder ihm den größten Nutzen bringen bzw. bei deren Versagen oder einem nicht interessierenden Angebot diese abwählen, findet auf diesem Markt politischer Angebote ein automatischer Optimierungsprozeß statt. Der Politiker, der gewählt werden will, muß, wie der Unternehmer auf anderen Märkten, das beste Angebot machen bzw. sein Angebot flexibel variieren, um ein Maximum an Wählerstimmen (analog zu Käufern auf dem Markt) anzulocken. Erfolgreich ist das beste Angebot. Und wie beim Markt die unsichtbare Hand Nachfrage und Angebot über den Preismechanismus ins Gleichgewicht bringt, optimiert sich das Gemeinwohl im Prozeß der Eliten-

---

26 Joseph A. Schumpeter: Capitalism, Socialism, and Democracy, New York/London 1942.

auswahl. Gemeinwohl ist also in dieser Variante der Demokratietheorie nicht mehr, wie das die klassischen Demokratietheorien noch darlegten, eine aus dem traditionellen Normenbestand einer Gesellschaft abgeleitete Größe, ja kann dies bei der Vielzahl unterschiedlicher Präferenzen in einer Gesellschaft auch gar nicht sein, sondern eine Variable der politischen Willensbildung, historisch kontingent und beeinflußt von der persönlichen Überzeugungskraft politischer Unternehmer. Demokratie selbst ist die effizienteste Methode der Elitenauswahl, nicht aber die direkte Regierungsausübung durch das Volk.

Politisches Unternehmertum ist aber bei Schumpeter nicht völlig voraussetzungslos. Schumpeter nennt fünf bemerkenswerte Bedingungen für ein erfolgreiches Wirken des politischen Unternehmertums in Demokratien:[27]

a) Die Fähigkeiten und die moralische Integrität der politischen Unternehmer sollen von ausreichend hoher Qualität sein.
b) Der politische Entscheidungsbereich sollte möglichst eng begrenzt bleiben.
c) Demokratien benötigen einen gut ausgebildeten, in hohem Ansehen stehenden öffentlichen Dienst mit starkem Verantwortungs- und Zusammengehörigkeitsgefühl.
d) Eine funktionierende demokratische Selbstkontrolle, die Wahlergebnisse akzeptiert, politische Abenteurer aussondert, verantwortlich mit der Regierungsverantwortung umgeht und die Arbeitsteilung zwischen auf Zeit Gewählten und Wählern nicht in Frage stellt. Und
e) Große Toleranz gegenüber abweichenden Meinungen.

Thesen zum politischen Unternehmertum ignorieren in der Regel Schumpeters stark normativ geprägte einschränkende Rahmenbedingungen, die sich wie eine Teilrücknahme der Marktanalogie lesen. Dennoch wäre es voreilig, den Gedanken des politischen Unternehmertums als realitätsfremd abzutun. Nicht nur hat er unser Wissen über gesellschaftliche Zusammenhänge vertiefende elitentheoretische Studien angeregt, Schumpeters Ansatz erkärt auch Tendenzen in modernen Gesellschaften, die heute alltäglich geworden sind, wie z.B. den „Berufspolitiker" oder eine Wahlkampfführung,

---

27 Ebda. S. 290ff.

die von Marktforschern, die ansonsten für Industrieprodukte werben, konzipiert und begleitet wird. Über Schumpeters Prognosen hinaus wurde in Wahlkämpfen oft eine inhaltliche Entleerung, eine Reduktion von programmatischen Positionen auf Symbole, Schlagwörter oder gar direkt Personen möglich, die nur wenig mit am Gemeinwohl orientierten Themenstellungen zu tun haben.

Am erfolgreichsten war die Figur des politischen Unternehmers im amerikanischen Regierungssystem. Dieses definiert politische Erfolgsbedingungen in einer das politische Unternehmertum geradezu provozierenden Weise. Ohne die Unterstützung einer starken Parteiorganisation und ohne Absicherungsmöglichkeit durch Listenkandidaturen im jeweiligen Wahlkreis auf sich selbst gestellt, mußten amerikanische Parlamentskandidaten schon immer ein gehöriges Maß an Eigeninitiative entfalten. Nicht von ungefähr haben bereits etablierte Kandidaten, wie Amtsinhaber, traditionell einen erheblichen Vorteil bei Wahlauseinandersetzungen. Die Prozesse des sich Etablierens und des Überlebens als Etablierter sind mit dem Erstarken der Fernsehdemokratie noch schwieriger geworden. Nun gilt für den politischen Einzelunternehmer noch mehr als früher, für Geldgeber Attraktivität zu entwickeln, und als potentieller Interessenvertreter im Kongreß, für diese interessant genug zu werden bzw. zu bleiben. Nur wenn es dem politischen Unternehmer gelingt, ausreichende finanzielle Unterstützung zu mobilisieren, ist die von ihm angestrebte alleine erfolgversprechende Präsenz in den Medien garantiert, und es besteht Hoffnung auf einen Wahlsieg. Die Handlungsstrategien von Wirtschaftsunternehmen und politischen Unternehmern folgen hier inzwischen nicht mehr nur einer analogen Logik, sie werden sich immer ähnlicher und speisen sich aus dem gleichen Medium: Geld als der Grundlage individuellen Erfolges.[28]

1.2. Wählen und Nichtwählen

Betrachtet man Wahlen unter dem Aspekt der individuellen Kosten-Nutzen-Abwägung, so ist es zunächst erstaunlich, daß die ein-

---

28 Zu neueren Entwicklungen auf diesem Feld einführend: Dan Clawson/Alan Neustadl/Denise Scott: Money Talks. Corporate PACs and Political Influence, New York 1992.

zelne Bürgerin bzw. der einzelne Bürger überhaupt zur Wahl geht. Die politischen Probleme sind komplex, die Möglichkeit der Personalauswahl ist begrenzt und wegen möglicher Koalitionen ist nicht einmal die zur Wahl stehende personalpolitische Alternative immer deutlich. Bei Wahlen in Deutschland aggregieren sich ca. 73 Millionen individuelle Präferenzen, was die Einflußmöglichkeiten der einzelnen Stimme auf das ohnehin diffuse politische Angebot verschwindend gering erscheinen läßt. Dennoch geht eine große Mehrheit der Bevölkerung zur Wahl.

Die Neue Politische Ökonomie vermag dieses Paradoxon nur durch die Reduktion der Dimensionen der Wahlentscheidung und durch eine Ausdehnung des Kosten-Nutzen-Kalküls auf nichtökonomische Gewinn- und Verlustrechnungen zu lösen. Diese Vorentscheidungen sind nötig, um Erklärungsmodelle für unterschiedlich ausgeprägte Intensitäten von Wahlbeteiligung zu finden. Die Dimensionen der Wahlentscheidung werden reduziert durch das Ausblenden der beiden wesentlichen „irrationalen" Elemente, nämlich der traditionellen Loyalität zu bestimmten Parteien und der reinen Persönlichkeitswahl, in der ein Bewerber einen Popularitätserfolg erzielt, ohne unbedingt Sachaussagen machen zu müssen, so daß Kosten-Nutzen-Erwägungen schwer möglich sind.

In Teilen der deutschen Wahlforschung wurden beispielsweise die erste freie Volkskammerwahl in der DDR und die Wahl des ersten gesamtdeutschen Bundestages im ostdeutschen Wahlgebiet gewissermaßen als Labortest für den Ansatz der Neuen Politischen Ökonomie interpretiert. Es habe in Ostdeutschland, so wurde argumentiert, keine traditionellen Parteiloyalitäten mehr gegeben, da bei den genannten Wahlen neu konstituierte Parteien und Parteienbündnissen sich im Wettbewerb gegenüberstanden, ebenso fehlte den oft kaum bekannten Spitzenkandidaten die Möglichkeit, eine große persönliche Unterstützung zu mobilisieren. Als Konsequenz hätten Themen (issues), v.a. das Thema der deutschen Einheit, im Mittelpunkt der Wahlentscheidung gestanden.[29] Die rationale Entscheidung in Ostdeutschland fiel zugunsten derjenigen Partei(en),

---

29 So zur Volkskammerwahl Dieter Roth: Die Wahlen zur Volkskammer in der DDR. Der Versuch einer Erklärung, in: Politische Vierteljahresschrift 31(1990), S. 369-393. Kritisch differenziert: Rainer-Olaf Schultze: Bekannte Konturen im Westen – ungewisse Zukunft im Osten, in: Wahlverhalten, Stuttgart etc. 1991, S.44-102.

die dem einzelnen Wähler den meisten persönlichen Zugewinn versprachen, also am wenigsten skeptisch den Problemen der deutschen Einheit gegenüberstanden.

Von der umstrittenen Interpretation der Ausnahmesituation des Jahres 1990 im ostdeutschen Wahlgebiet abgesehen, besteht aus der Sicht der Neuen Politischen Ökonomie generell Erklärungsbedarf für die Wahlbeteiligung bei regulären Wahlen. Zinser und Dawson[30] haben versucht, die Wahrscheinlichkeit der individuellen Wahlbeteiligung mit folgender Formel zu fassen: $V = E(B) - C + D$, wobei V für die Wahrscheinlichkeit der Wahlbeteiligung steht, E(B) für den erwarteten persönlichen Vorteil aus der Wahlbeteiligung, C für die beim Wählen entstehenden Kosten (verpaßte alternative Tätigkeiten, Unbequemlichkeiten, finanzielle Belastungen) und D für den persönlichen Vorteil aus dem Wahlakt selbst. Angesichts der erwähnten Vielzahl anderer Stimmberechtigter und anderer Interessen ist die Wahrscheinlichkeit, daß eine Wahlentscheidung dem einzelnen persönliche Vorteile bringt, also E(B) groß ist, äußerst gering, zumal die regierungsfähigen Volksparteien sich in politischen Grundfragen nur selten dramatisch unterscheiden. Die Kosten (C), die dem einzelnen durch die Wahlteilnahme entstehen, sind individuell betrachtet zumindest beachtenswert, also größer als E(B), der Wahlakt selbst (D) bietet auf den ersten Blick, da er unbezahlt bleibt, keine Vorteile.

Dennoch ist es gerade der Wahlakt, der durch Ausweitung des Kosten-Nutzen-Kalküls (und hier sind, verfolgt man die Literatur, der Phantasie keine Grenzen gesetzt) in Modellen zum entscheidenden Faktor für die Erklärung der Wahlbeteiligung aus der Sicht der Neuen Politischen Ökonomie gemacht wird. Die Interpretationen von Riker/Ordeshook[31] und Ferejohn/Fiorina[32] seien hier nur stellvertretend für eine Reihe weiterer erwähnt. Beide nehmen an, daß beim Wahlakt dem Wähler ein psychologischer Vorteil/Nut-

---

30 James E. Zinser/Paul A. Dawson: Encouraging Voter Participation, in: Herbert E. Alexander (Hrsg.): Political Finance, Beverly Hills/London 1979, S. 221-243.
31 William H. Riker/Peter C. Ordeshook: A Theory of the Calculus of Voting, in: American Political Science Review 62 (1968), S. 25-42.
32 John A. Ferejohn/Morris P. Fiorina: The Paradox of Not Voting: A Decision Theoretical Analysis, in: American Political Science Review 68(1974), S. 525-536.

zen entsteht. Erstere bezeichnen diesen als Gefühl der Erfüllung einer staatsbürgerlichen Pflicht, während letztere betonen, daß wegen der Ungewißheit des Wahlausgangs der Wähler ein Bedauern antizipieren kann, das aus dem ausgebliebenen Engagement gegen ein unerwünschtes Wahlergebnis entspringen würde und dem mit der Wahlbeteiligung individuell oder in der Gruppe[33] prophylaktisch entgegengewirkt wird. In beiden Fällen wird D größer als C, die Teilnahme an der Wahl also „rational".

Auch die politische Richtung der Wahlentscheidung bietet reichlich genutzte Gelegenheit zur Entwicklung von Modellen der Kosten-Nutzen-Analyse. Die Darstellung hier beschränkt sich auf Grundstrukturen, die bereits von Anthony Downs herausgearbeitet wurden und auf denen elaboriertere Modelle immer wieder aufbauen. Die Wahlentscheidung wird in der Downschen Sichtweise zu einem individuellen Meßproblem. Maßstab für Parteipräferenzen sind nicht wie auch immer definierte individuelle Gemeinwohlorientierungen oder das Demokratieverständnis als solches. Demokratie ist nur eine Methode der Auswahl zwischen Alternativen, die durch Umweltbedingungen, z.B. die Gestaltung des politischen Raumes durch ein Zwei- oder Mehrparteiensystem, erleichtert oder erschwert werden kann.

Nach Downs[34] vergleicht der Wähler/die Wählerin den Nutzen, den sie/er von der Amtsführung der bisherigen Regierung hatte mit demjenigen Nutzen, den sie/er möglicherweise gehabt hätte, hätte eine andere Partei/Koalition regiert. Der so entstehende positive oder negative Differenzbetrag in der Kosten-Nutzen-Rechnung leitet die Wahlentscheidung an. In Zweiparteiensystemen fällt die Entscheidung relativ leicht. In Mehrparteiensystemen hingegen muß der Wähler auch über die Erfolgschancen der von ihm präferierten Partei nachdenken. Sind diese gering, wird er sich nicht für die von ihm bevorzugte Partei einsetzen, sondern für jene andere Partei, deren Vorstellungen bzw. Leistungen seinen Auffassungen am nächsten kommt und die ausreichende Gewinnchancen hat, um die von dem Wähler am heftigsten abgelehnte Partei an der Amtsübernahme zu hindern. Downs räumt aber auch eine andere Variante ein. Ein zukunftsorientierter Wähler, der über den Wahl-

---

33 Vgl. auch Carole J. Uhlaner: Rational Turnout: The Neglected Role of Groups, in: American Journal of Political Science 33(1989), S. 390-422.
34 Downs, a.a.O. S. 49f.

tag hinaus denkt, stimmt möglicherweise doch für die von ihm präferierte Partei, selbst dann, wenn diese geringe Siegchancen hat, weil es ihm darauf ankommt, dieses „Produkt" auf dem politischen Markt zu halten, so daß sich möglicherweise in der Zukunft diese Partei als chancenreiche Alternative etablieren kann.

Die weite Interpretierbarkeit von Wahlentscheidungen, je nach zugrundegelegten Kriterien der Abwägung, fällt an diesem Beispiel, das durch viele weitere ergänzt werden könnte, besonders auf. Bei Einigkeit über den zentralen Stellenwert des Kosten-Nutzen-Kalküls generieren Ansätze der Neuen Politischen Ökonomie immer wieder, oft auch widersprüchliche Hypothesen, die im Idealfall empirisch getestet werden können.

Die Kosten-Nutzen-Logik wurde von Downs auch auf den Parteienwettbewerb übertragen[35]. Nun steht nicht mehr die individuelle Rationalität, sondern die Rationalität von Parteien als Organisationen im Vordergrund. Es mag genügen, die Prinzipien des Untersuchungsansatzes anhand einiger von Downs eingeführter grober Unterscheidungsmerkmale zu demonstrieren. Auch hier gilt wieder, daß bei Beachtung der zentralen Rolle des Kosten-Nutzen-Kalküls Reformulierungen durch kreative Hypothesenbildung jederzeit und im Umfange unbegrenzt möglich sind.

Graphik 1: Wahlentscheidung bei Präferenzhäufungen in der Mitte

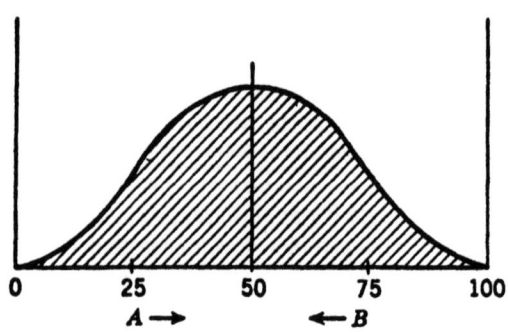

Quelle: Anthony Downs: An Economic Theory of Democracy, New York 1957, S. 118.

---

35 Ebda. S. 114ff.

Graphik 1 verdeutlicht die Stimmenverteilung in einer Konsensgesellschaft, die nur durch eine politische Bruchlinie, z.B. den Rechts-Links-Gegensatz, gespalten ist. Die Mehrheit der Wähler gruppiert sich in der Mitte, am extremen rechten und linken Rand gibt es nur Präferenzen von kleinen Minderheiten. Die Parteien A und B zunächst modellhaft, beide jeweils 25% von den jeweiligen Extrempositionen und von der Mitte entfernt, können eine eindeutige Gewinn- und Verlustrechnung aufmachen. Bewegen sie sich programmatisch von der Mitte weg auf die Randwähler zu, so verlieren sie an Unterstützung, bevorzugen sie jedoch die politische Mitte[36], können sie Zugewinne erwarten. Es ist unschwer zu erkennen, daß diese wenig differenzierte Logik den Wahlkämpfen und dem Selbstverständnis zumindest der alten Bundesrepublik zugrundelag. Die Herausbildung von Volksparteien, der Kampf um die Mitte, um den Wechselwähler, die Rolle der FDP als „Zünglein an der Waage" – all dies sind (heute teilweise auch überholte) Trends, die sich unter Annahmen gesellschaftlicher Homogenität und einer eindimensional gespaltenen, sich zur Mitte kumulierenden Wählerverteilung entwickelt haben.

Graphik 2: Wahlentscheidung in polarisierten Gesellschaften

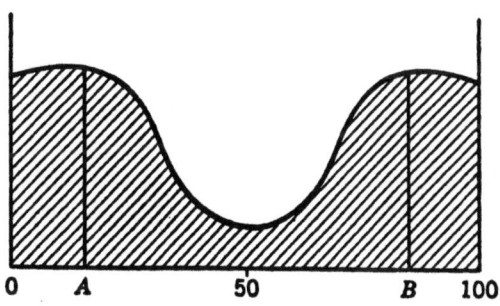

Quelle: Anthony Downs: An Economic Theory of Democracy, New York 1977, S. 119.

Graphik 2 beschreibt die Wählerverteilung in einer (ebenfalls eindimensional gespaltenen) ideologisch polarisierten Gesellschaft.

---

36 Bernd Guggenberger/Klaus Hansen (Hrsg.): Die Mitte, Opladen 1993.

Hier häufen sich Wählerpräferenzen an den extremen Rändern. Für die Parteien besteht kein Anreiz, eine ausgleichende auf Konsens ausgerichtete Politik in der Mitte des politischen Spektrums zu unterstützen. Am meisten Zugewinn verspricht der linke oder rechte Radikalismus bzw. – interpretiert man den gesellschaftlichen Zentralkonflikt anders – der unversöhnliche Nationalismus der Volksgruppen, die sich im Konflikt miteinander befinden. Mit anderen Worten, die zentrifugalen Kräfte in einer solchen Gesellschaft werden durch die rationale Entscheidung der Parteien zugunsten der Maximierung ihrer Stimmen befördert. Eine solche Perspektive weist auch auf Grenzen von Rationalität hin, die der Ansatz der Neuen Politischen Ökonomie nicht mitreflektiert. Im Extremfall verschwindet der Restkonsens einer so gespaltenen Gesellschaft, Bürgerkrieg wird möglich, und die Grundlagen für traditionelle Kosten-Nutzen-Überlegungen verschwinden unwiderbringlich.

Dies ist nicht der einzige Kritikpunkt an der Analyse von Wahlentscheidungen mit den Kriterien der Neuen Politischen Ökonomie. Auch wenn man ihre Basisannahmen akzeptiert, ist zu bedenken, daß Gesellschaften weder statisch noch eindimensional sind. Die Grundlage für Wahlkalküle sind erwiesenermaßen nicht nur Sachthemen, sondern auch Faktoren wie traditionelle Parteibindung und Kandidatenangebot. Selbst Verfechter einer am Individualverhalten orientierten empirischen Wahlforschung charakterisieren auf Downs Vorarbeiten beruhende Modelle als „modell-theoretische Konstruktion, die bisher nicht befriedigend angewendet und geprüft werden konnten. Mit einiger Sicherheit kann gesagt werden, daß das Modell in seiner Orientierung nur am Konzept des ‚rationalen Abwägens‘ an der Wirklichkeit vorbeigeht. Im Bereich wirtschaftlicher Entscheidungen hat die sozialökonomische Verhaltensforschung festgestellt, daß beispielsweise Kaufentscheidungen nicht nur von den Variablen Nutzen, Preis, Menge und eventuell noch Qualität bestimmt werden, sondern daß sie von Faktoren wie Geschmack, Vergleich des eigenen Besitzes mit dem anderer, demonstrativem Konsum und vielen anderen Komponenten mitgestaltet werden; ganz ähnlich ist auch die Entscheidung für eine politische Partei das Ergebnis eines komplexen Gefüges von Gewohnheiten, Meinungen, Einstellungen, Vorurteilen, Interessenabwägungen und sozialen Einflüssen."[37]

---

37 Werner Kaltefleiter/Peter Nißen: Empirische Wahlforschung, Paderborn etc. 1980, S. 122f.

1.3. Politische Konjunkturzyklen

Im Gedanken des politischen Konjunkturzyklus verbinden sich Annahmen über den Wirtschaftsverlauf (in Zyklen: Aufschwung-Krise-Niedergang-Aufschwung etc.) mit der Vorstellung, diese Regelmäßigkeit der Wirtschaftsentwicklung ließe sich politisch beeinflussen. Im politischen Bereich sind an einer solchen Einflußnahme die jeweiligen nationalen Regierungen im Blick auf ihren Machterhalt interessiert. Die Frage des Machterhalts stellt sich in friedlichen Zeiten bei Wahlen. Hier wägt der rationale Wähler ab, ob der Nutzen, der ihm durch die amtierende Regierung entstanden ist oder noch entstehen wird, größer ist als der Nutzen eines Regierungswechsels. Für Regierungen liegt nahe, dieses Kalkül zu ihren Gunsten zu beeinflussen, zumal sie ja die Verfügungsgewalt über staatliche Ressourcen haben. Eine sehr bekannte Form ist diejenige der Wahlgeschenke, z.B. in Form von Sozialleistungen für bestimmte wegen ihrer Größe oder spezifischen politischen Bedeutung wichtige Bevölkerungsgruppen. So besteht Einigkeit in der Forschung[38] darüber, daß die erste große Rentenreform in der Kanzlerschaft Konrad Adenauers, durch die das durchschnittliche Rentenniveau um etwa 65 Prozent angehoben wurde und die die Renten dynamisierte und somit mit dem gesamtgesellschaftlichen Wohlfahrtsfortschritt verknüpfte, entscheidend zu Adenauers Wahlerfolg von 1957 beitrug. Eine andere Form des Versuches, das Wählerkalkül zu nutzen, ist die Festlegung eines Wahltermins auf einen Zeitpunkt, zu dem die Wählerschaft nach den Erhebungen der Demoskopen die bestmögliche Meinung von der jeweiligen Regierung hat. Dies fällt schwerer in Demokratien mit festgelegter Zeitdauer von Legislaturperioden. In Großbritannien aber, beispielsweise, wo nur gilt, daß eine gewählte Regierung maximal fünf Jahre im Amt bleiben darf, ist die Regierung relativ frei, sich innerhalb

---

38 Kurt Sontheimer: Die Adenauer Ära. Grundlegung der Bundesrepublik, München 1991, S.95. Alber sah eine Tendenz konservativer Regierungen in der Bundesrepublik vor Wahlen die Sozialausgaben überdurchschnittlich auszudehnen: Jens Alber: Der Wohlfahrtsstaat in der Krise?, in: Zeitschrift für Soziologie 9(1980), S. 325.

dieses Zeitraumes den für ihre Wiederwahl günstigsten Wahltermin zu suchen.[39]

Die Annahme, man könne von politischen Konjunkturzyklen sprechen, weist aber über das situative Element und die bloß punktuelle Einflußnahme hinaus. Zugrundegelegt wird ein Modell der permanenten Überlagerung des „natürlichen" Wirtschaftsverlaufs durch politische Interventionsbestrebungen, die sich am Rhythmus von Wahlen orientieren und darauf abzielen, zum jeweiligen Wahltag die bestmögliche Wirtschaftslage vorzuspiegeln. Die normativen Implikationen eines solchen Modells sind leicht zu durchschauen. Stimmen seine Annahmen, so läßt sich argumentieren, daß heutiges wirtschaftliches Versagen – in Form beipielsweise von Arbeitslosigkeit und Inflation – sich den permanenten kontraproduktiven politisch-egoistischen Eingriffen verdankt. Ohne solche Eingriffe würde das optimale wirtschaftliche Gleichgewicht sich bedeutend rascher und müheloser herstellen, und ein großer Teil sozialer Kosten würde eingespart. Daraus abzuleiten ist der Gedanke des Minimalstaats, der sich möglichst aus der Wirtschaft heraushält und seine Tätigkeit auf die Aufrechterhaltung gesellschaftlicher Rahmenbedingungen, wie innere und äußere Sicherheit, beschränkt.

Erstmals formuliert wurde das Modell des politischen Konjunkturzyklus aus einer ganz anderen Perspektive. Der Marxist Michael Kalecki[40] sah in politischen Interventionen, die zur Verzerrung des Wirtschaftsverlaufes führen, eine Version des Klassenkampfes von oben, in dem die Bourgeoisie „ihren" Staat benutzt, um sich Vorteile gegenüber der Arbeiterklasse zu sichern. Kalecki beobachtete, daß in Zeiten der Hochkonjunktur, die Nachfrage nach Arbeitskräften potentiell deren Angebot überschreite. Diese Knappheitsbedingungen zugunsten der Arbeiter geben ihnen Verhandlungsmacht zum Erreichen besserer Arbeitsbedingungen

---

39 Es wurde in der Literatur immer wieder argumentiert, daß der Labour-Premierminister Callaghan, der 1979 die Wahlen gegen die konservative Kandidatin Thatcher verlor, den „richtigen" Zeitpunkt der Wahl, nämlich in der zweiten Hälfte des Jahres 1978 als sich ein relativer wirtschaftlicher Aufschwung abzeichnete, verpaßte und deshalb seine Niederlage auch seinem Ungeschick verdankte, die wirtschaftliche Konjunkturlage, für seine politischen Absichten zu nutzen.
40 Michael Kalecki: Political Aspects of Full Employment, in: Political Quarterly 14(1943), S. 322-331.

und höherer Löhne. Für die Unternehmer bedeutet dies Gewinneinbußen. Im Gegenzug organsieren sie durch staatliche Politik einen wirtschaftlichen Abschwung, der die Arbeiterschaft wieder diszipliniert und ihre Gewinnmargen erweitert.

Diese, was die Interventionsmöglichkeiten des Staates betrifft, sehr weitgehende Variante des Modells politischer Konjunkturzyklen, wird in den Schriften der Neuen Politischen Ökonomie ersetzt durch Interventionsanalysen, die sich auf die Bereiche „Inflation" und „Arbeitslosigkeit" beschränken.[41] Zugrunde liegt diesen Modellen eine weitere umstrittene Annahme, nämlich diejenige eines Zielkonfliktes, eines trade-offs, beider Bereiche. Das Argumentationsmuster, das auch in der nicht der Neuen Politischen Ökonomie verpflichteten wirtschaftswissenschaftlichen Diskussion unter der Bezeichnung Phillips-Kurve[42] zu finden ist, impliziert, daß Vollbeschäftigung bei gleichzeitig niedrigen Inflationsraten eigentlich ausgeschlossen ist. Vollbeschäftigung erfordere ein Maß an Staatsausgaben, das die Geldmenge aufblähe und dadurch immer inflationäre Konsequenzen habe, während Inflationsbekämpfung das Schwergewicht auf eine Reduktion der Staatsausgaben legen müsse, was dann aber wiederum eine ansteigende Arbeitslosigkeit zur Folge habe. Umstritten sind die Annahmen, die diesen Zusammenhang konstituieren, deshalb, weil sich empirisch ein weit differenzierteres Bild bietet, das hier nur angedeutet werden soll. So findet sich in der volkswirtschaftlichen Realität schon seit 20 Jahren ein Nebeneinander von hoher Inflation und hoher Arbeitslosigkeit, die sogenannte Stagflation. Als Ursachen für Arbeitslosigkeit wurde längst auch der wirtschaftsstrukturelle Wandel identifiziert und nicht nur der Konjunkturverlauf, und schließlich sollten die weltwirtschaftlichen Faktoren erwähnt werden, die sowohl die Inflationsentwicklung als auch die Entwicklung der Arbeitslosigkeit massiv betreffen, die aber in Modellen geschlossener Volkswirtschaften keine Rolle spielen.

---

41 Zuerst und idealtypisch bei William D. Nordhaus: The Political Business Cycle, in: Review of Economic Studies 62(1975), S. 169-190.
42 Benannt nach Bill Phillips, einem neuseeländischen Ökonomen, der 1958 eine Untersuchung zum Thema „The Relation Between Unemployment and the Rate of Change of Money Wages in the United Kingdom 1861-1957" veröffentlicht hatte.

Geht man von der durch die Phillips-Kurven-Logik definierten „Wahlmöglichkeit" zwischen Inflation und Arbeitslosigkeit aus, so bietet sich der amtierenden Regierung folgende Interventionschance, um den Konjunkturzyklus zu ihren Gunsten politisch zu überfornmen: Vor den Wahlen sollte sie eine massive Ausgabenpolitik zugunsten des Arbeitsmarktes betreiben, um die Wirtschaft anzukurbeln und die Arbeitslosigkeit zu reduzieren. Nach der Wiederwahl hat sie dann die Möglichkeit, durch Ausgabenkürzungen auf den Pfad der wirtschaftlichen Tugend zurückzukehren und die von ihr selbst provozierte Inflationsentwicklung wieder einzudämmen. Neue Arbeitslosigkeit ensteht, die es dann wieder rechtzeitig vor der folgenden Wahl durch eine massive und inflationäre Ausgabenpolitik einzudämmen gilt.

Die Probleme des Modells politischer Konjunkturzyklen liegen in seinen impliziten Prämissen. Selbst wenn man den jeweils amtierenden Regierungen eine entsprechende Interventionsmacht und einen entsprechend skrupellosen Interventionswillen zubilligt, stellt sich nicht nur die bereits angedeutete Frage nach der politischen und geographischen Reichweite dieser Macht und damit der prinzipiellen Steuerungsfähigkeit des Staates gegenüber der Wirtschaft.[43] Mit dieser Frage verbunden sind Fragen der Umsetzung von Politik, also der Zeitfaktor (wie lange vor der Wahl müßte der ökonomische Konjunkturzyklus durch politische Maßnahmen „außer Kraft" gesetzt werden?), und institutioneller und politischer Gegenkräfte, wie gesellschaftlicher Widerstand (z.B. der Gewerkschaften gegen eine Arbeitslosigkeit fördernde Politik) oder von Länderregierungen mit anderen wirtschaftlichen und politischen Interessen bzw. modellimmanent: anderen Wahlzyklen. Auch dem empirischen Test hat das Modell nicht standgehalten. Zwar beanspruchen Untersuchungen zu Wahlen in den USA[44] einen begrenzten Erklärungswert des Modells, die vergleichende Forschung konnte aber belegen, daß es sich, selbst wenn man von weitreichenden

---

43 Vgl. zu diesem Problem ausführlicher z.B. Edgar Grande/Jürgen Häusler: Industrieforschung und Forschungspolitik. Staatliche Steuerungspotentiale in der Informationstechnik, Frankfurt/Main, New York 1994.
44 Vgl. Edward R. Tufte: The Political Control of the Economy, Princeton 1978.

methodischen Problemen absieht⁴⁵, bei modellkonformen Ergebnissen bestenfalls um Sonderfälle handelt.⁴⁶ Die begrenzte Perspektive der Suche nach politischen Konjunkturzyklen überschreitend hat die Neue politische Ökonomie komplexere Modelle entwickelt, in denen die Bemühungen der amtierenden Regierungen um Wiederwahl nur ein Faktor sind, und neben Inflation und Arbeitslosigkeit weitere Kosten-Nutzen-Abwägungen treten. Graphik 3 stellt ein Beispiel solcher Modellfortentwicklung dar, an die aber erneut die oben formulierten kritischen Fragen heranzutragen wären.

---

45 Im Extremfall wird zur Rettung des Modells jegliches Regierungshandeln als politischer Manipulationsversuch des Wirtschaftsverlaufs herangezogen, wenn dieser von demjenigen Verlauf abweicht, den Ökonomen „normalerweise" erwarten. Positive Würdigungen des Modells z.B. bei Hans Rattinger: Wirtschaftliche Konjunktur und politische Wahlen in der Bundesrepublik Deutschland, Berlin 1980 oder bei Reiner Dinkel: Der Zusammenhang zwischen der ökonomischen und politischen Entwicklung in einer Demokratie, Berlin 1977.

46 So Manfred G. Schmidt: Politische Konjunkturzyklen und Wahlen. Ein internationaler Vergleich, in: Max Kaase/Dieter Klingemann (Hrsg.): Wahlen und politisches System, Opladen 1983, S. 174-197 oder Walter Freyer/Hans Peter Widmaier: Zur Kritik wahlpolitischer Erklärungsversuche der Wirtschaftspolitik, in: Jahrbuch für Sozialwissenschaft 30 (1979), S. 162-176. Für Großbritannien: James E. Alt: The Politics of Economic Decline, Cambridge 1979, S. 139ff. Eine empirische Analyse mit modifiziertem Modell kommt zu dem Ergebnis „daß die Regierung in beiden Ländern (USA und Bundesrepublik, R.S.) bei der Gefährdung ihrer Wiederwahl versucht, über eine expansive Wirtschaftspolitik eine Senkung der Arbeitslosigkeit und eine Steigerung des verfügbaren Einkommens herbeizuführen, um die Wirtschaftslage zu verbessern und damit einen Popularitätsgewinn zu erzielen." Gebhard Kirchgäßner/Friedrich Schneider: Politisch ökonomische Modelle: Theoretische Ansätze und empirische Ergebnisse, in: Claude Hillinger/Manfred Joseph Holler (Hrsg.): Ökonomische Theorie der Politik, München 1979, S.118.

Graphik 3: Entscheidungsmodell der Neuen Politischen Ökonomie

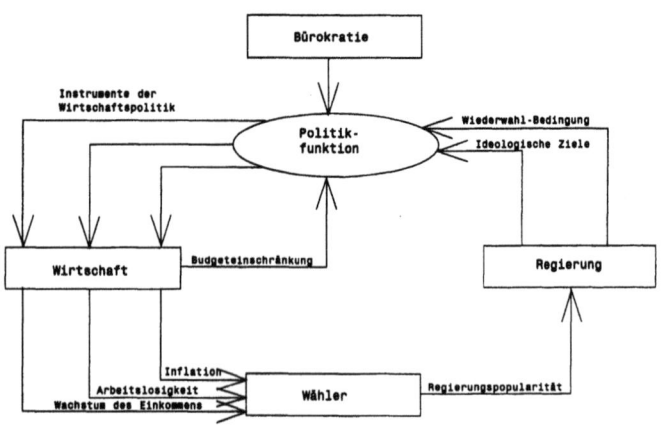

Quelle: Bruno S. Frey/Franz Schneider: Ein politisch-ökonomisches Modell. Theorie und Anwendung für die Bundesrepublik Deutschland, in: Werner W. Pommerehne/Bruno S. Frey (Hrsg.): Ökonmische Theorie der Politik, Berlin etc. 1979, S. 411.

1.4. Bürokratie

Rationales Handeln in Bürokratien impliziert eine doppelte Kosten-Nutzen-Rechnung, einerseits diejenige des individuellen Bürokraten, andererseits diejenige der bürokratischen Organisationsform an sich. Bei gleichgerichteten Anreizsystemen verstärken sich individuelle und kollektive Rationalitäten gegenseitig. Um Modelle der Neuen Politischen Ökonomie in diesem Zusammenhang als wichtige Erklärungsmuster fruchtbar anzuwenden, bedarf es eines Bürokratieverständnisses, das sich von Max Webers Bild des „einer strengen einheitlichen Amtsdisziplin und Kontrolle unterliegenden" Beamten, der „im Dienst der zu beglückenden Beherrschten"[47] handelt, verabschiedet. Die amerikanische Verwaltungsrealität mit ihrer durchgehenden Politisierung und starken Ausdifferen-

---

47 Max Weber: Wirtschaft und Gesellschaft (Erstausgabe 1922), Tübingen 1972, S. 127ff.

zierung in autonome Ämter hat schon immer weitere Handlungsspielräume zugelassen, weshalb es kein Zufall ist, daß die Modelle des Verwaltungshandelns der Neuen Politischen Ökonomie im amerikanischen Kontext entstanden und empirisch getestet wurden. Wenn auch die Handlungsspielräume der deutschen Verwaltung vergleichsweise noch geringer bleiben, so betont die deutsche Verwaltungswissenschaft heute aber zu Recht, die zunehmenden Anforderungen an die Innovationskraft der Verwaltung[48] und an ihre Fähigkeiten zum Entscheidungsdialog mit der Gesellschaft. Es rücken also, anders formuliert, der relative (z.T. äußerst folgenschwere) Ermessensspielraum des Verwaltungshandelns sowie dessen Eigendynamik in den Vordergrund.[49]

Handlungsspielräume vorausgesetzt, identifizierten Vertreter der Neuen Politischen Ökonomie als treibendes Motiv bürokratischen Handelns die Maximierung des Budgets, des Prestiges, der Größe, der Macht, des Patronagepotentials und der Selbstkontrolle von Behörden, solange sich damit auch – was zu erwarten ist – gleichgerichtete Zuwächse für den einzelnen Bürokraten verwirklichen lassen.[50] Erfolgreiche Verwaltungen leiden in diesem Sinne am Parkinsonschen „Gesetz" des unaufhaltsamen Wachstums der Bürokratie. Man kann, wie Downs dies tut, nun noch im einzelnen unterschiedliche Typen von Bürokraten mit variierenden Motivationsstrukturen unterscheiden, die Grundfragen bleiben aber:

a) Ist von einem gleichgerichteten Interesse der Individuen und der Organisation auszugehen? – Eine zweifelhafte Annahme, wenn man beispielsweise bedenkt, daß Reorganisationen und Personalabbau durchaus individuelle Karrieren beenden können, während andere entstehen. Und
b) lassen sich die Thesen der Neuen Politischen Ökonomie empirisch belegen? Einige Autoren glauben, deren Beweis darin

---

48 U.a. Carl Böhret/Helmut Klages/Heinrich Reinermann/Heinrich Siedentopf (Hrsg.): Herausforderungen an die Innovationskraft der Verwaltung, Opladen 1987.
49 Vgl. Hermann Hill (Hrsg.): Verwaltungshandeln durch Verträge und Absprachen, Baden-Baden 1990.
50 Vgl. William A. Niskanen: Bureaucracy and Representative Government, Chicago 1971. Anthony Downs: Inside Bureaucracy, Boston 1967. André Breton: The Economic Theory of Representative Government, London 1974.

gefunden zu haben, daß nach ihren Untersuchungen der öffentliche Dienst grundsätzlich teuerer sei als die private Dienstleistung, was die aus Eigennutzstrategien resultierende Überproportionierung bestätige.[51] Die Meß- und Abgrenzungsprobleme empirischer Tests sind aber nicht zufriedenstellend gelöst, und deshalb sind solche Ergebnisse erheblich mit normativen Erwartungen belastet.[52] Der eigentliche Leistungsvergleich fällt schwer angesichts des Chrakters der „Produkte" von Verwaltungsleistungen, die nicht durchgängig dem Wettbewerb im Privatsektor ausgesetzt werden können. Die Arbeiten der Neuen Politischen Ökonomie können durchaus auch als handlungsanleitend verstanden werden.[53] So wird die Privatisierung öffentlicher Dienstleistungen vom Niskanen-Modell als eindeutig effizienzsteigernde Maßnahme verstanden.[54]

1.5. Koalitionen

Mit Hilfe der Anwendung des Grundgedankens der Neuen Politischen Ökonomie auf politische Koalitionen wurde Anfang der 60er Jahre der Versuch unternommen, eine Koalitionstheorie zu entwickeln.[55] Kosten-Nutzen-Überlegungen strukturieren, so wurde argumentiert, auch die Entscheidung in Gruppen. Zunächst bedeutet die Suche nach Mehrheiten innnerhalb einer Gruppe, daß sich gruppenintern nach allgemein anerkannten Regeln Koalitionen

---

51 Vgl. Thomas E. Borcherding (Hrsg.): Budgets and Bureaucrats: Sources of Government Growth, Durham 1977. Bruno Frey: Democratic Economic Policy, Oxford 1983, S. 102ff.
52 Ian McLean: Public Choice, Oxford 1987, S. 95 faßt deshalb die Forschungslage so zusammen: „This argument promises to get absolutely nowhere for the foreseeable future."
53 Niskanen wurde in den kleinen Zirkel des Council of Economic Advisers des amerikanischen Präsidenten Reagan berufen. Der britische Vordenker der Thatcher-"Revolution", Sir Keith Joseph, verordnete seinen Beamten die Ausführungen Niskanens als Lektüre, und diese wurden auch von der britischen Regierung als Begründung für ihre Privatisierungspolitik herangezogen. Vgl. Ian McLean: Rational Choice, a.a.O. S. 504.
54 Jan-Erik Lane: The Public Sector, London etc. 1993.
55 William Gamson: A Theory of Coalition Formation, in: American Sociological Review 26(1961), S. 373-382. William Riker: The Study of Political Coalitions, New Haven and London 1962.

von Individuen bilden müssen. Der oder die einzelne entscheidet sich für diejenige Gruppe, die persönlich den größten Zugewinn an Geld, Macht oder Erfolg garantiert. In einem weiteren Argumentationsschritt greift die Theoriebildung auf Arbeiten der Mathematiker von Neumann und Morgenstern aus den späten zwanziger Jahren zurück.[56] Wird angenommen, daß es sich bei dem möglichen Zugewinn um ein Nullsummenspiel handelt, also der Zugewinn einer Person oder Gruppe nur durch den gleich großen Nachteil anderer Personen oder Gruppen entsteht, ist es rational, um sich den größtmöglichen Zugewinn zu sichern, die Mehrheitskoalition möglichst klein zu halten (*minimal winning coalition*).

Übertragen auf die Sphäre von Koalitionen politischer Parteien ergeben sich häufig Fälle, in denen durch die Kombination unterschiedlicher Koalitionspartner die Mehrheitsbildung erreicht werden kann. Durch die Einführung des sogenannten „Größenprinzips" hat Riker[57] versucht, in diesen Fällen zu eindeutigen Präferenzbildungen zu kommen. Er argumentiert, daß jene Koalition sich bildet, die die gerade noch kleinste Anzahl von Teilnehmern umfaßt, welche erforderlich sind, um die Mehrheit nicht zu gefährden. Seine Minmalgrößenkoalition (*minimum winning coalition*) ist eine „minimal winning coalition" der kleinsten Zahl. Riker räumt selbst ein, daß die Verifikation des Prinzips schwierig sei, da für Koalitionsbildungen auch „irrationale" Motive, wie Loyalitäten, Gewicht hätten. Bezogen auf den einzelnen stellt sich häufig das Informationsproblem. Die von ihr oder ihm subjektiv als minimale Mehrheitskoalition betrachtete Konstellation stellt sich bei umfassenderer Information möglicherweise als Fehleinschätzung heraus. Die Strategie jedes Mitspielers bei Koalitionsbildungen muß sein, die entscheidende Position zu besetzen. Diese ist jene des zuletzt hinzugekommenen Gruppenangehörigen, der den Ausschlag für die Mehrheitsbildung gibt und nach dessen Beitritt im Idealfall der Koalitionsbildungsprozeß abgeschlossen ist.

In der Literatur wurde weniger das optimale Individualverhalten bei der Suche nach erfolgreichen Koalitionsbildungen als die Strategien der politischen Parteien untersucht. Als erster Einwand gegen die Prognosekraft der Koalitionstheorie wurde immer wie-

---

56 John von Neumann/Oskar Morgenstern: The Theory of Games and Economic Behavior, New York 1944.
57 Riker, a.a.O.

der darauf hingewiesen, daß Größenüberlegungen angesichts programmatischer und ideologischer Gegensätze in den Hintergrund treten. Einige Parteien, wie die italienischen Kommunisten in den Nachkriegsjahrzehnten oder die Republikaner in Deutschland, wurden als Koalitionspartner von vorneherein ausgeschlossen, andere, wie die deutschen Grünen, schienen lange Zeit auf nur eine Koalitionsvariante (mit der Sozialdemokratie) festgelegt. Um diese zweite Strukturvariable für Koalitionsentscheidungen zu berücksichtigen, entwickelte die Neue Politische Ökonomie das Modell der kleinsten siegreichen verbundenen Koalition (*minimal winning connected coalition*).[58] Darunter sind Koalitionen zu verstehen, die sich aus in der Regel auf einer Links-Rechts-Skala benachbarten Parteien zusammensetzen, ohne eine entsprechend gereihte Partei zu überspringen. Diese Verfeinerung des Analyserasters der Koalitionstheorie verbessert zwar ihre Prognose- und Erklärungskraft[59], entkräftet aber nicht die zahlreichen weiteren Einwände, die sich auf Dimensionen beziehen, die die Koalitionstheorie noch immer ignoriert.[60] Sie übersieht u.a.:

- die Mehrdimensionalität von Parteiensystemen (neben ideologischen Brüchen, gibt es auch das Problem der Regionalparteien oder den Konflikt zwischen Wachstumskritikern und Verfechtern wirtschaftlichen Wachstums)
- die „Umweltbedingungen" der Koalitionsbildung, die in „Krisenzeiten" auch Große Koalitionen ermöglichen
- die Vorgeschichte der Koalitionsbildung (Koalitionsabsprachen, Sturz der vorhergehenden Regierung oder Ende der Legislaturperiode?)
- Traditionen der Minderheitsregierung, insbesondere in einigen nach dem Westminster-Modell regierten Ländern

---

58 Robert Axelrod: Conflict of Interests. A Theory of Divergent Goals with Applications to Politics, Chicago 1970.
59 Es wurde geschätzt, daß so ca. 15% der Varianz der Koalitionszusammensetzung erklärt werden könne. Vgl. Detlef Nolte: Ist die Koalitionstheorie am Ende? Eine Bilanz nach 25 Jahren Koalitionsforschung, in: Politische Vierteljahresschrift 29(1988), S. 230-251.
60 Vgl. Uwe Jun: Koalitionsbildung in den deutschen Bundesländern, Opladen 1994.

- die Koalitionsbildung innerhalb dominierender Parteien wie der in den Nachkriegsjahrzehnten in Japan alleine regierenden LDP
- institutionelle Faktoren, wie die Transformationsleistung des Wahlsystems, die gesellschaftliche Koalitionen in verzerrter Weise auf Regierungsebene widerspiegeln können.

Empirische Studien haben deutlich herausgearbeitet, wie sich die hochtechnische und immer komplexer werdende Modellbildung der Neuen Politischen Ökonomie und die wissenschaftliche Realanalyse der Koalitionsbildung auseinander entwickelt haben. Optimistischere Sichtweisen neigen dazu, die innere Logik der Argumentation der Koalitionstheorie anzuerkennen, verweisen aber darauf, daß die Welt außerhalb der Modelle vielerlei Restriktionen kennt, die vermittelnd zur Kenntnis genommen werden müßten.[61] Skeptiker heben dagegen hervor, daß die Koalitionstheorie(n) an „deutliche Grenzen" gestoßen sei(en):[62]

„Die Koalitionstheorien können, selbst nach Eingeständnis der meisten Spezialisten auf diesem Gebiet, nur einen beschränkten Teil des Koalitionsverhaltens von Parteien erklären und voraussagen. Dies gilt sowohl für den Prozeß der Koalitionsbildung als auch für die Stabilität von Koalitionen. Die Koalitionstheorie bietet sich dem Beobachter als ein Bereich der empirischen Sozialforschung, in dem der methodologische Aufwand in einem immer geringeren Verhältnis zum Erkenntnisgewinn steht."

1.6. Kollektives Handeln

Der radikale Individualismus der Neuen Politischen Ökonomie tut sich schwer, aggregiertes Handeln in einer Gruppe zu erklären. Ein Ausweg kann darin bestehen, bestehende institutionalisierte Gruppen, wie am Beispiel der Parteien oder Bürokratien bereits demonstriert, Individuen quasi „gleichzusetzen", also Kosten-Nutzen-Erwägungen auf Gruppenebene einzuführen. Dies erklärt aber nicht, weshalb solche Gruppen, sollten sie freiwilliger Art sein, wie Parteien oder meist Verbände, überhaupt zustandekommen oder zu-

---

61 Michael Laver/Norman Schofield: Multiparty Government. The Politics of Coalition in Europe, Oxford 1991.
62 Nolte, a.a.O., S. 244f.

sammen bleiben. Es ist deshalb aus der Sicht der Neuen Politischen Ökonomie notwendig, sich mit der Logik des kollektiven Handelns an sich zu beschäftigen.

James Buchanan und Gordon Tullock[63] haben versucht darzulegen, daß es aus der Sicht der individuellen Kosten-Nutzen-Rechnung rational ist, einen gemeinsamen Verfassungsrahmen für eine Gesellschaft zu akzeptieren. Kollektives Handeln bürdet der Einzelperson immer sogenannte „externe" Kosten, also Leistungen zugunsten anderer auf. Je größer die Zahl derer ist, auf die sich die Lasten eines Gemeinwesens verteilen, desto geringer sind die Kosten für den Einzelnen. Allerdings steigen mit der Zahl der Beteiligten die Entscheidungskosten, also derjenige Aufwand, der notwendig wird, um Konsens über Gemeinwohlangelegenheiten zu erzielen. Beide Kostenarten zusammenbetrachtet sind wegen ihres engen inneren Zusammenhanges „Interdependenzkosten". Durch die Einstimmigkeitsregel könnte beispielsweise vermieden werden, daß dem einzelnen externe Kosten entstehen, denn er würde nur solche Belastungen akzeptieren, die ihm nützen. Die Einstimmigkeitsregel würde aber die Konsensfindung einer Gesellschaft ungeheuer erschweren und damit die Entscheidungskosten in die Höhe treiben.

Es geht also darum, für Gesellschaften jene flexiblen Verfassungskonstruktionen[64] zu finden, die je nach zu bewältigendem Problem eine angemessene Balance zwischen externen und Entscheidungskosten generieren. Für kollektives Entscheiden eignen sich eher Bereiche, die geringere externe Effekte haben. In einigen Bereichen, wie den Menschen- und Besitzrechten, sind hohe Entscheidungskosten in Kauf zu nehmen, weil hier zum Schutze der Menschen vor ausufernden Beeinträchtigungen (externen Kosten) so etwas wie eine Einstimmigkeitsregel zu gelten hat.

Die Logik des Zusammenschlusses in gesellschaftlichen Teilgruppen, wie Gewerkschaften, hat vor allem Mancur Olson unter-

---

63 James M. Buchanan/Gordon Tullock: Calculus of Consent. Logical Foundations of Constitutional Democracy, Ann Arbor 1962.
64 Zu einem Versuch der Anwendung auf das Grundgesetz der Bundesrepublik Deutschland vgl. Martin Leschke: Ökonomische Verfassungstheorie und Demokratie, Berlin 1993.

sucht.⁶⁵ Olson unterscheidet zwischen der Zusammenarbeit in Klein- und in Großgruppen. Kleingruppen sind überschaubar. Damit ist der Vorteil der Kooperation, selbst wenn er nicht unbedingt gleich verteilt ist, für jeden Gruppenangehörigen erkennbar. Für jede Kleingruppe besteht der Anreiz zu wachsen, denn mit zunehmender Größe sinken die Organisationskosten für den einzelnen. Paradoxerweise reduziert sich aber auch mit dem Übergang zur Großgruppe für den einzelnen der Anreiz, weiter Gruppenmitglied zu bleiben, bzw. neues Gruppenmitglied zu werden, da nun der Vorteil durch Gruppenmitgliedschaft immer weniger deutlicher wird. Der Beitritt eines neuen Mitglieds hat nur marginale Bedeutung für eine Großorganisation. Die Entscheidungsmacht eines neuen Mitglieds ist gering, und gesellschaftliche Vorteile von Gruppenaktivitäten, wie der Tarifpolitik der Gewerkschaften, kommen dem einzelnen häufig auch ohne Gruppenmitgliedschaft zugute. Das Trittbrettfahrerproblem (*free rider problem*) entsteht, die Tatsache also, daß Personen, die nichts für den Erhalt der Gruppenstruktur tun, dennoch von Gruppenaktivitäten profitieren.

Wollen große Gruppen angesichts des fehlenden Anreizes zum Beitritt sich erhalten, ja soll es gelingen, durch gleichgerichtete Interessen charakterisierte Großgruppen überhaupt zu mobilisieren, müssen positive oder negative selektive Anreize für die Mitgliederorganisation bereitgestellt werden. Im Falle der Gewerkschaften wäre solch ein negativer Anreiz, z.B. die Zwangsmitgliedschaft durch closed shop-Regeln, die den Arbeitsplatz an die Gewerkschaftsmitgliedschaft binden. Positive selektive Anreize, sind individuelle Vorteile, die die Nichtgewerkschaftsmitglieder als Trittbrettfahrer nicht erhalten können, wie Prämien, Rechtsschutz- oder Unfallversicherungen. Olson räumt ein, daß es auch Ausnahmen dieser Organisationslogik gibt, z.B. bei vielen religiösen oder philanthropischen Gruppen, bei deren Aktivitäten das individuelle Kosten-Nutzen-Kalkül nicht im Vordergrund steht. Solche Aktivitäten werden von ihm allerdings als wenig rationale der Analyse durch andere Disziplinen, wie der Psychologie, anheimgestellt. In der Anwendung des Olsonschen Modells wurde der Kosten-Nut-

---

65) Mancur Olson: The Logic of Collective Action, Cambridge, MA 1965 und ders.: The Rise and Decline of Nations, New Haven, CT 1982.

zen-Gedanke auch auf nichtmonetäre Vorteilsdifferenzen übertragen.[66]

Olson wurde dafür kritisiert, daß er z.B. bei der Anwendung seiner Theorie auf die Gewerkschaften, die amerikanische Realität vor Augen habe und er somit die traditionell weltanschaulich geprägte Organisationslogik europäischer Gewerkschaften nicht verstehen könne.[67] Außerdem wurde in der Kritik auf signifikante Organisationsvorteile von Kapital- gegenüber Arbeitskraftinteressen hingewiesen, die Zweifel an einer bestehenden allgemeinen Organisationslogik aufkommen lassen.[68] In einem weiteren Schritt wurde argumentiert, daß das eigentliche Problem darin bestehe, daß Olson das Individualkalkül zu sehr ökonomisch verenge und ausschließe, daß neben individuellen Kosten-Nutzen-Überlegungen auch Gemeinwohlüberlegungen eine Rolle für ein Gruppenengagement spielen könnten. Diese Argumentation führt an dieser Stelle nicht weiter, da sie sich mit der Prämisse aller Ansätze der Neuen Politischen Ökonomie, dem homo oeconomicus-Verständnis auseinandersetzt.

Den einmal konstituierten Gruppeninteressen wurde in theoretischen Überlegungen eine gewisse Beharrungskraft unterstellt, die sie zur Selbstprivilegierung gegenüber anderen gesellschaftlichen Interessen nutzen. Das sich meist einstellende Bereichsmonopol begünstigt das „rent-seeking", die Suche nach stabilen Einkommensvorteilen auf Kosten der Allgemeinheit im Unterschied zu den Ungewißheiten einer Wettbewerbssituation. „Die meisten westlichen Regierungen", so Weede[69], „verzichten nicht nur auf Maßnahmen, die Suche nach Renten zu erschweren, sondern sie

---

66 z.B. Dennis Chong: Social Incentives and the Preservation of Reputation in Public-Spirited Collective Action, in: International Political Science Review 13(1992), S. 171-198.
67 Berndt Keller: Olsons „Logik des kollektiven Handelns". Entwicklung, Kritik – und eine Alternative, in: Politische Vierteljahresschrift 29(1988), S. 388-406.
68 Claus Offe/Helmut Wiesenthal: Two Logics of Collective Action: Theoretical Notes on Social Class and Organizational Form, in: Political Power and Social Theory 1(1980), S. 67-115. Helmut Wiesenthal: Kapitalinteressen und Verbandsmacht, in: Heidrun Abromeit/Ulrich Jürgens (Hrsg.): Die politische Logik wirtschaftlichen Handelns, Berlin 1992, S.38-61.
69 Erich Weede: Wirtschaft, Staat und Gesellschaft, Tübingen 1990, S. 132.

unterstützen sie sogar. Viele Monopole werden von Regierungen gewährt. Manche Regierungen helfen einigen Branchen, Erzeugerkartelle zu organisieren. Sie begünstigen die gewerkschaftliche Organisation der Arbeiter. Sie reglementieren und unterstützen die Landwirtschaft und überwinden dadurch weitgehend den Wettbewerb auf einem Markt, wo sonst alle Produzenten Wettbewerbspreise hinnehmen müßten. Sie schränken durch eine Vielzahl von Vorschriften die Konkurrenz unter den Ärzten ein und wundern sich gleichzeitig über die Folgen ihrer Politik: schnell steigende Preise für medizinische Leistungen." „Rent-seeking" ist damit Ausdruck eines nichtökonomischen Mechanismus staatlich abgesicherter Interessenprivilegierung, der erst durch den Rückzug des Staates aus der Wirtschaft und die Wiederherstellung der Individualkonkurrenz überwunden werden kann.

1.7. Spieltheorie

Die Darstellung von Spieltheorien in ihrer gesamten Breite ist innerhalb des hier zur Verfügung stehenden Rahmens nicht nur unmöglich, auch inhaltlich führte die hohe Formalisierung der Theorien, sowie ihr breiter Erklärungsansatz von dem speziellen Feld des Verhältnisses von ökonomischem Kalkül und individuellem Handeln zu sehr ab.[70] Hier mögen deshalb einige einführende Bemerkungen ausreichen, um die Bedeutung des ökonomischen Kalküls und damit des Grundgedankens der Neuen Politischen Ökonomie für die Spieltheorie zu demonstrieren.

Im Mittelpunkt der Spieltheorie stehen die Handlungsweisen von Individuen, die sich bewußt sind, daß ihre Handlungen andere Personen betreffen. Gesucht wird nach einem möglichst einfachem Modell, das zu testbaren Sätzen über Verhaltensmuster (wenn-dann-Beziehungen führt). Spiele können kooperativ verlaufen, oder in einer Wettbewerbssituation. Axelrod[71] hat sich in empirischen

---

70 Zur Einführung u.a. Eric Rasmusen: Games and Information. An Introduction to Game Theory, Oxford 1989. Henry Hamburger: Games as Models of Social Phenomena, New York 1979 oder Frank C. Zagare: Game Theory. Concepts and Applications, Newbury Park etc. 1984.
71 Robert Axelrod: The Evolution of Cooperation, New York 1984. Ein Beispiel für die Anwendung in der Policy-Forschung: Paul J. Quirk: The

Tests der Frage gewidmet, wie Kooperation unter selbstsüchtigen Egoisten (individuellen Kosten-Nutzen-Maximierern) möglich ist. Zu diesem Zweck hat er Prozesse von Gesellschaftlichkeit mit ihrem Geben und Nehmen nicht nur statisch und einmalig betrachtet, sondern als ständige aufeinanderfolgende Vorgänge. Kurzfristig scheint plausibel, daß der Egoist am besten fährt, wenn er nur nimmt und alle anderen nur geben. Axelrods Test unterschiedlicher Entscheidungsmuster hat aber gezeigt, daß die langfristig stabile und erfolgreiche Strategie auch für den rationalen Egoisten das gegenseitige Geben und Nehmen (*tit for tat*) ist.

Die bekanntesten Spielsituationen, aber nicht die einzigen, mit denen sich die Spieltheorie beschäftigt[72], sind diejenigen, in denen sich Gewinne und Verluste der einzelnen Spieler zu Null addieren (=Nullsummenspiele). Für reale politische Prozesse werden solche, z.B. in der Steuerpolitik, je wahrscheinlicher, je stärker Knappheitsbedingungen herrschen. Über einzelne Politikfelder hinaus wurde in der Spieltheorie in Ansätzen versucht, wirtschaftspolitische Orientierungen, wie Keynesianismus und Monetarismus, in Spielsituationen mit konfligierenden gesellschaftlichen Interessen aufzulösen.[73] Die Schwierigkeiten solcher Ansätze bestehen darin, zum einen die Realität auf wenige im Modell handhabbare Strategien und Konfliktfelder zu verkürzen, also auch Interdependenzen und anderweitige Verursachungen künstlich auszublenden, und andererseits die Logik der Spieltheorie mit derjenigen gesellschaftlicher Präferenzaggregation in Übereinstimmung zu bringen. Wie die bisherigen wissenschaftlichen Bemühungen nahelegen, steht die Umsetzung simpler spieltheoretischer Grundgedanken immer in der Gefahr, bei der Analyse komplexer Zusammenhänge, wie z.B. der unterschiedlichen Weichenstellungen nationaler Wirtschaftspolitik, eher zu einer terminologischen Umformulierung als zu neuen politikwissenschaftlichen Erkenntnissen beizutragen.

Cooperative Resolution of Policy Conflict, in: American Political Science Review 83(1989), S. 905-921.

72 V.a. das sogenannte „Chicken Game" und das „Gefangenendilemma". Dies sind Zwei-Personenspiele. Die theoretische Weiterentwicklung erstreckt sich auf Mehrpersonenspiele und sich wiederholende Spielsituationen. Mehr dazu in der einführenden Literatur zur Spieltheorie.

73 Vgl. Fritz W. Scharpf: Inflation und Arbeitslosigkeit in Westeuropa. Eine spieltheoretische Interpretation, in: Politische Vierteljahresschrift 29 (1988), S. 6-41.

2. Pluralismus/Korporatismus

Im Rahmen einer Betrachtung des gesellschaftlichen Einflusses von ökonomischen Gruppeninteressen auf politisches Entscheiden beginnen Kontroversen schon bei der Frage nach der Berechtigung der gesellschaftlichen Anerkennung solcher Gruppeninteressen. Gemeinwohlorientierte Ansätze kritisieren in der ideengeschichtlichen Tradition von Aristoteles bis zu modernen normativen Staatszwecklehren die gesellschaftliche Wahrnehmung von Gruppeninteressen ohne die Rückbindung an den Staat, in dem sie den Wahrer übergreifender und übergeordneter Prinzipien sehen. Sind diese Partialinteressen einmal als legitime Interessen akzeptiert, leitet sich hieraus in der Regel die weitergehende Forderung nach prozeduraler Interessenberücksichtigung und institutioneller Einbindung der Interessenartikulation im politischen Bereich ab. Selbst im begrenzten Bereich ökonomischer Interessenwahrnehmung wollen und/oder können nicht alle Gruppen sich Gehör verschaffen. Damit wird auch das Auswahlkriterium (welches sind die relevanten Interessen) für politisch garantierte Interessenrepräsentation zum Problem.

2.1. Pluralismus

Der Pluralismus als Synonym berechtigter (nicht nur) ökonomischer Interessenwahrnehmung gegenüber dem Staate war in der Bundesrepublik in der Nachkriegszeit erstens Gegenmodell zu den Gesellschaften des Sozialismus osteuropäischer Prägung, die vor allem in der Wirtschaft einen Primat von Staats- bzw. Parteientscheidungen durchsetzten, also jegliche autonome Gesellschaftlichkeit von Ökonomie bestritten. Zweitens lösten die Denkmuster des Pluralismus Mitte der sechziger Jahre die Reste patriarchalisch-autoritärer Politikmuster ab, die sich in Verbändephobie und Kanzler Ludwig Erhards Konzept der „formierten Gesellschaft" widerspiegelten. Erhards Appell in einer Bundestagsrede vom 10. November 1965, die in der deutschen Nachkriegsgesellschaft immer deutlicher auftretenden Interessengegensätze unter dem „Gesichtspunkt des allgemeinen Wohles" nicht zu ökonomischen Gruppenegoismen verkommen zu lassen, war der vergebliche Versuch, die faktische Konsensverschiebung in der Gesellschaft zugunsten einer stärkeren Konfliktorientierung aufzuhalten. Drittens schließlich wurde argumentiert, der Pluralismus sei eine „notwendige Begleiterscheinung der Massengesellschaft, die sich durch solche Gruppen strukturiert und in eine Pluralität von Interessen gliedert. Dieser Tendenz korrespondiert die weitgehende politische Ohnmacht des Individuums, das heute nur noch auf dem Weg über den Zusammenschluß mit anderen seine Interessen wirksam vertreten kann".[74]

Die Pluralismustheorie löst das von den Wertkonservativen gesehene Problem möglicher Instabilitäten als Folge des gesellschaftlichen Austrages ökonomischer Konflikte durch die Denkfigur der Marktanalogie. Es wird zwar nicht angenommen, daß die Rahmenbedingungen von Gesellschaft beliebig sind, ebensowenig wie vermutet wird, daß der Markt ohne staatlichen Schutz und ordnungspolitische Sicherungen auskommt. Die Rahmenbedingungen von Wirtschaft und Gesellschaft sind aber weit genug, um auszuschließen, daß Marktergebnisse oder Politikergebnisse von vornehrein vorhergesagt werden können. Aus der Ordnung der Gesellschaft können nicht Einzellösungen für Gesellschaftsprobleme deduziert werden. Der Konfliktaustrag wirtschaftlicher und gesellschaftlicher Interessen ist frei und führt im Marktbereich zum über Preise vermittelten wirtschaftlichen Gleichgewicht, in der Gesellschaft über Prozesse politischer Willensbildung zu gesellschaftlicher Stabilität. Diese Stabilität, das immer neu sich fortentwickelnde faktische Gemeinwohl steht also nicht, wie es normative Staatstheorien annahmen, von Beginn an als Ziel gesellschaftlichen Handelns fest, sondern wird durch gesellschaftliches Handeln immer neu definiert. Das Verhältnis von Staat und Wirtschaft ist damit Ergebnis eines Suchprozesses, bei dem es allerdings regelgerecht und nichthierarchisch zugehen muß. Pluralismus erfordert, wie Ernst Fraenkel dies formulierte, daß „die generell akzeptierten, mehr oder weniger abstrakten regulativen Ideen sozialen Verhaltens respektiert und die rechtlich normierten Verfahrensvorschriften und die gesellschaftlich sanktionierten Regeln eines fair play ausreichend beachtet werden."[75]

---

74 Kurt Sontheimer: Pluralismus, in: Ernst Fraenkel/Karl Dietrich Bracher (Hrsg.): Staat und Politik, Frankfurt/Main 1957, S. 256.
75 Ernst Fraenkel: Deutschland und die westlichen Demokratien, Frankfurt am Main 1991, S. 300.

Die Annahme eines garantierten Rahmen der Fairneß für wirtschaftlichen Interessenausgleich und den ökonomischen Wettbewerb ist jedoch unrealistisch. Sie ist unrealistisch nicht wegen abweichenden bis kriminellen Verhaltens im Einzelfalle (von der Korruption bis hin zur Wirtschaftskriminalität) oder wegen des Versagens institutioneller Regelungsinstanzen, wie beispielweise des Kartellamtes, auch wenn Einzelkritik in konkreten Fällen sicherlich berechtigt ist. Vielmehr ignoriert die Annahme gleichberechtigter gesellschaftlicher Interessen die für jede Gesellschaft entscheidende Machtfrage. Sind wirtschaftliche Interessen an sich strukturell oder situativ bzw. durch die politischen Folgen wirtschaftlicher Macht nicht gleichberechtigt, so führt auch der gesellschaftliche Wettbewerb der Gruppen nicht zu einer neuen Qualität des Gemeinwohls, sondern produziert entlang des Machtgefälles „Gewinner" und „Verlierer". Die Elitenforschung hat für die Bundesrepublik eine „Asymmetrie der Interessenrepräsentation zugunsten ökonomisch privilegierter Gruppen"[76] bestätigt. Machtungleichgewichte reproduzieren sich nicht nur, sie stabilisieren und verstärken sich. In den siebziger Jahren haben linke Theoretiker deshalb die Lösung des Alternativen behindernden Dilemmas von Konkurrenz und Macht im „sozialistischen Pluralismus" gesehen[77] – in einer Gesellschaft, die durch den Abbau kapitalistischer Herrschaftsverhältnisse wahren Pluralismus erst ermögliche.

Aber auch für die Verfechter der These, daß der Konflikt zwischen Arbeit und Kapital im wesentlichen dem 19. Jahrhundert angehöre bzw. in der Phase des „Spätkapitalismus" (Habermas in den 70er Jahren)[78] nur systemstrukturell gebrochen als „Legitimationsproblem" und selten noch direkt in Form des „Klassenkampfes" auftrete, bot die Gesellschaft ein Bild der Ungleichheit der Chancen der Interessenvermittlung. Es leuchtet unmittelbar ein, daß die dem Wirtschaftsprozeß ferneren Gruppen am wengisten Einfluß auf die Wirtschaft, aber auch auf das Verhältnis Staat und

---

76 Ursula Hoffmann-Lange: Eliten, Macht und Konflikt in der Bundesrepublik, Opladen 1992, S. 401.
77 Rainer Eisfeld: Pluralismus zwischen Liberalismus und Sozialismus, Stuttgart 1972. Udo Bermbach/Franz Nuscheler (Hrsg.): Sozialistischer Pluralismus, Hamburg 1973.
78 Jürgen Habermas: Legitimationsprobleme im Spätkapitalismus, Frankfurt am Main 1977.

Wirtschaft nehmen können. Unternehmer können Betriebe ins Ausland verlagern, Arbeitnehmer können streiken, Landwirte können Lieferungen blockieren, Standesgruppen, wie die Ärzte, Druck auf ihre Patienten ausüben. Aus konservativer Sicht sind strukturbedingt diejenigen die Verlierer, die nicht starken Verbänden angehören. So argumentierte Heiner Geißler, der spätere CDU-Generalsekretär Mitte der siebziger Jahre:[79]

„Im inflationären Verteilungskampf zwischen Gewerkschaften und Arbeitgebern zeigt sich, daß keine von beiden Seiten dauerhafte Vorteile zu Lasten der anderen Seite erringen kann. Es sind die Nichtorganisierten, kinderreiche Familien, alleinstehende Mütter mit Kindern, alte Menschen, die nicht mehr Arbeitsfähigen, Behinderte, zu deren Lasten Vorteile errungen werden können. Sie sind den organisierten Verbänden in aller Regel unterlegen. Zu dem Konflikt zwischen Arbeit und Kapital sind Konflikte zwischen organisierten Interessen und nichtorganisierten Interessen, zwischen Minderheiten und Mehrheiten, zwischen Stadt und Land, zwischen den Machtausübenden und den Machtunterworfenen innerhalb der gesellschaftlichen Gruppen getreten. Hier stellt sich die Neue Soziale Frage."

Dies ist die um den systemkritischen Aspekt entschärfte Variante der früheren Pluralismuskritik der politischen Linken, die auf die ideologische Selbstverpflichtung konfligierender Großinteressen zur Systemtreue und die Filterwirkung der Institutionalisierung von Interessen in Großverbänden hingewiesen hatte. Die systemische Selektionswirkung für die Wahrnehmung von Interessen stellt sich aus dieser Sicht im Ergebnis ähnlich dar:[80]

„das pluralistische System von organisierten Interessen sperrt alle Bedürfnisartikulationen aus dem politischen Willensbildungsprozeß aus, die allgemein und nicht an Statusgruppen gebunden sind; die konfliktunfähig, weil ohne funktionelle Bedeutung für den Verwertungsprozeß von Arbeit und Kapital sind; und die als utopische die historischen Systemgrenzen transzendieren, insofern sie sich nicht ohne weiteres an die Regeln pragmatischer Verhandlungsklugheit halten."

Der Hinweis auf Machtressourcen als steuerndes Element gesellschaftlicher Interessen verdeutlicht, daß nicht nur die Marktanalo-

---

79 Heiner Geißler: Die Neue Soziale Frage, Freiburg im Breisgau 1976, S.15.
80 Claus Offe: Politische Herrschaft und Klassenstrukturen. Zur Analyse spätkapitalistischer Gesellschaftssysteme, in: Gisela Kress/Dieter Senghaas (Hrsg.): Politikwissenschaft, Frankfurt am Main 1973, S. 148.

gie der faktischen Hierarchisierung von Interessenkonflikten nicht gerecht wird, sondern auch, daß solche Hierarchien mühelos Politik und Wirtschaft analog und mit einem Verstärkereffekt im jeweils anderen Bereich überspannen. Ja noch mehr – die die gesellschaftliche Ausgrenzung organisierende Hierarchisierung kann als funktional verstanden werden, weil sie Stabilität erzeugt, indem sie ein inniges Verhältnis von Marktmacht und politischer Herrschaft herstellt.

2.2. Korporatismus

Ein Ansatz, der auf diese integrative Kraft der Gruppenkooperation mit dem Staat setzt, ist der Korporatismus. Der im OECD-Vergleich relativ dauerhafte Erfolg der Wirtschaftspolitik in der Bundesrepublik wurde nicht zuletzt auf die Variable des „sozialen Friedens" (konkret: geringe Streikhäufigkeit, positives Investitionsklima) zurückgeführt. Erreicht wurde der „soziale Friede" nicht zuletzt durch einen zwar institutionell nicht immer in gleicher Weise verfestigten, aber immer vorhandenen Tripartismus, also durch den praxiswirksamen Konsens von Staat, Kapital und Arbeit. Korporatismus wurde so zu einem Schlüsselbegriff für das Verstehen der „Regierbarkeit" eines Gemeinwesens.[81] Funktionsvoraussetzung für den Korporatismus, der nach dem Muster der Elitenkooperation funktioniert, sind stabile Aggregate gesellschaftlicher Interessen, also Verbände mit ausreichender Organisationstiefe, im Idealfalle Bereichsmonopole, mit hierarchischer Struktur und Folgebereitschaft der Mitglieder, sowie ein gefestigter gesellschaftlicher Konsens, der nicht von Fundamentalkonflikten über die Gesellschaftsverfassung bedroht wird.

Der so charakterisierte Korporatismus taugt allerdings nur begrenzt zum Verständnis des systematischen Zusammenhangs der Formulierung von Wirtschaftsinteressen und staatlicher Intervention.[82] Vielmehr ist er vor allem eine zeitlich begrenzt gültige Be-

---

81 Vgl. Philippe C. Schmitter: Interessenvermittlung und Regierbarkeit, in: Ulrich von Alemann/Rolf G. Heinze (Hrsg.): Verbände und Staat, Opladen 1979, S. 92ff.
82 „Bis heute konnte nicht überzeugend nachgewiesen werden, daß die Rede von einem (neuen) corporatism mehr ist als eine „große" Hypothe-

standsaufnahme, die historische Entwicklungen wie die österreichische Sozialpartnerschaft, den niederländischen Sozial-Ökonomischen Rat oder die deutsche Konzertierte Aktion in einer Typologie vereint[83]. Hierbei handelt es sich um eine bestimmte Formgebung von Interessengruppenpolitik in einer ökonomischen „Schönwetterperiode". Der Glaube des zum Wohle der Wirtschaftsentwicklung intervenierenden Staates an die hilfreiche Wirkung der Einbindung der wichtigsten wirtschaftlichen Interessen traf in dieser Periode auf deren Interesse am Zugang zu den Entscheidungsmechanismen bei der Verteilung gesellschaftlichen Reichtums. Grundlage solcher Verteilungskoalitionen war wirtschaftliches Wachstum. Als dieses ausblieb und distributive Politikstrategien zunehmend durch redistributive und Sparpolitiken ersetzt wurden, entfiel nicht nur die Geschäftsgrundlage für die Elitenkooperation. Ausgegrenzte Interessen, wie die Parlamente und die Basis der Gewerkschaften, meldeten sich zu Wort. Die nicht selten versuchte (Über-)Interpretation des Korporatismus als neuer Form des Kapitalismus, der die private Kontrolle über das Privateigentum im Kapitalismus durch eine öffentliche Kontrolle über das Privateigentum ersetze, erweist sich empirisch als Modelldenken.[84] Die sich für das Verhältnis Staat und Wirtschaft aus der Gruppenperspektive stellende Machtfrage können die Korporatismusforscher angesichts des wenig entwickelten theoretischen Status der Korporatismusthese nicht beantworten, wie von Alemann und Heinze[85] einräumen:

---

se. Ihre empirische Evidenz wurde und wird meist durch ein Verfahren darzulegen versucht, das methodisch lediglich den Charakter von Illustrationen hat, die zudem meist als Tendenzaussagen formuliert sind." Hans Kastendiek: Die Selbstblockierung der Korporatismus-Diskussion, in: Ulrich von Alemann (Hrsg.): Neokorporatismus, Frankfurt am Main/New York 1981, S. 104.

83 Vgl. Heidrun Abromeit: Interessenvermittlung zwischen Konkurrenz und Konkordanz, Opladen 1993, S. 146ff.

84 Hinweise bei: Ulrich von Alemann/Rolf G. Heinze: Auf dem Weg zum liberalen Ständestaat?, in: Diess. (Hrsg.): Verbände und Staat, Opladen 1979, S. 43ff.

85 Ulrich von Alemann/Rolf G. Heinze: Kooperativer Staat und Korporatismus, in: Ulrich von Alemann (Hrsg.): Neokorporatismus, Frankfurt am Main/New York 1981, S. 60.

„Staat und Verbände sind direkt voneinander abhängig und profitieren gegenseitig, so daß keiner ohne den anderen sein kann. Auf die oft gestellte Frage, wer wen beherrscht, ist deshalb keine Antwort möglich."

3. Systemansätze

Aus der Systemperspektive konstituiert die Interdependenz von Politik und Wirtschaft einen regelhaften und Regeln gehorchenden Gesamtzusammenhang. Wirtschaft kann dabei als ein in sich geschlossenes System gesehen werden, für das Politik eine von vielen Systemumweltfaktoren darstellt. Die Frage des relativen Gewichts von Politik und Wirtschaft wird in einem solchen Modell zu einem nicht zuletzt historisch kontingenten Interaktionsproblem. Die neuere Systemtheorie geht noch einen Schritt weiter und sieht Politik und Wirtschaft als gesellschaftliche „Funktionssysteme" neben vielen anderen. Ihre Ausdifferenzierung zur Reduktion von gesellschaftlicher Komplexität konstituiert nicht automatisch den Vorrang eines der Funktionssysteme gegenüber einem anderen.

Die marxistische Analyse von Überbau und Basisphänomenen hierarchisiert dagegen die Abhängigkeitsbeziehungen der beiden Systemwelten und macht die politische Sphäre von den Bewegungsgesetzen des ökonomischen Basissystems „ableitbar". Weniger dogmatische Ansätze der Neuen Linken haben dagegen eher auf die Durchdringung politischer Systemlogik durch die gesellschaftlichen Folgewirkungen ökonomischer Strukturmerkmale hingewiesen. Die Interdependenz von Politik und Ökonomie stellt sich aus marxistischer Perspektive zum einen als Grundsatzproblem des Erhalts des ökonomischen Systems und zum anderen als Problem der Selektivität des politischen Systems dar, das systematisch einseitig marktmächtige Gewinn- und Herrschaftsinteressen privilegiert. Solche grundsätzlichen Überlegungen führen handlungstheoretisch gewendet zu Restriktionsanalysen, die die Grenzen politischer Handlungsfähigkeit in kapitalistisch organisierten Wirtschaftssystemen benennen wollen.

3.1. Systemtheorie

Erweitert man die Eastonschen Kategorien der Systemanalyse, so geht es sowohl beim politischen als auch beim wirtschaftlichen System darum, zu verstehen, wie und von wem die entscheidenden Allokationsentscheidungen in den jeweiligen Systemen getroffen werden.[86] Sowohl das Wirtschaftssystem als auch das politische haben Grenzlinien, die markiert werden durch die Bindewirkungen der Systembinnenstrukturen. Für das politische System entsteht die Bindewirkung durch die autoritative Ausübung von Macht unterstützt durch das staatliche Gewaltmonopol, für das wirtschaftliche System ist der Markt das konstitutive Element.

Die frühe Systemtheorie sah aber kein unüberwindliches theoretisches Problem darin, das Wirtschaftssystem politisch mitzuregeln. Die Grenzlinien des Politischen, im Sinne der Ausbildung des intervenierenden Wohlfahrtsstaates, ließen sich je nach Reichweite der vom politischen System generierten Entscheidungen, auch in den Bereich der Wirtschaft ausdehnen. Die keynesianische Globalsteuerung der Wirtschaft, die französische indikative Wirtschaftsplanung (*planification*) oder die Verstaatlichung maroder Unternehmen zum Erhalt von Arbeitsplätzen in Großbritannien sind Beispiele für eine solche (reversible) Grenzverschiebung. Mit der Grenzverschiebung verband sich die Hoffnung auf eine erhöhte Steuerungsfähigkeit des politischen Systems gegenüber dem wirtschaftlichen, auch wenn von vorneherein klar war, daß es sich hier unter Effizienzgesichtspunkten nicht um einen linearen Prozeß handeln könne. Wäre dies der Fall gewesen, so hätte die verstaatlichte Form der Wirtschaft, die ja dem politischen System den weitestgehenden Zugriff auf das ökonomische erlaubt, die effizienteste sein müssen. Ein Blick in die kommunistisch regierten Staaten genügte zum Beweis des Gegenteils, ließ aber weiterhin die systematische Frage nach dem „wieviel Staat verträgt der Markt?" offen.[87]

---

86 U.a. David Easton: An Approach to the Analysis of Political Systems, in: World Politics 9 (1957), S. 383-400.
87 Es ist hoch interessant zu beobachten, daß die Frage der neunziger Jahre lautet: „Wieviel Markt verträgt der Staat?" Vgl. die Verwaltungsreformen in Australien und Neuseeland, die britische „Next Steps"-Initiative und US-Vizepräsident Al Gores „National Performance Review". Vgl.

Die neuere Systemtheorie hat hier, Niklas Luhmann folgend, klare Vorstellungen. Für sie differenziert sich die Gesellschaft in Subsysteme mit eigenständigen Regelungsmechanismen und einer eigenständigen Systemsprache (Codes) aus. Jedes System, das politische mit dem Medium der Macht, das wirtschaftliche mit dem Medium des Geldes, steuert sich so selbst und ist auf sich selbst bezogen. Für die Wirtschaft gilt: „Geld ist die institutionalisierte Selbstreferenz".[88] „Auf der Ebene der eigenen Autopoiesis", so Luhmann, „operiert das System als geschlossenes System, das heißt: es kann Geld weder an die Umwelt abgeben noch aus der Umwelt beziehen. Jede Zahlung, auch die von Steuern oder Beamtengehältern, auch die von Parteispenden oder Kunstpreisen, ist ein wirtschaftsinternes Ereignis."[89]

Politische Steuerung der Wirtschaft stößt aus dieser Sicht schon an systemlogische Grenzen:

„Die gesellschaftspolitischen Hoffnungen suchen dagegen einen Adressaten, der auch die Systeme, die sich selbst steuern, noch kontrollieren könnte, und denken dabei an Politik. Das führt, wie leicht erkennbar, in Diskrepanzen von theoretischer, aber auch hoher praktischer und nicht zuletzt politischer Tragweite, die den Diskurs über das Verhältnis von Politik und Wirtschaft belasten und die Vorstellung des 19. Jahrhunderts immer neu beleben, daß das, was die Wirtschaft an Selbststeuerung nicht (oder nicht befriedigend) erbringen könne, eben von der Politik geleistet werden müsse. Aber diese Vorstellung kollidiert hart mit dem Faktum funktionaler Differenzierung, das es ausschließt, daß Systeme wechselseitig füreinander einspringen können. Keine Politik kann die Wirtschaft, kann Teilbereiche der Wirtschaft, kann auch nur einzelne Betriebe sanieren; denn dazu braucht man Geld, also Wirtschaft."[90]

Steuerung ist nur innerhalb eines Subsystems, hier Politik bzw. Wirtschaft, dadurch möglich, daß das Subsystem auf perzipierte Veränderungen der Umwelt reagiert. Steuerung in der Wirtschaft ist eine „Minimierung einer in Geldsummen ausgedrückten Differenz"[91]. Die Richtung, der Anlaß und die Tragweite dieses Prozesses der Neujustierung des Systemgleichgewichtszustandes ist we-

---

auch: David Osborne/Ted Gaebler: Reinventing Government, Harmondsworth 1993.
88 Niklas Luhmann: Die Wirtschaft der Gesellschaft, Frankfurt am Main 1988, S.16.
89 Ebda. S.131.
90 Ebda. S. 325.
91 Ebda. S. 343.

der vorhersehbar, noch politisch beeinflußbar. Selbstverständlich kann die Politik in der (Geld-)Sprache des Subsystems Wirtschaft, also beispielsweise durch finanzielle Anreize zur Innovation in der Wirtschaft oder durch Programme zur Bekämpfung der Arbeitslosigkeit, versuchen, auf dieses Subsystem einzuwirken. Ein solcher Einwirkungsversuch hat aber mindestens dreierlei Folgen: 1) Die Selektionslogik des Subsystems Wirtschaft führt dazu, daß nur solche Impulse ankommen, die dem Modell der Gelddifferenz entsprechen. 2) Politische Evaluierungskriterien finden keinen Korrespondenten im Wirtschaftssystem und 3) Die politisch-motivierte, wenn auch geringfügige Verschiebung des zentralen Parameters Geld im Wirtschaftssystem hat nicht vorhersagbare und meist auch nichtintendierte Wirkungen (perverse Effekte), die zu Verzerrungen im Wirtschaftssystem führen und wirtschaftliche Veränderungen zur Wiederherstellung der Subsystemstabilität erzeugen, die möglicherweise für das politische System noch weniger erwünscht sind. Wohlfahrtsstaatliche Interventionen sind deshalb unter Umständen nicht nur wenig erfolgreich, sondern auch in anderen Zusammenhängen gefährlich und damit insgesamt kontraproduktiv.

Ebenso wie die Wirtschaft sich nicht durch politische Steuerung kontrollieren läßt, führt auch der Versuch des Steuerns der Politik mit Hilfe des zentralen Mediums der Wirtschaft, des Geldes also, zu Deformationen, von denen das bekannteste das Phänomen der Korruption sein dürfte. Solche Eingriffe verschieben nicht nur das Koordinatensystem der Politik, sie sind auch dysfunktional hinsichtlich der Politikergebnisse und des Subsystemgleichgewichts.

Luhmann[92] räumt jedoch ein, daß mit Blick auf die Gesamtsystemebene wirtschaftliche „Selbstdestabilisierung" politische Konsequenzen haben kann: „Da die Politik eigene Sensoren besitzt und ein eigenes Nichtignorierenkönnen vertreten muß, werden die Effekte wirtschaftlicher Fluktuationen, obwohl sie in der Sprache der Preise ausgedrückt werden, auch politisch relevant." Ja sogar so wichtig, daß sie Regierungswechsel auslösen können, ohne daß diese aus dem politischen System gesteuert oder verantwortet werden können. Solche Reaktionen des politischen Systems auf Veränderungen des Wirtschaftssystems sind Ergebnis eines Kommu-

---

92 Ebda. S. 37.

nikationsprozesses innerhalb des Gesamtsystems Gesellschaft, mit Hilfe dessen das politische Subsystem Veränderungen in seiner Umgebung wahrnimmt. Auf diese wahrgenommenen Veränderungen reagiert es in der ihm eigenen Systemsprache.

Willke[93] geht noch einen Schritt weiter und räumt ein, daß sich „die operative Geschlossenheit eines selbstreferentiellen Systems nur auf die basale Zirkularität der Selbststeuerung bezieht; in anderen Hinsichten, insbesondere bezüglich der Aufnahme von Energie und Informationen (d.h. der Verarbeitung möglicher bedeutsamer Differenzen, ist es durchaus und notwendigerweise offen." Diese Offenheit erlaube die „instruktive Interaktion" zwischen Systemen wie Wirtschaft und Politik. Auch wenn der selbstreferentielle Charakter der Systeme nicht aufgebrochen wird, kann Steuerung die Gestalt der „gerichteten Interaktion" annehmen, die auf kontrollierte Strukturänderungen zielt, auch wenn dies nur in der Form wechselseitiger und in der Eigenlogik des jeweiligen Systems verhafteter Verarbeitung von System-Umwelt-Differenzen geschieht.

An der prinzipiellen Trennung der Sphären von Politik und Wirtschaft entzündet sich die Grundsatzkritik am Luhmannschen Verständnis des Verhältnisses von Politik und Wirtschaft. Soziale Systeme, so die Argumentation, konstituieren sich durch mehr als durch Kommunikation. Die sozial Handelnden, die Menschen, dürfen nicht aus den Überlegungen, wie Gesellschaftlichkeit entsteht, ausgeschlossen werden. Renate Mayntz[94] betont deshalb: „Und da Menschen in den ‚Sprachen' verschiedener Teilsysteme sprechen können, gibt es auch keine prinzipielle Schranke für die intersystemische Kommunikation infolge medialer Inkompatibilität." Wirtschaft ist also doch politisch steuerbar, und Politik ist doch in Verbindung zu bringen mit wirtschaftlichen Machtverhältnissen.

---

93 Helmut Willke: Ironie des Staates. Grundlinien einer Staatstheorie polyzentrischer Gesellschaft, Frankfurt/Main 1992, S. 196ff.
94 Renate Mayntz: Politische Steuerung und gesellschaftliche Steuerungsprobleme – Anmerkungen zu einem theoretischen Paradigma, in: Jahrbuch zur Staats- und Verwaltungswissenschaft 1 (1987), S. 102.

3.2. Marxismus

Dogmatische Formen des Marxismus haben das Verhältnis von Staat und Wirtschaft zu Verschwörungs- und Agenturtheorien verengt. Hier klingt unreflektiert die These des Kommunistischen Manifests nach: „Die moderne Staatsgewalt ist nur ein Ausschuß, der die gemeinschaftlichen Geschäfte der ganzen Bourgeoisklasse verwaltet."[95] Der Staat ist in der Theorie des staatsmonopolistischen Kapitalismus (Stamokap) Beute der stärksten Kapitalfraktionen, die ihn alleine beherrschen bzw. die in elaborierteren Theorien aufgrund unterschiedlicher Interessenlagen (zum Beispiel Freihandel versus Protektionismus) im Wettbewerb um die Herrschaft über den Staat stehen. DDR-offiziell wurde die Durchsetzung von wirtschaftlichen Monopolinteressen gegenüber dem Staat so erläutert:[96]

„Das wichtigste Kennzeichen dieses Mechanismus ist die inhaltliche und organisatorische Verflechtung der Macht der Monopole mit der Macht des Staates. Das darf man sich nicht vereinfacht in der Weise vorstellen, daß es sich um ein reibungsloses und stets direktes Umsetzen ökonomischer Macht und ihr entsprechender Interessen der Monopolbourgeoisie in politische Gewalt, in staatliche Politik, ohne jede Zwischenglieder und ohne Konflikte, handelt. Es bedarf dazu eines dichten und vielseitig verworbenen Netzes von Verbindungen zwischen Monopolen, Staat und anderen Gliedern des politischen Herrschaftssystems, insbesondere den systemtragenden Parteien. Grundlage jeder organisatorischen Verflechtung aber und damit Grundlage für das Funktionieren des Wechselverhältnisses von Monopolmacht und Staat ist die gemeinsame monopolkapitalistische Klassengrundlage, ist die Übereinstimmung ihrer politischen Repräsentanten in den *grundsätzlichen* imperialistischen Klasseninteressen."

Neben der Funktion des Erhalts des kapitalistischen Wirtschaftssystems übernimmt der Staat in diesen Theorien auch die Funktion der Sicherung der Monopolprofite bis hin zu deren außenpolitischer und außenwirtschaftlicher Absicherung. Der Sicherung der Monopolprofite kommt deshalb so entscheidende Bedeutung zu, weil die Stamokap-Theorie von einer unmittelbaren Krisenhaftigkeit des gegenwärtigen Kapitalismus ausgeht.

---

95 MEW 4, S. 464.
96 Institut für Gesellschaftswissenschaften beim ZK der SED (Otto Reinhold Redaktionsleiter): Der Imperialismus der BRD, Berlin 1972, S.183.

Die marxistische Kapitalismusanalyse stützt sich in ihren zentralen Annahmen auf die Werttheorie. Ziel des Einsatzes menschlicher, werteschaffender Arbeit im Kapitalismus ist die optimale Mehrwertabschöpfung zum Erzielen einer möglichst hohen Profitrate. Durch die immer rascher voranschreitende Zurückdrängung der alleine werteschaffenden menschlichen Arbeit im Gefolge technischer Modernisierung beschleunigt sich aber der mit dem Einsatz von Maschinen ohnehin tendenziell verbundene Fall der Profitrate. Das Kapital ist auf neue Wege der Sicherung von Extraprofiten, die der Markt von sich aus nicht offerieren würde, angewiesen, um nicht in die Existenzkrise zu geraten. Der erfolgreichste Weg zur Absicherung von Extraprofiten ist die Instrumentalisierung des Staates und damit die direkte Nutzung politischer Ressourcen.

3.3. Neue Linke

Die Neue Linke entwickelte in den sechziger und siebziger Jahren eine differenziertere Sichtweise des Verhältnisses von Politik und Ökonomie. Der Kapitalismus konstituierte in ihrer Marx-Interpretation den Staat nicht mehr nach dem Stamokap-Bild als „realen Gesamtkapitalisten"[97], also als direktes Instrument der Monopolmacht. Im Sinne des ideellen Gesamtkapitalisten leiste er zwar, auch im Konflikt mit einzelnen privat produzierenden Kapitalinteressen, die Sicherung der Rahmenbedingungen kapitalistischer Reproduktion. Die konkrete Formbestimmung des Verhältnisses von Staat und Wirtschaft wurde jedoch als historisch kontingent beurteilt. Ihren Wesensgehalt vermag nur die Analyse „der konkret-historischen Entwicklung des kapitalistischen Reproduktionsprozesses und der sich in seinem Verlauf verändernden Bedingungen der Kapitalverwertung sowie der Klassenverhältnisse"[98] zu erhellen. Im Unterschied zur Systemtheorie lehnt die marxistische Analyse einen getrennten Zugang zu den Sphären von Politik und Wirtschaft als wesensfremd ab:

---

97 Joachim Hirsch: Staatsapparat und Reproduktion des Kapitals, Frankfurt/Main 1974, S. 253.
98 Ebda. S.27f.

„Das Verhältnis von Politik und Ökonomie ist also primär keines zwischen zwei relativ selbständigen sozialen Systemen, d.h. im wesentlichen zwischen Staat und Wirtschaft, sondern ist zuerst in den gesellschaftlichen Klassenverhältnissen vermittelt. Die Frage nach der Rolle des Staates ist erst auf der Basis dieses zugrunde liegenden Verhältnisses zu entwickeln."[99]

Bei Anerkennung des Primats der Ökonomie bleibt die Art und Weise seiner Umsetzung in der Politik ein offener, politisch und vor allem klassenkämpferisch zu bestimmender Prozeß.

Die von Claus Offe und Jürgen Habermas angeregte Verschmelzung systemtheoretischer Elemente mit der Kritik des von ihnen so apostrophierten „Spätkapitalismus" führte in der Theoriediskussion zu einer weiteren Auflockerung der ökonomischen Determinierung von Überbauphänomenen im Kapitalismus. Die linke Kritik sah in dieser theoretischen Wende die Ontologisierung des politischen Systems als sozialem Zusammenhang, analog der Annahmen der „bürgerlichen" Systemtheorie, die Abstrahierung von der stofflichen Seite des kapitalistischen Reproduktionsprozesses (Arbeitsprozeß), sowie einen Mangel an revolutionärem Willen, die Überwindbarkeit des Kapitalismus in den Vordergrund zu stellen.[100] Der Kapitalismus wird von den Verfechtern eines systemtheoretisch angeleiteten Marxismus in seiner Spätphase weniger als Herrschaftsstruktur denn als Regelungssystem verstanden. Das empirisch festzustellende Faktum des Ausbleibens einer klassenkämpferisch geprägten Krisensituation in der Bundesrepublik zwingt zu Überlegungen, die die relative politische Stabilität erklären können.

Diese ist nach Habermas[101] auf eine Erweiterung der Staatsfunktionen zurückzuführen. Der Staat verfolgt nun das Ziel einer „krisenvermeidenden" Systemsteuerung[102] und ist deshalb sowohl zu marktsubstituierenden Stabilisierungsstrategien als auch zur Kompensation dysfunktionaler Folgen des Akkumulationsprozesses bereit. Je

---

99 Bernhard Blanke/Ulrich Jürgens/Hans Kastendiek: Kritik der Politischen Wissenschaft 2, Frankfurt am Main/New York 1975, S. 335.
100 Josef Esser: Einführung in die materialistische Staatsanalyse, Frankfurt/Main, New York 1975, S. 77.
101 Jürgen Habermas: Legitimationsprobleme im Spätkapitalismus, Frankfurt/Main 1977, S.76ff.
102 Man könnte an dieser Stelle erstaunt anmerken, wie leichtgläubig (damalige) Marxisten keynesianische Argumentationsmuster als Realitäten akzeptierten.

stärker der Staat in die Wirtschaft interveniert, desto größer wird der Legitimationsbedarf für staatliche Interventionen. Bleibt die Systemperformanz hinter den Erwartungen zurück, die erforderlich sind um Massenloyalität zu generieren, kann der „Spätkapitalismus" trotz seiner erreichten politischen Steuerbarkeit in eine Legitimationskrise geraten. Legitimationskrisen sind damit in den Bereich des Politischen verschobene ökonomische Krisen. Die Krisenhaftigkeit des Zusammenhangs von Politik und Wirtschaft kann nur beherrscht werden, wenn einerseits das soziokulturelle System genügend Akzeptanz zur Stärkung der Systemlegitimation hervorbringt und wenn andererseits politisches Steuerungshandeln nicht in seinem Wesenskern durch Finanzknappheit bedroht ist. Daß letzteres immer droht, weil die heutige ökonomische Entwicklung systemnotwendig, z.B. wegen Verteilungsungerechtigkeiten, immer zu wenig Ressourcen gemessen an den notwendigen staatlichen Leistungen zum Erhalt der Massenloyalität produziert, wurde von dem marxistischen Finanzwissenschaftlicher James O'Connor[103] zu belegen versucht. Politik und Wirtschaft sind damit aus der Sicht der systemtheoretisch argumentierenden Neuen Linken in einem Krisenzusammenhang verwoben, aus dem nur die Systemüberwindung den Ausweg weist.

3.4. Empirisch angeleitete Restriktionsanalysen

Empirische Analysen auf der Systemebene haben betont, daß die Funktionslogik und der unausgesprochene Konsens in Marktwirtschaften staatliche Wirtschaftspolitik auf Systemerhalt und Unternehmerinteressen hin orientieren. Der Staat habe mit seinem Funktionenzuwachs in der Ausbildung zum Wohlfahrtsstaat mehr und mehr die Verantwortung für die Wirtschaftsentwicklung übernommen, ohne gleichzeitig aber die entsprechenden Eingriffsinstrumente zu besitzen. Die wirtschaftlichen Entscheidungträger bleiben – denn dies definiert ja gerade Marktwirtschaften – privat bzw. gesellschaftlich autonom. Will der Staat einwirken, muß er Angebote formulieren, die für die privaten Kapitaleigner attraktiv sind, etwa als Signal im Sinne des Investitionsanreizes oder der Standortwahl. Damit wird der Einsatz des Staates für das wirtschaftliche

---

103 James O'Connor: Die Finanzkrise des Staates, Frankfurt/Main 1974.

Gemeinwohl synonym mit der Förderung von Unternehmerinteressen.[104] Sozial- und tarifpolitische Korrekturen stehen dagegen unter eminentem politischem Begründungszwang und bleiben Ergebnis eines potentiell den sozialen Frieden bedrohenden Druckes. Hinsichtlich solcher Korrekturen kommt dann dem Staat die Aufgabe der Abwägung zu, der Abwägung zwischen dem, was den Unternehmen in bestimmten Perioden der Wirtschaftsentwicklung noch als Belastung zuzumuten ist, und der Gefahr für die Systemstabilität, die von den gesellschaftlichen Konsequenzen sozialer Ungleichheit und von wirtschaftlichen Krisen ausgeht. Das Handlungsdilemma des Staates ist also, das Erhalten von Massenloyalität mit den von außen ihm vorgegebenen Notwendigkeiten der Sicherung einer erfolgreichen wirtschaftlichen Zukunft der Privatwirtschaft zu verbinden. Heidrun Abromeit[105] argumentiert folgerichtig:

„In einem auf Privatautonomie der Wirtschaftseinheiten beruhenden kapitalistischen Gesellschaftssystem verlaufen die Abhängigkeitsbeziehungen zwischen Staat und Wirtschaft asymmetrisch. Die Autonomie des Staates gegenüber der Wirtschaft verringert sich hier in dem Maß, in dem a) inner-ökonomische Entwicklungen den Staat nötigen, zunehmend in den Wirtschaftsablauf einzugreifen, b) Ziel- und Normensysteme aus dem ökonomischen Bereich sich in der Gesamtgesellschaft durchsetzen und c) die politische Legitimität des Staates in der Garantie störungsfreien Wohlstandswachstums liegt."

Die empirische Suche nach Handlungsrestriktionen führt aber in der Allgemeinheit, in der die Asymmetrieannahme vertreten wurde, auch aus der Sicht marxistischer Autoren, nur selten zur Erkenntnis konkreterer Zusammenhänge wirtschaftlicher und politischer Faktoren: „Notwendigkeit, Grundfunktion, Klassencharakter, Gemeinwohl-Illusion der Politikform sowie ihr Verhältnis zur ökonomischen Struktur sind zwar logisch bestimmt, jedoch nicht historisch konkretisiert."[106] Der von Karl Marx[107] geforderte Schritt vom

---

104 Für die USA vertrat dieses Argument Charles E. Lindblom: Politics and Markets: The World's Political-Economic System, New York 1977, S. 170ff.
105 Heidrun Abromeit: Staat und Wirtschaft, Frankfurt/Main, New York 1981, S. 28.
106 Esser, a.a.O., S. 159.
107 Karl Marx: Grundrisse der Kritik der politischen Ökonomie (1857/58), Frankfurt/Main, Wien o.J., S. 21ff.

Abstrakten zum Konkreten gelingt selbst bei den mit geringerer Reichweite operierenden Politikfeldstudien nicht. Das Betonen historischer Kontingenz der Ausprägung des Abhängigkeitsverhältnisses von Politik und Wirtschaft, wozu auch der Hinweis auf „die Klassenkonstellation als Tätigkeitsgrenze"[108] gehört, hilft für Verallgemeinerungen auch nicht weiter. Am Beispiel der Bildungsplanung und der Finanzplanung haben aus der Perspektive marxistischer Systemkritik Ronge/Schmieg[109] nachgewiesen, „daß sich ein deduktiver Zusammenhang von konkreter Wirklichkeit und abstrakter Tendenzaussage über die Wirklichkeit nicht herstellen läßt".

3.5. Regulationstheorien

Aus der Schwierigkeit, die Krisenhaftigkeit des Kapitalismus systemlogisch zu deduzieren, entstanden Versuche, die Überlebensfähigkeit des Kapitalismus mit einer stärkeren Trennung der ökonomischen, politischen und – in Anlehnung an Gramsci[110] – der ideologischen Sphäre der Gesellschaft zu erklären. Die grundsätzliche und potentiell gefährliche Widersprüchlichkeit des „Akkumulationsregimes", das für die ungleiche Verteilung des gesellschaftlichen Reichtums im Kapitalismus verantwortlich ist, besteht zwar weiter, die gesellschaftliche „Regulationsweise", die normativ und institutionell das Akkumulationsregime absichert, erweist sich aber als ausreichend flexibel, die Systemkrise des Kapitalismus zu vermeiden. Die konkrete Formgebung – auch als Resultat gesellschaftlicher Kämpfe – der Regulationsweise ist jeweils empirisch zu erheben und nicht aus dem allgemeinen Widerspruch von Arbeit und Kapital ableitbar. Die Gesellschaft hat im Kapitalismus die Fähigkeit und das Potential zur „Selbstorganisation".

Als Phasen unterschiedlicher Regulationsweisen wurden im Hinblick auf die Produktionsorganisation folgende unterschieden,[111]

---

108 Blanke/Jürgens/Kastendiek, a.a.O., S. 438ff.
109 Ronge/Schmieg, a.a.O., S. 318.
110 Antonio Gramsci: Prison Notebooks, New York 1971.
111 Vgl. Joachim Hirsch: Kapitalismus ohne Alternative?, Hamburg 1990, S. 101ff. Zur Diskussion u.a. Werner Bohnefeld/John Holloway (Hrsg.): Post-Fordism and Social Form: A Marxist Debate on the Post-Fordist State, London 1991.

- die vor-fordistische vor dem II. Weltkrieg, in der sich die Vergesellschaftung der Produktion erst herausbildete,
- die fordistische bis in die siebziger Jahre, basierend auf der Durchkapitalisierung und Verwissenschaftlichung des Produktionsprozesses, der keynesianisch-sozialdemokratischen Regulierung der Gesellschaft und der Vorherrschaft instrumenteller Rationalität im gesellschaftlichen Bewußtsein und
- die post-fordistische, basierend auf einem Akkumulationsregime, das sich auf neue Technologien (Informations-, Kommunikations-, Bio- und Gentechnologie) stützt, auf ein Zurückdrängen des Staates auf Systemsicherungsfunktionen und auf eine Gesellschaftsstruktur mit Bruchlinien quer zu Klassenverhältnissen. Im Unterschied zu den Theoretikern der Postmoderne bzw. der Postindustriellen Gesellschaft legt die marxistische Diskussion Wert darauf, daß diese post-fordistische Phase nicht das Industriesystem ablöst, sondern dieses nur auf eine neue Weise, im Sinne der Aufrechterhaltung der Logik des Akkumulationsregimes effizient macht.

Die linke Kritik an diesem Verständnis des Verhältnisses von Politik und Ökonomie sieht in der Regulationstheorie den ersten Schritt zum Verlassen des Kontextes der Kapitalismuskritik. Situative Erklärungen wirtschaftlicher und gesellschaftlicher Entwicklungen und Interessen ziehen tendenziell einen Trennstrich zum gesellschaftlichen Grundwiderspruch des Kapitalismus oder führen, wie Görg[112] meint, zur „Orientierungslosigkeit" der Gesellschaftsanalyse:

„Die Thematisierung kapitalistischer Entwicklung als Selbstorganisationsprozeß tendiert dazu, auf soziale Auseinandersetzungen, auf Konflikte und auf Krisen gesellschaftlicher Entwicklung nur noch als Momente der Reorganisation des sozialen Prozesses Bezug zu nehmen. Damit wird jedoch die Frage nach den Gestaltungsabsichten und den Gestaltungschancen sozialer Akteure um all die Motive verkürzt, die sich nicht in den Aspekt der Reorganisation einordnen lassen – sei es, daß sie sich als nicht so prägend erwiesen haben, aber als Kritik an den sozialen Verhältnissen erinnert werden sollten, sei es, daß sie prinzipiell andere Intentionen als die Reorganisation des Kapitalismus

---

112 Christoph Görg: Regulation – ein neues „Paradigma"?, in: Josef Esser/ Christoph Görg/Joachim Hirsch (Hrsg.): Politik, Institutionen und Staat. Zur Kritik der Regulationstheorie, Hamburg 1994, S. 26.

mit sich geführt haben, sei es, daß sie dessen Mechanismus explizit sogar zum Gestaltungsziel erheben."

Die deutsche marxistische Kritik der Regulationstheorie möchte deren Sensibilität für die Systemschwelle im Prozeß sozialer und politischer Reorganisation erhalten bzw. wiederherstellen. Nur so könne die Analyse des Verhältnisses von Staat und Wirtschaft für politisch-strategiefähige Konzepte, entweder systeminterne oder systemtransformierende, offengehalten werden.

4. Postmoderne

4.1. „Ökonomievergessenheit"

Das Verhältnis von Staat und Wirtschaft steht nicht im Zentrum postmoderner Theoriebildung, weil diese sich gerade als Begriffswelt ohne logisch definierbares Zentrum wissenschaftlicher Erkenntnis versteht. Sozialwissenschaftliche Bemühungen um das Problem der Interdependenz von Politik und Wirtschaft erscheinen aus dieser Perspektive als das Stolpern „von einem öden Theoremchen zum anderen."[113] Die aus der Chaosforschung gewonnene Behauptung, die Ordnung eines Systems sei eigentlich nur der Sonderfall[114], tendenziell befinden sich gesellschaftliche Systeme stets auf dem Wege zu neuen Ordnungen, die aber aus heutiger Sicht als Chaos erscheinen,[115] läßt ein Universum von Beziehungen und Nichtbeziehungen zwischen Politik und Wirtschaft zu. Dieses Beziehungsgeflecht ist nicht unbedingt beliebig, weil historisch feststellbar und konkretisierbar, es ist aber enthierarchisiert. Die post-

---

113 Paul Feyerabend: Wider den Methodenzwang, Frankfurt/Main, 2. Aufl. 1983, S. 381, Anm. 9.
114 Inzwischen wird allerdings jenseits der Chaostheorie bereits wieder nach komplexen Strukturen im Rahmen einer Komplexitätstheorie gesucht. Vgl. Roger Lewin: Die Komplexitätstheorie. Wissenschaft nach der Chaosforschung, Hamburg 1993.
115 Zu einem Versuch der Anwendung von Erkenntnissen der Chaostheorie in der Verwaltungswissenschaft vgl. Carl Böhret: Innovative Bewältigung neuartiger Aufgaben, in: Ders./Helmut Klages/Heinrich Reinermann/Heinrich Siedentopf (Hrsg.): Herausforderungen an die Innovationskraft der Verwaltung, Opladen 1987, S.48ff.

moderne Gesellschaft ist insgesamt durch „die unaufhebbare Heterogenität verschiedener Paradigmen"[116] charakterisiert. Die Frage des Primats der Politik oder der Wirtschaft stellt sich nicht mehr, zumindest nicht mehr als normatives Problem. Einige Schematisierungsversuche haben sogar sowohl die Politik als auch die Wirtschaft als mögliche Kandidaten gesellschaftlicher Hegemonie völlig ausgeblendet. Der Primat des Politischen wurde der vormodernen Epoche zugeordnet, die Vorherrschaft der Ökonomie sei Kennzeichen der Moderne gewesen, und die Postmoderne verwirkliche nun den alten Traum der Intellektuellen von der Vorherrschaft der Kultur.[117] Andere Theorieansätze der Postmoderne sehen die ökonomische Basis in einem Auflösungsprozeß durch zunehmende Diversifikation getrieben von der dynamischen Beeinflussung durch Überbaufaktoren, wie v.a. der Kultur.[118]

Auch wenn solche Stufentheorien, die wie eingangs erwähnt auch der Inglehartschen Postmaterialismusthese oder auch Becks These von der Ablösung einer „reichtumsverteilenden" durch eine „risikoverteilende" Gesellschaft[119] zugrundeliegen, zu mechanisch argumentieren, haben sie eines gemeinsam: Die Fokusierung der Analyse auf das Individuum. Dieses ist aber nicht einseitig homo oeconomicus, also der bewußt wirtschaftliche Wahlmöglichkeiten wahrnehmende Mensch der Neuen Politischen Ökonomie, sondern Spaltprodukt der Gesellschaft, die die Menschen „aus den Sozialformen der industriellen Gesellschaft – Klasse, Schicht, Familie, Geschlechtslagen von Männern und Frauen – freisetzt".[120] Das Individuum definiert sich neu in Lebenswelten, die Ausdruck eines Wertekonsenses sind, der nach anderen als alleine ökonomischen Rationalitäten Sinn stiftet. Die Ablehnung einer einseitigen ökono-

---

116 Wolfgang Welsch: „Postmoderne". Genealogie und Bedeutung eines umstrittenen Begriffs, Frankfurt/Main 1988, S. 24.
117 Klaus von Beyme: Theorie der Politik im 20. Jahrhundert, Frankfurt/Main 1991, S. 334. Beck glaubt im Gegensatz dazu, eine „Selbstentmachtung der Politik" in der Risikogesellschaft als Reaktion auf wirtschaftliche Zwänge feststellen zu können. Ulrich Beck: Risikogesellschaft. Auf dem Weg in eine andere Moderne, Frankfurt/Main 1986, S. 360f.
118 Wolfgang Welsch: Unsere postmoderne Moderne, Weinheim, 3.Aufl. 1991, S. 157ff.
119 Ebda.
120 Ebda. S. 115.

mischen Überformung der Lebenswelten wird als Befreiungsakt begriffen und als Weg zur Öffnung neuer Möglichkeiten des Gesellschaftlichen. Das lebensweltliche Wirken schließt, so Schütz[121], „selbstverständlich die produktiven Tätigkeiten im ökonomischen Sinne ein; sie schließt aber auch all jene Formen des sozialen Handelns ein, durch die eine Veränderung der Sozialwelt erzielt wird: Liebeserklärungen, Eheschließungen, Taufen, Gerichtsverhandlungen, Verkauf oder auch nur Sammeln von Briefmarken, Revolutionen und Konterrevolutionen." Dem von der Moderne erwarteten Siegeszug des ökonomisch orientierten und abgesicherten Liberalismus wurde vor allem in der Kommunitarismusliteratur[122] die These gegenübergestellt, daß der Mensch ohne jede Sozialbindung als unabhängiger Schöpfer seines eigenen Lebens nicht denkbar sei.

4.2. Das Ende der Dichotomie von Staat und Wirtschaft

Die Frage nach der Interdependenz von Staat und Wirtschaft implizierte in den bisherigen Analysen eine Gegenüberstellung verhältnismäßig deutlich abgrenzbarer gesellschaftlicher Segmente. Selbstverständlich bedeutet das nicht, daß Grauzonen zwischen Staat und Wirtschaft und Überlappungen ihrer Einflußsphären ausgeschlossen waren. Als Konstante blieb jedoch die Tatsache erhalten, daß Staat und Wirtschaft nach je eigenen Regeln sich reproduzierten und funktionierten. Diesem Bild der Segmentierung setzt die Debatte um die „Entgrenzung" des Staates das Bild der Integration von Staat und Wirtschaft gegenüber. Für das Funktionieren des Staates in einer immer komplexer werdenden Umwelt ist es geradezu überlebensnotwendig geworden zum Regelpluralismus und einem hohen Grad an Flexibilität von Regeln überzugehen.[123] Politikkoalitionen auf verschiedenen Ebenen bilden die dynami-

---

121 Alfred Schütz/Thomas Luckmann: Strukturen der Lebenswelt, Band 2, Frankfurt/Main 1984, S. 25.
122 Vgl. z.B. Michael Walzer: Die kommunitaristische Kritik am Liberalismus, in: Axel Honneth (Hrsg.): Kommunitarismus, Frankfurt/Main, New York 1993, S. 159ff. Amitai Etzioni: Jenseits des Egoismus-Prinzips, Stuttgart 1994.
123 Ausführlicher: Dieter Grimm (Hrsg.): Staatsaufgaben, Baden-Baden 1994.

schen Kräfte wirtschaftspolitischen Wandels. So entstehen Netzwerke zwischen Markt und Staat, die – wie u.a. Mayntz argumentierte – einen qualitativ anderen Typus von Sozialstruktur verkörpern mit den Charakteristika einer Kombination von Markt- und Herrschaftslogik, „nämlich auf der einen Seite das für Märkte typische Vorhandensein einer Vielzahl von autonom Handelnden (oder Subjekten) und auf der anderen Seite die für Hierarchien typische Fähigkeit, gewählte Ziele durch koordiniertes Handeln zu verfolgen".[124] Staatliche Einflußnahme auf die Wirtschaftspolitik wird abhängig von dem Maß möglicher Konsensbeschaffung in informellen oder formellen Verhandlungssystemen. Positiv gewendet erhöht sich die Legitimität von Interaktionen im Bereich Staat und Wirtschaft, weil die jeweiligen Entscheidungsträger Selbstverantwortung übernehmen und nur solche Lösungen akzeptieren, die sie auch umzusetzen bereit sind.[125] Das staatliche Engagement begrenzt sich auf Regelüberwachung und soziale „Klimapflege".

Eine solche analytische Vorgabe führt nur begrenzt zurück zu korporatismustheoretischen Ansätzen. Mit diesen hat sie vor allem die prozedurale Prioritätensetzung, die Betonung des Gewichts von Verhandlungsprozessen, gemein. Aus der Sicht der Postmoderne ist jedoch von größerer Bedeutung die Logik dezentralen Entscheidens, die sich aus dem Versagen traditioneller hierarchisierter Verwaltungs- und Staatsorganisationen ergibt, ebenso wie durch das Tauschprinzip in der Wirtschaft. Der Staat als Rahmen für wirtschaftspolitisches Entscheiden verliert an Bedeutung gegenüber den Möglichkeiten gesellschaftlicher Mobilisierung, bei die lebensweltliche Durchdringung des politischen Bereiches denen staatliche Ebenen unterschiedlichster Art dann vor allem in einer Unterstützungsfunktion für dezentrale Gesellschaftlichkeit sich wiederfinden. In radikalisierter Form kann aus der neuen Form der Interdependenz von Staat und Wirtschaft aber auch der Versuch zur Rückkehr in einen Zustand begrenzter Staatsfunktionen werden. Privatisierung, Entregulierung und die Ablösung der Staats-

---

124 Renate Mayntz: Policy-Netzwerke und die Logik von Verhandlungssystemen, in: Adrienne Héritier (Hrsg.): Policy-Analyse (= PVS-Sonderheft 24), Opladen 1993, S.44f.
125 Fritz W. Scharpf: Die Handlungsfähigkeit des Staates am Ende des zwanzigsten Jahrhunderts, in: Politische Vierteljahresschrift 32(1991), S. 621-634.

funktionen durch „interne Märkte" im Sozialsektor, sowie die Individualisierung von Lebensrisiken deuten einen Weg an, der den direkten „Übergang" von der „post"- zur „vor"modernen Epoche anzeigt.

III. Historische und konzeptionelle Phasen der Wirtschaftspolitik in der Bundesrepublik Deutschland

Die Charakterisierung der (west)deutschen Wirtschaftsordnung der Nachkriegszeit als soziale bzw. seit etwa Mitte der achtziger Jahre auch als soziale und ökologische Marktwirtschaft scheint auf den ersten Blick – sieht man von kapitalismuskritischen Ansätzen ab – unstrittig. Ungeklärt blieb in diesem Zusammenhang in der Regel die Frage, ob die soziale und ökologische Marktwirtschaft das Ziel wirtschaftlichen Handelns sein soll oder der bereits bestehende Rahmen für Wirtschaftspolitik. Kaum debattiert wurde auch der logische innere Zusammenhang der marktwirtschaftlichen, der sozialen und der ökologischen Dimension des Wirtschaftssystems. Hat die freie Marktwirtschaft Vorrang? Produziert das freie Spiel der Marktkräfte „automatisch" optimale soziale und ökologische gesellschaftliche Grundstrukturen, oder bedarf es der nachträglichen Korrektur der Marktprozesse durch staatliche Eingriffe, um die Marktwirtschaft sozial und ökologisch zu gestalten? Läßt der Vorrang der freien Marktwirtschaft auch bei sozialen und ökologischen politischen Korrekturen überhaupt eine ausreichende Berücksichtigung von sozialem Ausgleich und umweltfreundlichem Wirtschaften zu? Oder ist es so, daß sich im Rahmen der Logik der freien Marktwirtschaft sowohl an der wachsenden Kluft zwischen arm und reich im Hinblick auf Einkommen und Lebenschancen, als auch an der zunehmenden Umweltzerstörung nie mehr als graduelle, im Unterschied zu prinzipiellen Korrekturen durchsetzen lassen?

Die Verfechter von Sozialismus und Wachstumsstopp als radikale Alternativen zur Marktwirtschaft haben in der Geschichte der Bundesrepublik bisher nur eine Oppositionsrolle gespielt. In der DDR hat die realsozialistische Alternative der Umweltzerstörung gepaart mit ökonomischer Ineffizienz wesentlich zum Zusammenbruch des politischen Systems beigetragen. Die deutsche Einheit wurde von einigen Kommentatoren folgerichtig als Sieg der Marktwirtschaft gefeiert. Es wäre jedoch zu einfach und auch unzutreffend, wollte man die oben gestellten Fragen als prinzipiell irrelevant abtun. Die Marktwirtschaft machte auch in der Bundesrepublik einen Entwicklungsprozeß durch mit durchaus offenem Ausgang und zahlreichen Gelegenheiten auch zu grundsätzlichen Weichenstellungen. Mindestens fünf Phasen marktwirtschaftlicher Entwicklung in Deutschland können unterschieden werden, wobei als Konstanten der Ausprägung marktwirtschaftlicher Ordnungen sich lediglich die Garantie des privaten Eigentums und gewisse ordnungspolitische Restriktionen hinsichtlich der Instrumentenwahl des Staates bei wirtschaftlichen Interventionen herausschälen. Marktwirtschaft als freie Marktwirtschaft ist abseits von politischen Deklarationen der Wesenskern der deutschen Wirtschaftsordnung, die soziale und die ökologische Dimension, wie überhaupt die Rolle des Staates im Wirtschaftsgeschehen, bedurften und bedürfen der Begründung.

Tabelle 1: Marktwirtschaft in Deutschland

Periode	Paradigma	Marktordnungspolitik	soziale Dimension	ökologische Dimension
Nachkriegszeit bis 1966	(Neo-)Liberalismus	Wettbewerbspolitik Eigentumsgarantie	Vermögenspolitik, Mitbestimmung	—
1966-74	Keynesianismus	Globalsteuerung	Verteilung	—
1974-82	Keynesianismus	Krisenmanagement Strukturpolitik	„Monetarisierung" der Verteilung	—
1982-1991	Angebotspolitik	Entregulierung Privatisierung Monetarismus	Marktlogik	punktuell, marktintegriert
seit 1991 wie 1982-1991, plus Staat als Anwalt des Marktes und Standortmaximierer, insbesondere Technologieförderer und Reorganisator des Arbeitsmarktes zur Förderung der internationalen Wettbewerbsfähigkeit			Umverteilung von unten nach oben (und West nach Ost)	dem Arbeitsplatzargument nachgeordnet

1. Nachkriegszeit und Wiederaufbau

Die Marktwirtschaft im Deutschland der Nachkriegszeit entstand in den Westzonen unter historisch einmaligen Vorzeichen, die in der Frühphase der Entwicklung der Wirtschaftsordnung zu einer relativ engen Verbindung eines christlich-konservativen Gesellschaftsentwurfs mit der Dynamik sich rasch entwickelnder nationaler und internationaler Märkte führte. Dies war angesichts der Ausgangssituation kriegswirtschaftlicher Lenkung im Nationalsozialismus und der Mangelwirtschaft in der Nachkriegszeit keineswegs selbstverständlich. Aus der Sicht der unmittelbaren Nachkriegszeit bestand zudem ein Rechtfertigungsbedarf für die Wiedererrichtung der Wirtschaftsordnung der Vorkriegszeit.

Die kapitalistische Ordnung der Wirtschaft und die nationalsozialistische Herrschaft erschienen breiten Teilen der Bevölkerung als alles andere als unmittelbare Gegensätze. Die Rolle der Großindustrie in der Zeit der nationalsozialistischen Herrschaft blieb umstritten, zumal der Antikapitalismus der nationalsozialistischen Propaganda im Alltag der Machtausübung rasch einem pragmatischen Nutzen wirtschaftlicher Kapazitäten gewichen war. Mit der Gleichschaltung und Selbstauflösung des Reichsverbandes der Deutschen Industrie 1933[126] und der Zerschlagung der unabhängigen Organisationen und Parteien der Arbeiterbewegung hatte der nationalsozialistische Staat die Wirtschaft des Deutschen Reiches zwar seiner selbständigen Interessenvertreter beraubt, die Funktionsweise des Wirtschaftssystems selbst blieb zumindest bis Kriegsbeginn unangetastet. An die Stelle der anfänglichen Bemühungen der Wehrmacht, nach 1939 lenkend in den Wirtschaftsprozeß einzugreifen, trat auch nach Kriegsbeginn rasch die Erkenntnis, daß sich wirtschaftliche Effizienz „mittels der durch das Profitinteresse bestimmten unternehmerischen Verantwortung und Sachkenntnis"[127] am besten erreichen ließ. „Natürlich legte das NS-Regi-

---

126 Richard Neebe: Die Industrie und der 30. Januar 1933, in: Karl Dietrich Bracher/Manfred Funke/Hans-Adolf Jacobsen (Hrsg.): Nationalsozialistische Diktatur, Bonn 1983, S.155-176.
127 Hans-Erich Volkmann: Zum Verhältnis von Großwirtschaft und NS-Regime im Zweiten Weltkrieg, in: Karl Dietrich Bracher/Manfred Funke/Hans-Adolf Jacobsen (Hrsg.): Nationalsozialistische Diktatur, Bonn 1983, S. 487.

me Wert darauf, die Wirtschaft instrumental für Aufrüstung und Krieg einzusetzen", so die Analyse Volkmanns[128]. „Dies geschah aber", so dieser weiter, „weniger durch staatliche Reglementierungen und Kontrolle, als vielmehr – auf der Grundlage der Interessenidentität – durch Selbstverwaltung". Auch unabhängig von der persönlichen Nähe zwischen Hitler und führenden Industriellen bzw. verantwortlichen Politikern und Militärs wuchs der Großindustrie eine wichtige Rolle als wirtschaftlichem Rückgrat des nationalsozialistischen Staates zu, die sie durch ihre Tendenz zur Kartellbildung und ihre Unterstützung wirtschaftlicher Autarkiebestrebungen noch verstärkte.

Nach der Niederlage des Faschismus stellte sich für die alliierten Siegermächte die doppelte Frage nach der Wirtschaftsorganisation der Übergangsperiode und der zukünftigen Wirtschaftsordnung in Deutschland. Pragmatisch wurde zunächst die kontrollierte Mangelbewirtschaftung der Kriegszeit aufrechterhalten. Nahrungsmittel und andere wichtige Verbrauchsgüter blieben rationiert, die Rohstoffbewirtschaftung, die Verordnung von Preis- und Lohnstopps, sowie die Kontrollen des Außenhandels und der Devisen blieben erhalten. Vier Optionen standen aus heutiger Perspektive zur Verfügung:

OPTION 1: Die Überwindung der kapitalistischen Vorkriegsordnung durch die Sozialisierung von Grund und Boden und die Verstaatlichung von Großbetrieben.

Diese Politik wurde nach 1945 von der Sowjetischen Militäradministration (SMAD) in der Sowjetisch Besetzten Zone (SBZ) vorangetrieben.[129] Die 213 wichtigsten Betriebe der Bereiche Chemie, Maschinenbau, Metallverarbeitung, Elektrotechnik, Feinmechanik und Optik und damit 25% der industriellen Kapazität der SBZ wurden in Staatseigentum der UdSSR überführt als „Sowjetische Aktiengesellschaften" (SAG). Ein SMAD-Befehl vom Oktober 1945 erklärte das frühere deutsche Staatseigentum und das Eigentum der NSDAP und anderer verbotener Organisationen für beschlagnahmt. Von der SMAD organisierte Volksentscheide erbrachten deutliche Mehrheiten für die Enteignung von Großbe-

---

128 Ebda. S. 507.
129 Zum folgenden: Hans Jaeger: Geschichte der Wirtschaftsordnung in Deutschland, Frankfurt/Main 1988, S. 246ff.

trieben von „Kriegsverbrechern und Nationalsozialisten". Im Juli 1945 wurden alle privaten Banken und später auch die Versicherungsgesellschaften geschlossen. Im September 1945 fand eine erste Bodenreform statt, in deren Verlauf jeglicher Grundbesitz von über 100 Hektar enteignet wurde. Durch Ländergesetze wurden alle Bodenschätze, die Kohlen- und Erzbergwerke und die Eisen-, Stahl- und Energieversorgung verstaatlicht. Schon vor der Gründung der DDR im Oktober 1949 wurden damit wichtige Weichen für eine Abkehr von der marktwirtschaftlichen Ordnung in Ostdeutschland gestellt.

In den Westzonen gab es in der unmittelbaren Nachkriegszeit ebenfalls Bestrebungen, einen neuen Weg in der Wirtschaftsverfassung zu gehen. SPD und Gewerkschaften favorisierten einen „Dritten" demokratischen Weg zwischen Kommunismus und Kapitalismus, der die Verstaatlichung der Schlüsselindustrien und Banken verband mit innerbetrieblichen Strukturen der Mitsprache der abhängig Beschäftigten. Demokratie sollte nicht nur als Prinzip des politischen Interessenausgleichs gelten, sondern auch als Wirtschaftsdemokratie in den Betrieben verwirklicht werden. Weitgehende Verstaatlichungspläne fanden sich im Ahlener Programm der CDU der Britischen Zone vom Februar 1947. Sozialisierungsbestimmungen waren Teil der hessischen (Art. 41) und des Durchführungsgesetzes (Art. 160) der bayerischen Verfassung, und noch im Oktober 1946 kündigte der britische Labour Außenminister Bevin an, die Ruhrindustrie solle in Volkseigentum überführt werden.

Die Westmächte zögerten jedoch, weitgehenden Eingriffen in die Wirtschaftsordnung zuzustimmen. Ob dieses Zögern ausreicht, die Marktwirtschaft als „erzwungenen Kapitalismus"[130] zu charakterisieren, ist zu bezweifeln. Selbst bei weitgehenden Sozialisierungen, wie im Nachkriegs-Österreich, wo 1946 unter anderem die Schwerindustrie, der Bergbau und die Banken verstaatlicht wurden und noch in den neunziger Jahren rund ein Fünftel aller Industriebeschäftigten und ein Achtel aller industriell-gewerblich Beschäftigten in der verstaatlichten Industrie arbeiten, hat sich faktisch die Logik marktwirtschaftlichen Handelns durchgesetzt.[131] Für die Er-

---

130 So Ute Schmidt/Tilman Fichter: Der erzwungene Kapitalismus. Klassenkämpfe in den Westzonen 1945-48, Berlin 1972.
131 Gunther Tichy: Wirtschaft und Wirtschaftspolitik, in: Wolfgang Mantl (Hrsg.): Politik in Österreich, Wien/Köln/Graz 1992, S. 716ff.

folglosigkeit antikapitalistischer Wirtschaftsreformen war neben dem sich rasch verstärkenden Ost-West-Konflikt innenpolitisch von großer Bedeutung, daß im Mai 1947 aus Abgeordneten der Länderparlamente ein bizonaler Wirtschaftsrat gegründet wurde. Die Dienststellen des Vereinigten Wirtschaftsgebietes wurden in Frankfurt zusammengefaßt. Die SPD, die alle acht Länderwirtschaftsminister stellte, erlitt eine Niederlage bei der Abstimmung über die Besetzung des Direktoriums für Wirtschaft und zog daraufhin auch ihre Kandidaten für andere Ämter zurück. Damit verloren ihre Vorstellungen von einem „Dritten Weg" Einfluß in der für die Entwicklung der Wirtschaftsordnung zentralen Behörde. Im März 1948 wurde der parteilose ehemalige bayerische Wirtschaftsminister Ludwig Erhard Direktor der Verwaltung für Wirtschaft des Vereinigten Wirtschaftsgebietes. Dies bedeutete eine Vorentscheidung zugunsten einer marktliberalen Wirtschaftsordnung.

OPTION 2: Die dauerhafte Verhinderung der „Kriegsfähigkeit" Deutschlands durch den Abbau industrieller Kapazitäten und die Reduktion der deutschen Wirtschaftstätigkeit auf das Niveau eines Agrarstaates.

Diese Ordnungsvorstellung lag dem nach dem ehemaligen US-amerikanischen Finanzminister benannten Morgenthau-Plan zugrunde. In abgeschwächter Form fand diese Zielvorstellung Eingang in den „Plan des Alliierten Kontrollrats für die Reparationen und die Kapazität der deutschen Nachkriegswirtschaft" vom März 1946, der eine Obergrenze der deutschen Industriekapazität von 50% des Niveaus von 1938 vorsah. Teil des nach kurzer Zeit wieder aufgegebenen Planes waren umfangreiche Demontagen und Reparationsleistungen.

Einige der katastrophalen Folgen einer Entindustrialisierungspolitik lassen sich an der Verschlechterung der Startbedingungen für die ostdeutsche Wirtschaft ablesen. In der SBZ bzw. der DDR mußten Reparationsleistungen bis 1953 erbracht werden.[132] Durch Demontagen reduzierte sich hier das Anlagevermögen der Industrie um 26% des Vermögensbestandes (Westzonen: 12%). Entnahmen und Besatzungskosten erreichten in den Jahren 1946-48

---

132 Doris Cornelsen: Die Volkswirtschaft der DDR: Wirtschaftssystem – Entwicklung – Probleme, in: Werner Weidenfeld/Hartmut Zimmermann (Hrsg.): Deutschland-Handbuch, Bonn 1989, S. 259.

ca. 25% des Sozialproduktes, 1953 machten diese noch immer knapp 10% aus. Erst 1953 wurden die SAGs, mit Ausnahme des für die sowjetische Atomindustrie wichtigen Uranerzeugers Wismut AG, an die DDR zurückgegeben. In den Westzonen wurden die Demontagen bereits 1950 eingestellt, weil sich bei den Alliierten die Einsicht durchsetzte, daß sich der Wiederaufbau Europas ohne einen wirtschaftlichen Wiederaufbau Deutschlands nicht bewerkstelligen ließe. Die Strategie Frankreichs, in seiner Zone Deutschland für den entstandenen Kriegsschaden „mit der Kohle von der Saar, dem Holz aus dem Schwarzwald, den Agrarprodukten aus Württemberg und der Pfalz zahlen zu lassen"[133] erwies sich, auch wenn 1947-57 das Saargebiet in das französische Wirtschaftsgebiet eingegliedert werden konnte, als kurzsichtig und war angesichts des eigenen französischen Bedürfnisses nach amerikanischer Aufbauhilfe unhaltbar. Abelshauser hat das Dilemma der französischen Politik treffend zusammengefaßt: „Mit amerikanischer Wirtschaftshilfe war die Zone politisch nicht mehr zu halten, ohne den Marshallplan aber erst recht nicht wirtschaftlich."[134]

Der Marshallplan, der den Namen des damaligen amerikanischen Außenministers George Marshall trägt, bezeichnet ein 1947 vom amerikanischen Kongreß erstmals bewilligtes Programm, das „European Recovery Program" (ERP), zur europäischen Wirtschaftshilfe. Über die politische Bedeutung des Marshallplans, der die deutsche Westintegration und langfristig Absatzmärkte für die amerikanische Industrie sichern sollte, besteht in der Literatur Einigkeit.[135] Umstritten ist sein ökonomischer Effekt. Abelshauser räumt den „Marshallplanlieferungen selbst keine entscheidende Bedeutung für den wirtschaftlichen Wiederaufstieg" ein: „Sie kamen zu spät, um als Initialzündung eines Aufschwungs wirken zu können, der längst mit eigenen Mitteln in Gang gesetzt worden war."[136] Für dieses Urteil sprechen zwei Argumente. Zum einen die Tatsache, daß die Zerstörungen der Industrieanlagen in den Westzonen weit geringer waren

---

133 Werner Abelshauser: Wirtschaftsgeschichte der Bundesrepublik Deutschland 1945-1980, Frankfurt/Main 1983, S. 39.
134 Ebda. S. 62.
135 Wolfgang Benz: Wirtschaftspolitik zwischen Demontage und Währungsreform, in: Institut für Zeitgeschichte (Hrsg.): Westdeutschlands Weg zur Bundesrepublik 1945-1949, München 1976, S. 78.
136 Abelshauser, a.a.O. S. 63.

(deutlich unter 20%) als es die Situation in den ausgebombten Städten nahelegte. Hervorzuheben ist auch, daß es der Wirtschaft nicht an hochqualifiziertem und motiviertem Personal mangelte, so daß insgesamt ein beträchtliches deutsches Eigenpotential für wirtschaftliches Wachstum zur Verfügung stand. Zum anderen zeigt der Vergleich der deutschen Wirtschaftsentwicklung mit derjenigen Frankreichs und Großbritanniens, die noch größere amerikanische Hilfeleistungen erhielten, daß kein Automatismus von Wirtschaftshilfe und einer erfolgreichen Wirtschaftsentwicklung bestand.

OPTION 3: Die staatlich gelenkte Marktwirtschaft mit einer aktiven Rolle des Staates als Garant von Preisstabilität und Vollbeschäftigung („Neokollektivismus").

In der Nachkriegszeit wirkten die Erfahrungen aus der Depression der dreißiger Jahre und der Kriegszeit prägend für die Neugestaltung der Wirtschaftsordnungen. Eine Politik der Vollbeschäftigung, der sozialen Sicherheit und der Einkommensumverteilung, kurz: der soziale Wohlfahrtsstaat, sollte durch staatliche Eingriffe in das Wirtschaftsgeschehen erreicht werden. In Frankreich wurde der Versuch unternommen mit Hilfe von Planvorgaben im Rahmen der *planification* die Wirtschaft des Landes zu modernisieren. In Großbritannien wurde ein staatlicher Gesundheitsdienst geschaffen und weite Bereiche der Industrie wurden verstaatlicht. Zum Kern der ökonomischen Begündungen für einen erweiterten Staatsinterventionismus wurde der nach dem britischen Nationalökonomen John Maynard Keynes benannte Keynesianismus. Keynes hatte 1936 in seinem Hauptwerk „Allgemeine Theorie der Beschäftigung, des Zinses und des Geldes" unter anderem argumentiert, daß es Aufgabe des Staates sei, Beschäftigung dadurch zu sichern, daß der Staat in Krisenzeiten als Nachfrager auf dem Markt sich betätigt, um dem privaten Nachfragerückgang und damit der Ursache für Arbeitsplatzverluste entgegenzuwirken. Daneben gab es einen breiten politischen Konsens für eine soziale Korrektur der gewinnorientierten Marktwirtschaft. In den USA wie in der Bundesrepublik blieb allerdings die frühe Wende zum Keynesianismus aus. Für den Weg zum sozial verpflichteten Kapitalismus bzw. einer „gemischten Wirtschaftsordnung" wurde hier, wie van der Wee[137] dies unterschieden

---

137 Vgl. Hermann van der Wee: Der gebremste Wohlstand. Wiederaufbau, Wachstum, Strukturwandel 1945-1980, München 1984, S. 323ff.

hat, nicht eine neokollektivistische (Verstaatlichungen, Planung, Konjunktursteuerung), sondern eine neoliberale (Ordnungspolitik, Sozialpolitik, Vermögenspolitik, Mitbestimmung) Strategie gewählt.

OPTION 4: Das Vertrauen auf die selbstheilenden Kräfte des Marktes. Die Rolle des Staates in der Wirtschaft beschränkt sich dabei vor allem auf die Aufgaben der Sicherung der Wettbewerbsordnung und des Privateigentums, sowie des inneren und äußeren Friedens („Neoliberalismus").

Die Durchsetzung der staatsferneren Variante der Marktwirtschaft in den Westzonen war nicht zuletzt dem persönlichen Engagement Ludwig Erhards zu verdanken. Grundlage des Neubeginns war eine stabile Währung, die mit der Währungsreform vom 20. Juni 1948 gesichert werden sollte. Sie entwertete private Sparguthaben im Verhältnis 1:10 und verteilte einen Basisbetrag von zunächst 40DM und im August/September weiteren 20DM an alle Deutsche. Seit 1948 lag mit der Gestaltung der Währungsreform fest, daß die neue Wirtschaftsordnung nicht am Privateigentum an Produktionsmittel rütteln solle. Die Währungsreform stabilisierte die Eigentumsstrukturen an Grund und Boden und Immobilien. Kein Thema war die Rückführung „arisierten" jüdischen Eigentums an Überlebende des Holocaust. In der Frage der Entflechtung und Dekartellisierung der deutschen Wirtschaft vertrat Erhard eine mittlere Linie. Ursprünglich war an eine Entflechtung aller Betriebe mit mehr als 3000 Beschäftigten gedacht, dann an eine Eingriffsgröße von 10 000. Schließlich kam es nur in der Montanindustrie, der Chemie (I.G. Farben) und im Bankwesen zu deutlichen Eingriffen.[138]

Den entscheidenden Durchbruch für die Wettbewerbsordnung bedeutete die vor allem auf die persönliche Initiative Erhards zurückgehende Aufhebung des größten Teils der Preisbindungen und der Bewirtschaftungsvorschriften im Anschluß an die Währungsreform (Gesetz über Leitsätze für die Bewirtschaftung und Preispolitik nach der Geldreform vom 24.6.48). Erhard hatte diesen Schritt in seiner Eigenschaft als Wirtschaftsdirektor gegen erhebliche Widerstände der Besatzungsmächte und trotz vieler Bedenken auf deutscher Seite gewagt. Zunächst schienen sich die Bedenken auch zu bestätigen. Die Schere zwischen Löhnen und Preisen öffnete sich weit. Die Sozialdemokraten hielten Erhard die Benach-

---

138 Jaeger, a.a.O. S. 229.

teiligung der Bevölkerungsschichten ohne Besitz an Sachwerten vor. Im November 1948 riefen die Gewerkschaften der britischen und amerikanischen Zone zu einem Generalstreik auf. Durch eine striktere Geldpolitik der Notenbank, das Nachlassen der Nachfrage, die aus Altguthaben entstanden war, sowie durch sinkende Rohstoffpreise und die Reduktion des Geldumlaufs durch Budgetüberschüsse des Staates ließ Ende 1948 der Inflationsschub nach. Ihm folgte allerdings kein wirtschaftlicher Aufschwung, sondern eine fünfzehnmonatige Phase der Deflation mit stark reduziertem wirtschaftlichen Wachstum und steigender Arbeitslosigkeit (1950 über 2 Millionen). Den Weg aus der Krise ebneten erst die wirtschaftlichen Konsequenzen des Koreakrieges. Zwischen 1950 und 1952 stabilisierte sich die ökonomische Situation, trotz einiger Rückschläge. „Der Krieg in Ostasien", so Abelshauser, „hat damit den Lauf der westdeutschen Rekonstruktion stärker beeinflußt als alle wirtschaftspolitischen Planspiele".[139]

Auch wenn der tatsächliche Verlauf der wirtschaftlichen Entwicklung nicht unbedingt modellhaft neoliberalen Erwartungen entsprach,[140] hatte sich in der Bundesrepublik in den fünfziger Jahren endgültig die soziale Marktwirtschaft als dominierende Wirtschaftsphilosophie faktisch durchgesetzt. Die de jure implizierte Entscheidung des Grundgesetzes für die eine oder andere konkrete Form der Wirtschaftsordnung blieb gesellschaftlich umstritten. Aus Elementen grundgesetzlicher Festlegungen, wie den Artikeln 2(1) (Recht auf freie Entfaltung der Persönlichkeit, worunter auch Konsumfreiheit, Gewerbe- und Unternehmensfreiheit, sowie Handels- und Wettbewerbsfreiheit gefaßt werden können), 9(3) Koalitionsfreiheit, also das Recht zur Bildung von Gewerkschaften und Wirtschaftsverbänden, 12 (Freiheit der Berufswahl und des Arbeitsplatzes), 14 (Privateigentum und Erbrecht), 15 (Möglichkeit der Vergesellschaftung privaten Besitzes gegen Entschädigung) und 20(1) dem Sozialstaatspostulat läßt sich keine eindeutige wirtschaftspolitische Option im Detail ableiten. Soziale Marktwirtschaft in der Bundesrepublik blieb deshalb von Beginn an eine po-

---

139 Abelshauser, a.a.O. S. 70.
140 Hinzuweisen ist z.B. auf das Jedermann-Programm von 1948 zur Versorgung der Bevölkerung mit standardisierten und preiskontrollierten Waren oder die Arbeitsbeschaffungsprogramme der Jahre 1949 und 1950.

litisch interpretierte und interpretierbare Ordnung. Das Bundesverfassungsgericht hat diese juristische Sichtweise bereits in seinem Investitionshilfeurteil vom 20. Juli 1954 vertreten und mit dem Mitbestimmungsurteil vom 1. März 1979 bekräftigt. „Die gegenwärtige Wirtschaftsordnung", so die obersten Richter 1954, „ist zwar eine nach dem Grundgesetz mögliche Ordnung, keineswegs aber die alleine mögliche. Sie beruht auf einer vom Willen des Gesetzgebers getragenen wirtschafts- und sozialpolitischen Entscheidung, die durch eine andere Entscheidung ersetzt oder durchbrochen werden kann."[141]

Die Ausgangsbasis für die Entwicklung des Leitbilds der Nachkriegswirtschaftordnung in Deutschland war nicht die von dem Sozialwissenschaftler Wolfgang Abendroth und weiten Teilen der SPD und der Gewerkschaften durchaus für möglich gehaltene demokratisch kontrollierte und durch staatliche Korrekturen an gesamtgesellschaftlichen Gerechtigkeitszielen ausgerichtete Wirtschaftsordnung, sondern eine Wirtschaftsordnung die das eigenverantwortliche Handeln im Sinne des Subsidiaritätsprinzips in den Vordergrund stellte. Der Staat garantiert in diesem Modell nur die Freiheit wirtschaftlichen Handelns und übt Solidarität mit den Schwachen, die trotz Bemühens um selbständiges wirtschaftliches Handeln scheitern. Ihre intellektuellen Wurzeln hat die neue Vorstellung einer sozialverpflichteten Marktwirtschaft, für die Alfred Müller-Armack den Begriff „soziale Marktwirtschaft" prägte, zum einen in den Arbeiten einer Gruppe von in der NS-Zeit emigrierten Nationalökonomen, wie Friedrich August Hayek, Wilhelm Röpke und Alexander Rüstow, und zum anderen in der Freiburger Schule um Franz Böhm und Walter Eucken, die seit 1937 die Schriftenreihe „Ordnung der Wirtschaft" herausgab. Während erstere (häufig als neoliberale Richtung bezeichnet) die Bedeutung des freien Wettbewerbs betonte, geht insbesondere auf Eucken die Grundidee staatlicher Ordnungspolitik, der Ordoliberalismus, zurück, dessen Hauptaufgabe die Herstellung der natürlichen Ordnung oder Ordo des Wirtschaftsgeschehens ist, die sich allerdings nicht von selbst im Wirtschaftsgeschehen verwirklicht, sondern einer „positiven Wirtschaftsverfassungspolitik" bedarf. Staatliche Intervention zur Herstellung der Wettbewerbsordnung bringt Ordnungsformen hervor,

---

141 Siehe BVerfG 4, S. 17f.

die nicht künstlich gesetzt sind, sondern, so Eucken, wirksam machen, „was der Natur der Sache und des Menschen entspricht."[142]

Das Leitbild der ersten Phase der westdeutschen Wirtschaftsordnung ist aber nicht einfach eine Synthese verschiedener Theorieanstöße, die zudem nicht ohne Widersprüche sind und mit deutlicher Kritik an unterschiedlichen Erscheinungsformen des Kapitalismus nicht sparen. Praktisch politisch wirksam wurde vor allem die von Ludwig Erhards Politik gewollte freie Entfaltung der Wirtschaftstätigkeit mit sozialen Korrekturen. Diese Korrekturen waren jedoch in der Anfangsphase der Marktwirtschaft in Westdeutschland nicht als systemfremde Elemente gedacht, sondern repräsentierten einen gesellschaftlichen Kompromiß. Für die Gewerkschaften lautete dieser konkret, paritätische Mitbestimmung im Montanbereich für alle Bergwerksunternehmen und Unternehmen der eisen- und stahlerzeugenden Industrie mit in der Regel mehr als 1000 Beschäftigten seit 1951 und Einflußmöglichkeiten in den Betrieben durch das Betriebsverfassungsgesetz von 1952 statt Sozialisierung. Für die Bezieher niedriger Durchschnittseinkommen bedeutete gesellschaftliche Gesamtverantwortung u.a. die Verabschiedung des Sparprämiengesetzes 1958 zur Förderung der Vermögensbildung in Arbeitnehmerhand und die Dynamisierung der Renten mit der Reform 1957 statt Einkommensumverteilung. Staatliche Interventionen zur Beschäftigungsförderung (1950), zur Hilfe in der Landwirtschaft, zur Überwindung regionaler Entwicklungsgefälle, zur Förderung des Wohnungsbaus, zur Förderung der Seeschiffahrt oder im Bereich der Sozialhilfe wurden in der Frühphase der Marktwirtschaft nicht nur als nicht systemfremd angesehen, sie waren auch keineswegs kontrovers. Der sich in den fünfziger Jahren herausbildende Allparteienkonsens bezog sich nicht nur auf die Abkehr von planwirtschaftlichen Modellen, sondern auch auf eine sozial ausgleichende Politik[143], die immer deutlicher die Handschrift der sich am stärksten artikulierenden bzw. für Wahlen entscheidenden Interessen trug.

Ludwig Erhard sah die größte Gefahr für die sozialverpflichtete Marktwirtschaft im Egoismus von Gruppeninteressen, die das

---

142 Walter Eucken: Grundsätze der Wirtschaftspolitik, Tübingen ⁶1990, S. 373.
143 Vgl. Hans Günter Hockerts: Sozialpolitische Entscheidungen im Nachkriegsdeutschland, Stuttgart 1980.

allgemeine Wohl auszuhöhlen beginnen. In seiner Amtszeit als Bundeskanzler entwickelte er Ansätze eines Konzeptes für eine neue Ordnung des Verhältnisses von Wirtschaft und Gesellschaft, für die er, wie oben erwähnt, den Begriff „formierte Gesellschaft" prägte. In der „formierten Gesellschaft" sollte ein permanenter „innen- und außenpolitischer Interessenausgleich" stattfinden unter dem „Gesichtspunkt des allgemeinen Wohls". Dies erwies sich als untauglicher Versuch, gesellschaftlichen Pluralismus zu begrenzen, war aber nicht die wichtigste Ursache für den Wandel des wirtschaftspolitischen Leitbildes Mitte der 60er Jahre.

2. Aktive Konjunkturpolitik: Karl Schillers Globalsteuerung

Entscheidend war neben dem Paradigmenwandel vom Neoliberalismus zum Keynesianismus im Weltmaßstab für Westdeutschland die Tatsache, daß die Bundesrepublik 1966/67 in ihre erste ernsthafte Nachkriegskrise geriet. Das Wirtschaftswunder der späten fünfziger und frühen sechziger Jahre war mit der Erwartung einer krisenfreien Konjunkturentwicklung und eines stetigen wirtschaftlichen Wachstums verbunden. 1967 reduzierte sich das Bruttosozialprodukt erstmals im Vergleich zum Vorjahresergebnis, wenn auch nur um 0,1%. Die Arbeitslosenquote stieg auf 2,2% und erreichte damit ihre Rekordhöhe in den sechziger Jahren. Die Investitionsbereitschaft der Wirtschaft erreichte ihren Tiefststand. Lediglich die Inflationsrate konnte nicht zuletzt durch die restriktive Zinspolitik der Bundesbank eingedämmt werden.

Die Beobachter sind sich aus damaliger und heutiger Sicht einig, daß die Rezession der Jahre 1966/67, die auf die Bundesrepublik Deutschland begrenzt blieb, „hausgemacht" war. Die importierte Inflation durch Währungszuflüsse aus dem Ausland hatte die Bundesbank unterstützt durch die DM-Aufwertung vom März 1961 und die Einführung einer 25prozentigen Steuer auf die Erträge festverzinslicher deutscher Wertpapiere im Eigentum von Ausländern im März 1965 erfolgreich abgewehrt. Dennoch blieb die wirtschaftliche Stabilität bedroht. Die Ursache hierfür war die expansive Ausgabenpolitik von Bund, Ländern und Gemeinden, die in zunehmendem Maße durch den Kapitalmarkt finanziert werden mußte, da durch Steuersenkungen in den Jahren 1964 und 1965 Steuerausfälle entstanden, die bei voller Auswirkung jährlich insgesamt 4,3 Milliarden DM betrugen.[144] Die Ausrichtung der Regierungspolitik an dem im Art. 115 Grundgesetz in seiner alten Fassung implizierten Ideal des Haushaltsausgleichs ließ ihr in einer Situation, in der die Ausgaben die Einnahmen überschritten, nur die Alternative der Sparpolitik. Diese wirkte aus damaliger Sicht prozyklisch, das heißt mit der Reduktion der staatlichen Nachfrage verstärkte sie das Problem der wirtschaftlichen Nachfrageschwäche und damit die Krise. Trotz der Konjunkturschwäche verabschiedete das Bundeskabinett am 29.10.1965 ein drastisches Sparprogramm, das in erster Linie die „Wahlgeschenke" wieder einsammelte, die in Form von ausgabenwirksamen Gesetzen vor den Wahlen zum 5. Deutschen Bundestag 1965 ausgeteilt worden waren. Am 20. Dezember wurde mit dem Haushaltssicherungsgesetz die gesetzliche Grundlage für diese Politik geschaffen. Das Scheitern Erhards als Kanzler am Widerstand der FDP gegen das letzte Mittel der Steuererhöhungen zur Krisenbewältigung machte den Weg für einen neuen wirtschaftspolitischen Konsens frei.

Dieser Konsens erwuchs freilich nicht aus einer radikalen Abkehr vom Neoliberalismus, sonderte konnte sich aus zwei Gründen relativ reibungslos durchsetzen. Zum einen waren die Kräfte der Selbstregulierung in der Marktwirtschaft auch unter der Regie Ludwig Erhards schon immer in speziellen Fällen staatlichen Eingriffen nachgeordnet worden. Vor allem aber hatte Erhard sich nur ungenügend der sich weiter entwickelnden ökonomischen Fachdebatte gestellt. Die wissenschaftlichen Beratungsgremien der Bundesregierung erhoben schon seit Mitte der 50er Jahre die Forderung, der Staat solle eine aktive Konjunkturpolitik betreiben[145], eine Forderung die der 1963 gegründete Sachverständigenrat zur Begutachtung der gesamtwirtschaftlichen Entwicklung übernahm. Der Schritt von einer einzelfallbezogenen zu einer systematischen Konjunkturpolitik war, was die Qualität des staatlichen Engagements betrifft, eher ein gradueller als ein grundlegender.

---

144 Vgl. Otto Barbarino: Geldwert, Konjunktur und öffentlicher Haushalt, München 1981, S. 314.
145 Egbert Osterwald: Die Entstehung des Stabilitätsgesetzes, Frankfurt/Main, New York 1982, S. 53.

Zentraler Gedanke des Konzepts der Globalsteuerung, des neuen wirtschaftspolitischen Leitbildes, das wie der damalige Wirtschaftsminister Karl Schiller es formulierte, den Übergang von der „naiven Marktwirtschaft" zur „aufgeklärten Marktwirtschaft" möglich machen sollte[146], war die Überzeugung, staatliche Politik könne im nationalen Rahmen das konjunkturelle Auf und Ab der Wirtschaftsentwicklung, wenn nicht sogar verhindern, so doch zumindest dämpfen und auspendeln und damit quasi mit anderen Mittel die Prosperität der Wirtschaftswunderzeit garantieren. Voraussetzung für eine erweiterte Intervention des Staates in die Wirtschaftsordnung waren Verfassungsänderungen, die mit der Zweidrittelmehrheit der am 27.11.1966 gebildeten Großen Koalition aus CDU/CSU und SPD möglich wurden. Diese Verfassungsänderungen engten, insbesondere im Zusammenhang mit der weiteren Gesetzgebung zur Globalsteuerung, den juristischen Spielraum für Systemalternativen zur freien Marktwirtschaft deutlich ein. Vor allem aber versuchten alle Gesetzesinitiativen, unternehmerische Freiheit auf der einen Seite und eine staatliche Rolle bei den Zielvorgaben wirtschaftlichen Handelns auf der anderen durch den Charakter der vorgegebenen Ziele und die Auswahl der Instrumente wirtschaftlicher Steuerung in Einklang zu bringen.

Die Ziele der Globalsteuerung wurden in §1 des Gesetzes zur Förderung der Stabilität und des Wachstums der Wirtschaft vom 8. Juni 1967 folgendermaßen formuliert:

„Bund und Länder haben bei ihren wirtschafts- und finanzpolitischen Maßnahmen die Erfordernisse des gesamtwirtschaftlichen Gleichgewichts zu beachten. Die Maßnahmen sind so zu treffen, daß sie im Rahmen der marktwirtschaftlichen Ordnung gleichzeitig zur Stabilität des Preisniveaus, zu einem hohen Beschäftigungsstand und außenwirtschaftlichem Gleichgewicht bei stetigem und angemessenen Wirtschaftswachstum beitragen."

Die auch mit dem Begriff „magisches Viereck" (=Preisstabilität, hoher Beschäftigungsstand, außenwirtschaftliches Gleichgewicht und Wirtschaftswachstum) bezeichneten anzustrebenden Zielvorstellungen staatlicher Politik werden im StWG, wie Kritiker bemerkten[147], „ranggleich" nebeneinandergestellt. Gleichwohl dürfte

---

146 Karl Schiller: Reden zur Wirtschaftspolitik, Bd.4, Bonn o.J., S. 205f.
147 Vgl. Barbarino, a.a.O. S. 340. Ausführlicher: Elmar Stachels: Das Stabilitätsgesetz im System des Regierungshandelns, Berlin 1970, S. 9ff.

es von Anfang an keinen Zweifel gegeben haben, daß sie interdependent sind und damit die erfolgreiche Verwirklichung eines Zieles die Chancen für die Verwirklichung eines anderen beeinträchtigt und beeinflußt, was die Wirtschaftspolitik faktisch zu ständigen Schwerpunktverlagerungen zwingt. Mit den volkswirtschaftlichen Globalzielen des Stabilitätsgesetzes verbindet sich zudem ein relativ weiter politischer Interpretationsspielraum, wenn es beispielsweise um die Beurteilung der Frage geht, mit wieviel Prozent Arbeitslosigkeit ein hoher Beschäftigungsstand noch garantiert ist, oder bei welchen Inflationsraten die Stabilität des Preisniveaus beeinträchtigt sein mag.

Die Instrumente der Globalsteuerung sollten auf dreierlei Weise ihre Wirkung entfalten. Sie dienten

- als Interventionsmöglichkeit des Bundes zur Beeinflussung des Konjunkturzyklus und der Eckdaten einer richtungsweisenden Wirtschafts- und Finanzpolitik
- als Koordinationsmechanismus der Konjunktur- und Strukturpolitik im Föderalismus und
- als Organisationsforum für Gespräche der gesellschaftlichen Entscheidungsträger in der Wirtschaftspolitik (Konzertierte Aktion).

Grundprinzip ihrer Anwendung war die Konzentration der Steuerungsbemühungen auf die Rahmendaten, die Makroebene der Wirtschaftsentwicklung. Die betriebliche Entscheidung der einzelnen Unternehmen (Mikroebene) sollte ebenso unangetastet bleiben wie die Tarifautonomie. Die Globalsteuerung baute im wesentlichen auf den Versuch der Beeinflussung der gesamtwirtschaftlichen Nachfrage. Die Verbindung von globalen Vorgaben und entsprechendem Verhalten von Bund, Ländern und Gemeinden, sowie Unternehmen und Gewerkschaften sollte durch Freiwilligkeit hergestellt werden. Informationen der Regierung bzw. ökonomischer Sachverstand, wie der Bericht des Sachverständigenrates, sollten die Einsicht in die Notwendigkeit der Wahl bestimmter ökonomischer Verhaltensweisen zum Erreichen der Ziele des magischen Vierecks fördern.

Der Übergang zur Politik der Globalsteuerung bedeutete den Abschied vom klassischen Budgetprinzip der Anpassung staatlicher Ausgabenentscheidungen an die Einnahmesituation. Handelt der

Staat, so die Argumentation der Konjunkturpolitiker, wie ein „guter Hausvater", der in schweren Zeiten sparsam ist und spendabler bei gefüllten Kassen, so verstärkt er durch eine solche prozyklische Politik die vorgefundene Zielrichtung der wirtschaftlichen Dynamik. Mit anderen Worten, der Staat trägt mit einer solchen Politik zur Vertiefung der Rezession durch Verstärkung des Nachfrageausfalls und zur Überhitzung der Konjunktur durch die von ihm ausgehende zusätzliche Nachfrage in Zeiten der Hochkonjunktur bei.

Die Globalsteuerung ist demgegenüber antizyklisch konzipiert. Der Wirtschaftsentwicklung soll durch einen staatlichen Ausgleich bei Nachfrageausfall und die staatliche Abschöpfung von Nachfrage in Zeiten der Hochkonjunktur entgegengewirkt werden. Im Idealfalle stehen dem Staat die in Zeiten der Hochkonjunktur stillgelegten Beträge für Krisenzeiten als Mittel der Nachfragestimulierung zur Verfügung. In der politischen Praxis fällt es allerdings den politisch Verantwortlichen in der Regel schwer, längerfristig solche bei der Deutschen Bundesbank zu hinterlegende Konjunkturausgleichsrücklagen (StWG §5) aufrechtzuerhalten. Fehlen dem Staat die Finanzmittel zum Schließen der Nachfragelücke, so kann er sich diese durch die Aufnahme zusätzlicher Kredite auf dem Kapitalmarkt beschaffen und entsprechend einsetzen („deficit spending"). Eine ähnliche Steuerungsleistung wie von der Ausgabenpolitik kann auch von der Steuerpolitik ausgehen. Auch mit ihrer Hilfe kann die Nachfrage gedämpft oder angeregt werden. Ein Beispiel hierfür ist die Änderung des Einkommensteuergesetzes durch den §26 des StWG. Zur Stillegung von privater Nachfrage bei überhitzter Konjunktur sieht dieser die Erhöhung der Einkommensteuer um bis zu 10% vor bzw. zur Mobilisierung von Nachfrage bei Nachfrageschwäche eine entsprechende Senkung.

Es genügt nun aber nicht, dem Bund ein erweitertes Instrumentarium für wirtschaftspolitisches Handeln zur Verfügung zu stellen. Selbst ohne die Einschränkung, daß die nationale Autonomie in Wirtschaftsfragen heute begrenzt ist, wäre wirtschaftliche Koordination in der Bundesrepublik alleine in der Verantwortung der Bundesebene nicht möglich. Gleichgerichtete politische Intervention ist aber die Grundvoraussetzung einer effizienten Globalsteuerung. Eine aufeinander abgestimmte Entscheidungspraxis in der Wirtschaftspolitik ist in der Bundesrepublik nur dann möglich, wenn es gelingt, die mit eigenständigen Entscheidungskompetenzen ausgestatteten Ebenen des Bundes, der Länder und der Gemeinden bei ihrer Entscheidungsfindung zu koordinieren. Im Rahmen der Reorganisation der finanz- und konjunkturpolitischen Entscheidungsinstrumente wurden zu diesem Zwecke Ende der sechziger Jahre der Konjunkturrat (StWG §18) und der Finanzplanungsrat (§51 des Haushaltsgrundsätzegesetzes vom 19.8.1969) eingerichtet. Beiden Gremien gehören die jeweils zuständigen Minister des Bundes und der Länder, sowie Repräsentanten der Gemeinden an. Die Ergebnisse ihrer Beratungen werden als Empfehlungen gefaßt – die weichste mögliche Form der Durchsetzung einer gleichgerichteten Wirtschaftspolitik.

Die Durchsetzung richtungsweisender Entscheidungen im Sinne einer antizyklischen Wirtschaftspolitik ist jedoch nicht nur ein Problem des Interessenausgleichs der staatlichen Entscheidungsebenen, deren Interessenlagen in der Regel auch parteipolitisch gefiltert sind. Eine wesentliche Rolle spielt auch der rasches Handeln behindernde Zeitfaktor, der sich aus den administrativen Zwängen der Mehrebenenpolitik ergibt. Auch wenn von der Bundesregierung – nach entsprechenden Absprachen (Partei, Fraktion, Ministerium, Koalition, Kabinett) – endlich „Sofortprogramme" zur Konjunkturstabilisierung verabschiedet werden, gelangen sie erst nach ihrem administrativen Gang durch die Länderbürokratien und die Entscheidungsgremien der Gemeinden (oft bei mehrmaliger Befassung) im Bereich der Gemeinden X, Y, Z zur konkreten Ausführung. Inzwischen kann sich die wirtschaftliche Situation grundlegend verändert haben. Aus dem antizyklischen Programm zur Konjunkturankurbelung wird unter Umständen ein prozyklischer Beitrag zur Nachfrageüberhitzung.

Koordinationsbedarf besteht auch zwischen dem Staat und den für wirtschaftliche Weichenstellungen relevanten Gruppen. Diese Koordination sollte Aufgabe der Konzertierten Aktion sein. Die Konzertierte Aktion brachte in einem tripartistischen Aushandelungsprozeß die Vertreter des Staates, der Unternehmen und der Gewerkschaften an einen Tisch. Ziel der Beratungen auf der Grundlage der von der Bundesregierung vorgelegten Orientierungsdaten zur Wirtschaftsentwicklung sollte nach §3 StWG das Erzielen von Konsens über ein „gleichzeitiges aufeinander abgestimmtes Verhalten" der Tarifparteien und des Staates im Wirtschaftsprozeß sein.

Im Unterschied zu Kanzler Erhards Abneigung gegen den Egoismus der Verbände akzeptierte das Modell der Konzertierten Aktion im Rahmen der Globalsteuerung den Interessenpluralismus und versuchte, ihn durch Einbindung in die Gesamtverantwortung zur Durchsetzung übergeordneter Ziele zu nutzen. Anstatt von den Verbänden zu erwarten, daß sie ihre Interessen mit Rücksicht auf ein imaginäres Gesamtwohl weniger entschieden vertreten, sollten sie nun auf institutionalisiertem Wege Gehör finden und Mitverantwortung tragen. Karl Schiller hat diesen Zusammenhang beispielhaft in seiner Münchner Rede vor dem Wirtschaftsbeirat der SPD im Landesverband Bayern am 28.6.1968 dargestellt[148]:

„Wir leben nicht mehr in einer Welt des Biedermeiers, wo wirtschaftliche Individuen oder Einzelfirmen miteinander konkurrieren, sondern wir leben in einer Welt der großen Verbände, und zwar auf der Unternehmerseite wie auf Arbeitnehmerseite. Mit dieser Konzertierten Aktion und mit dem ausdrücklichen Erwähnen dieser Konzertierten Aktion im Gesetz hat auch der Gesetzgeber ‚Ja' gesagt zu diesen autonomen organisierten Gruppen. Sie haben in unserer modernen Gesellschaft eine Funktion. Negiert man sie, indem man sagt, sie seien ein Funktionärs- oder Interessenhaufen, dann werden, das zeigt die Vergangenheit der Jahre 1964/65/66, jene Verbände geradezu übermächtig. Bezieht man sie ein, so werden sie nützlich. Mit der Konzertierten Aktion haben wir eine Transmissionseinrichtung gefunden, um bestimmte Verhaltensweisen auf die von den Verbänden vertretenen Teile der Wirtschaft zu übertragen. Für mich sind die Gespräche am runden Tisch Gespräche der kollektiven Vernunft."

Diese Erwartungshaltung erwies sich jedoch als längerfristig zu optimistisch. Die Konsensbildung innerhalb der Konzertierten Aktion wurde in zwei Richtungen bald zunehmend schwieriger. Einerseits wuchs der Kreis der auf eigenen Wunsch an der Erarbeitung „kollektiver Vernunft" beteiligten Interessengruppen in Dimensionen, die die Kommunikation und Konsensfindung erschweren mußten. Waren anfänglich neun Organisationen (34 Personen) an der Konzertierten Aktion beteiligt, so nahm deren Zahl bis 1977 auf über 200, vertreten durch knapp 80 Repräsentanten zu. Immer mehr „Vetogruppen" kamen in das „Konzert" hinein, die dann auch ihr Vetorecht nutzten und Übereinkommen blockierten. Von staatlicher Seite wirkten in erster Linie das Bundeswirtschaftsmini-

---

148 Karl Schiller: Reden zur Wirtschaftspolitik, Bd. 4, Bonn o.J., S. 216f. Zur damaligen Debatte um die Konzertierte Aktion siehe auch Erich Hoppmann (Hrsg.): Konzertierte Aktion, Frankfurt am Main 1971.

sterium, sowie eine Reihe anderer Ministerien und die Deutsche Bundesbank an der Konzertierten Aktion mit. Für die Verbände sprachen vor allem die Spitzenverbände der Wirtschaft (BDA, BDI, DIHT) und der Gewerkschaften (DGB, DAG), aber auch wichtige Einzelverbände, wie die IG Metall. Eine Beratungsaufgabe nahm der Sachverständigenrat wahr.[149]

Andererseits wurde aus der Sicht der Gewerkschaften eine weitere Schieflage des Abstimmungsprozesses zum Ärgernis. Sie gewannen den Eindruck, die vor der Öffentlichkeit geführte Debatte im Rahmen der Konzertierten Aktion über eine der Wirtschaftsentwicklung angemessene Lohnentwicklung werde als Druckmittel zur Disziplinierung der Gewerkschaften bei Lohnverhandlungen mißbraucht. Da aber das Pendant einer öffentlichen Debatte der Preispolitik der Unternehmen fehlte und die Preisentwicklung weiterhin als nicht steuerbares „Naturereignis" dargestellt wurde, ja sogar die Gewerkschaften wegen ihrer „unverantwortlichen Lohnpolitik" für die Preisentwicklung mitverantwortlich gemacht wurden, sahen die Gewerkschaften sich als Gesprächspartner mißbraucht. Sie nahmen folgerichtig die Klage der Unternehmer vor dem Bundesverfassungsgericht gegen das den gewerkschaftlichen Erwartungen nicht einmal entsprechende Mitbestimmungsgesetz von 1976 zum Anlaß, auf die wenig kooperative Grundhaltung der Unternehmerseite zu verweisen und die Konzertierte Aktion zu verlassen.

Die Frage, ob das neue ausgefeilte Instrumentarium einer globalsteuernden Konjunkturpolitik bzw. – aus einer umfassenderen Perspektive – ob die Ergänzung der Ordnungspolitik als Wesenszug der sozialen Marktwirtschaft durch die in den Wirtschaftsablauf eingreifende Prozeßpolitik das wirtschaftspolitische Erfolgsrezept zur Bekämpfung der Krise von 1966/67 war, bleibt umstritten. Ähnlich wie im Falle des Marshallplans setzte rasch eine „Mythenbildung" ein, die den Blick auf eine sachliche Bilanz verstellte. Alternative Interpretationen sehen die Ursachen für die rasche Überwindung der Wirtschaftskrise in Faktoren, die relativ unabhängig von staatlichen Interventionsentscheidungen waren und die über die Logik nationalstaatlich begrenzter wirtschaftlicher

---

149 Uwe Andersen: Konjunktur- und Beschäftigungspolitik, in: Dieter Grosser (Hrsg.): Der Staat in der Wirtschaft der Bundesrepublik, Opladen 1985, S. 402f.

Krisenbewältigungsstrategien hinausweisen. Thomas Schlüter[150] beispielsweise betont:

„Es waren eher die Zinssenkungspolitik der Bundesbank, die niedrigen Lohnabschlüsse in den Jahren nach der Rezession und die anhaltend hohe Auslandsnachfrage, die es der Bundesrepublik ermöglichten, ihre Kostenvorteile auf dem Weltmarkt in Gestalt eines exportgetriebenen Booms in den Jahren 1968 und 1969 zu realisieren."

Und der Sachverständigenrat wies bereits in seinem Jahresgutachten 1969 darauf hin, daß die Wirksamkeit staatlich geförderter Nachfragepolitik zur Krisenüberwindung schon deshalb stark beeinträchtigt war, weil der antizyklischen Ausgabenpolitik auf Bundesebene weiterhin eine prozyklisch wirkende Sparpolitik der Länder und Gemeinden gegenüberstand.[151]

Die ökonomische Logik der keynesianischen Globalsteuerung wurde schon kurz nach Überwindung der Wirtschaftskrise politisch in Frage gestellt. Die Lohnzurückhaltung der Gewerkschaftsführung in der Krisenperiode erregte den Unmut der Gewerkschaftsbasis. Gewinnentwicklung und Produktivitätssteigerungen schienen 1968 dem Tempo der Reallohnzuwächse davonzueilen. Als Reaktion auf diese Entwicklung kam es 1969 zum ersten Mal in der Geschichte der Bundesrepublik zu massenhaften wilden Streiks, mit denen es gelang einen Lohn"nachschlag" durchzusetzen. Eine Folge der Septemberstreiks[152] war eine härtere Haltung der Gewerkschaften bei den nachfolgenden Lohnverhandlungen. Die Preissteigerungen im Gefolge der Lohnerhöhungen, vor allem aber der starke spekulative Geldzufluß aus dem Ausland (importierte Inflation), führten zu besorgniserregenden Preissteigerungsraten.

---

150 Thomas Schlüter: Zu einigen Aspekten der Wirtschafts- und Beschäftigungspolitik, in: Gert-Joachim Glaessner u.a. (Hrsg.): Die Bundesrepublik in den siebziger Jahren, Opladen 1984, S. 101.
151 Vgl. Sachverständigenrat zur Begutachtung der gesamtwirtschaftlichen Entwicklung: Im Sog des Booms. Jahresgutachten 1969/70. Stuttgart/Mainz 1969, S. 79.
152 Zu den Hoffnungen auf eine Ablösung der Marktwirtschaft durch eine sozialistische Wirtschaftsordnung, die sich auf der politischen Linken mit den Septemberstreiks verbanden vgl. Michael Schumann u.a.: Am Beispiel der Septemberstreiks – Anfang der Rekonstruktionsperiode der Arbeiterklasse?, Frankfurt am Main 1971, S. 71.

Der Wahlkampf 1969 war vor allem eine Auseinandersetzung um die DM-Aufwertung, in der sowohl die Bundesbank als auch Wirtschaftsminister Schiller ein wichtiges Mittel sahen, der Überhitzung der Konjunktur durch die Auslandsnachfrage nach deutschen „Billigprodukten" entgegenzuwirken. Schon kurze Zeit nach dem Regierungsantritt der sozialliberalen Koalition am 21.10.1969 wurde der Beschluß gefaßt, die DM um 9,3% aufzuwerten. Angesichts der Inflationsentwicklung (Inflationsraten: 1970: 3,3%, 1971: 5,2%) sah sich die sozialliberale Regierungskoalition nach ihrem Regierungsantritt mit dem Dilemma konfrontiert, entweder dem eigenen keynesianischen Modelldenken zu folgen und der wirtschaftlichen Stabilität durch die Wahl eines antizyklischen Wirtschaftskurses Priorität einzuräumen (also Ausgabendisziplin, Abschöpfen der durch die Lohnerhöhungen erzeugten Nachfrage, z.B. durch Steuererhöhungen) oder aber, Programmtreue zu beweisen und Priorität einer fast unvermeidlicherweise kostenintensiven Reformpolitik zu geben. Auseinandersetzungen um eine entsprechende Gestaltung des Haushalts führten immer wieder zu Konflikten zwischen den auf Stabilität bedachten Finanzministern der ersten sozialliberalen Koalition und ihren ausgabefreudigen Kabinettskollegen. Am 13. Mai 1971 verzichtete Alex Möller auf sein Ministeramt und am 7. Juli 1972 trat der Doppelminister für Wirtschaft und Finanzen und geistige Vater der deutschen Version des Nachkriegskeynesianismus, Karl Schiller, von seinem Amte zurück.

Der anfängliche Widerstand der starken Wirtschafts- und Finanzminister gegen eine politisch zweitrangige Nachordnung konjunkturpolitischer Überlegungen im Rahmen einer Reformpolitik zur Schaffung eines viele Lebensbereiche umfassend absichernden Wohlfahrtsstaates hatte wirtschafts- und sozialpolitisch eine mittlere Kompromißlinie zur Folge. Diese war einerseits nicht genügend radikal, um die aus dem Ausgabenwachstum als Folge des Aufgabenwachstums sich speisende inflationäre Entwicklung zu bekämpfen, andererseits ging sie aber hinsichtlich ihres Ausgabenspielraumes den Verfechtern einer „Politik der Inneren Reformen" nicht weit genug.

Im Sinne der konjunkturpolitischen Logik der Globalsteuerung wurden u.a. beschlossen:

- am 22.1.1970 als flankierende Strategie zur DM-Aufwertung, die Bildung einer obligatorischen Konjunkturausgleichsrücklage von Bund und Ländern in Höhe von 2,5 Milliarden DM. Der Bund verordnete sich durch verschärfte Regelungen zur vorläufigen Haushaltsführung und Haushaltssperren Einsparungen in der Größenordnung von 2,3 Milliarden DM.
- am 7.7.1970 wurde die Einführung eines Konjunkturzuschlags zur Lohn-, Einkommen- und Körperschaftsteuer beschlossen. Ziel des Einbehaltens von zehn Prozent der Steuerschuld war die Reduktion der Nachfrage durch Stillegung eines Teils der umlaufenden Geldmenge. Der Konjunkturzuschlag wurde vom 1.8.1970 bis zum 30.6.1971 erhoben und erreichte ein Volumen von 5,9 Milliarden DM. Entgegen der antizyklischen Logik der Globalsteuerung wurde er aber nicht für Zeiten der Wirtschaftskrise aufbewahrt, um dann als Mittel der Nachfragestimulierung eingesetzt werden zu können, sondern bereits ab dem 15.Juni 1972 zurückgezahlt – vor dem gesetzlich vorgesehenen Termin, dem 31. März 1973. Beide Terminsetzungen waren weniger mit konjunkturpolitischen Erfordernissen als mit wahltaktischen Überlegungen verbunden. Der letztere Termin wäre das angemessene Datum für eine wählerwirksame Geldausschüttung vor den turnusmäßigen Neuwahlen gewesen, der erstere kam als Reaktion auf die vorgezogenen Neuwahlen aus dem gleichen Motiv der Klimaverbesserung vor den Wahlen zustande.
- Am 9.5.1971 folgte ein umfassendes konjunkturpolitisches Stabilitätsprogramm, das im Innern Ausgabenbegrenzungen vorsah und nach außen durch eine Wechselkurspolitik flankiert wurde, die versuchte, den Geldzufluß in Form überbewerteter Dollarbestände zu begrenzen.

Gleichzeitig initiierte die sozialliberale Koalition, teilweise im Konsens mit der Opposition, wie im Falle der Rentenreform von 1972, ein sozialpolitisches Expansionsprogramm, das nicht nur konjunkturunempfindlich Ausgabenverpflichtungen begründete, sondern vor allem auch langfristig ein erhöhtes Niveau der Staatsausgaben festschrieb. Soziale Marktwirtschaft schien im Idealfalle nun eine Kombination von staatlicher Konjunktursteuerung, stetigem Wachstum und damit stetig wachsendem gesellschaftlichen Reichtum mit dem Potential zur Verteilung des so gesicherten gesellschaftlichen Reichtums zu sein. Das zu erzielende Wirtschaftswachstum sollte ausreichen, um die Gerechtigkeitsvorstellung des Wohlfahrtsstaates über die Verteilung von Zuwächsen einzulösen, ohne an die Grundstruktur gesellschaftlicher Vermögensverteilung und deren Dynamik zu rühren. Fiel der wirtschaftliche Wachstumszugewinn aus, bot die deutsche Version des Nachkriegskeynesianismus eine Begründung für das Ausweichen in die Finanzierung von staatlicher Verteilungspolitik durch Haushaltsdefizite. Die wichtigsten Weichenstellungen der wohlfahrtsstaatlichen Politik in der ersten Amtszeit der sozialliberalen Koalition waren:[153]

- der Fortfall des zweiprozentigen Krankenversicherungsbeitrages für Rentner rückwirkend zum 1. Januar 1970;
- der Beschluß über ein Aktionsprogramm zur Förderung der Rehabilitation Behinderter (1970);
- das Gesetz zur verbesserten Förderung der Vermögensbildung der Arbeitnehmer (ab 1. Januar 1970 ersetzte das 624-DM-Gesetz das 312-DM-Gesetz);
- das Zweite Wohngeldgesetz (Erhöhung des Wohngeldes und Erweiterung des Empfängerkreises ab 1. Januar 1971);
- die Reform des Betriebsverfassungsgesetzes, die am 19. Januar 1972 in Kraft tritt (mit diesem Gesetz erhält erstmals der einzelne Arbeitnehmer eine eigene betriebsverfassungsrechtliche Position; die Mitbestimmungs- und Mitwirkungsrechte des Betriebsrates werden wesentlich erweitert und gestärkt; die Vertretung der Jugendlichen wird ausgebaut, und die Stellung der Gewerkschaften in der Betriebsverfassung wird anerkannt und abgesichert).
- das Wohnungsbauänderungsgesetz, das ab 1. Januar 1972 die Einkommensgrenzen für die Wohnberechtigung in Sozialwohnungen und die Mietpreisbindungen anhob;
- das Wohnraumkündigungsgesetz, das die Rechte der Mieter stärkte. Es wurde am 25.11. 1971 verkündet;
- das Krankenhausfinanzierungsgesetz, das die Versorgung mit Krankenhäusern verbessern sollte (1972) und schließlich mit am bedeutendsten:

---

153 Zur Sozialpolitik der sozialliberalen Koalition vgl. Helga Michalsky: Sozialstaat als Programm und Praxis. Die Sozialpolitik der SPD als Regierungspartei (1966-1982), Habilitationsschrift Heidelberg 1985.

- die Rentenreform[154] von 1972 (massive Rentenerhöhungen, Öffnung der Rentenversicherung für Hausfrauen und Selbständige).

Das keynesianische Denken der Regierung und der Opposition kreiste zu Beginn der 70er Jahre um eine vereinfachende Interpretation der Logik der Phillips-Kurve (vgl. Kapitel II.1.3.). Inflation und Arbeitslosigkeit wurden in dieser Interpretation als direkt konkurrierende Zielvorstellungen angesehen. Die Bekämpfung der Arbeitslosigkeit durch staatliche Ausgabenfinanzierung mußte inflationär wirken und die Reduktion der Staatsausgaben zur Inflationsbekämpfung mußte tendenziell als Folge der Nachfragedämpfung den Arbeitsmarkt belasten. In der Wahlkampfauseinandersetzung 1972, die zwar primär um die Ostverträge geführt wurde, betonte die Opposition ihre wirtschaftspolitischen Sorgen um eine nicht ausreichend antiinflationäre Politik. Der Minister für Wirtschaft und Finanzen der Regierung Brandt/Scheel, Helmut Schmidt, hielt dem entgegen, daß fünf Prozent Inflation (sie lag 1971 bei 5,2%) eher zu ertragen seien als fünf Prozent Arbeitslosigkeit (1971: 0,8%).

Nach ihrem Wahlsieg verstärkte die sozialliberale Koalition dennoch ihre Politik zur Eindämmung der Inflationsgefahr und schöpfte mit zwei Stabilitätsprogrammen im Jahre 1973 Einkommen durch Steuer- und Abgabenerhöhungen ab. Gestützt wurde dieser Kurs durch die Hochzinspolitik der Bundesbank, die Anreize zur Stillegung von Geldmitteln bei den Banken bot. Die Bundesbank konnte ihre Rolle als eigenständige konjunkturpolitische Kraft erstmals seit Kriegsende ohne eine Bedrohung ihrer geldpolitischen Strategie durch Geldzuflüsse überbewerteter Währungen aus dem Ausland spielen, die das Phänomen der „importierten Inflation" verursacht hatten. 1971 wurde weltweit das System fester Wechselkurse (Bretton-Woods-System) durch ein System flexibler Wechselkurse, das Floating, abgelöst, das zu automatisch wertberichtigten Kursen insbesondere im Tauschverhältnis Dollar-DM führte. Ob die zu Zeiten der Großen Koalition entwickelten Instrumentarien der Konjunktursteuerung ausgereicht hätten, um die Inflationsgefahr trotz wachsender Ansprüche an den Sozial-

---

154 Ausführlicher: Fides Krause-Brewer: Das Rentenrisiko, Stuttgart 1980, S. 105.

staat zu bannen, ist eine Frage, die offen bleiben muß. Bevor die Instrumente der Globalsteuerung ihre Wirkung entfalten konnten, hatte sich die wirtschaftliche Ausgangslage grundlegend geändert.

Die Ölpreiskrise der Jahre 1973/74 verschob die Parameter der deutschen Wirtschaftspolitik. Die Vervierfachung des Rohölpreises durch die Organisation erdölexportierender Länder (OPEC) in zwei Etappen, Ende Oktober und Ende Dezember 1973, brachte Deutschland einen rapiden Anstieg der Produktionskosten und reduzierte die Konkurrenzfähigkeit der deutschen Wirtschaft. Exporteinbußen und ein Rückgang des Wachstums des Bruttosozialproduktes (1973: +4,9%, 1974: +0,4%; 1975: -1,8%) waren die Folge. Der inflationäre Schub durch die Ölpreiserhöhungen ging einher mit einem massiven Anstieg der Arbeitslosigkeit. Eine Reihe von Voraussetzungen für eine erfolgreiche Strategie der Globalsteuerung wurden damit in Frage gestellt. Die Phillips-Kurven-Alternative von entweder mehr Inflation oder mehr Arbeitslosigkeit erwies sich als zu grobschlächtig. Das neue Phänomen der Stagflation, von Wachstumsproblemen bei gleichzeitigen Inflationstendenzen, machte darauf aufmerksam, daß Arbeitslosigkeit nicht nur eine konjunkturelle, sondern auch eine strukturelle Dimension haben kann. Während die neuen Instrumente des deutschen Keynesianismus auf die Bekämpfung der ersteren Variante der Arbeitslosigkeit zugeschnitten waren, erwiesen sie sich gegenüber der mangelnden internationalen Konkurrenzfähigkeit der Wirtschaft und deren Folgen für den Arbeitsmarkt als wirkungslos. Eine strukturell bedingte „Sockelarbeitslosigkeit" wurde für die deutsche Gesellschaft seit Mitte der siebziger Jahre zum Dauerphänomen. Die Globalsteuerung stieß an ihre Grenzen. Sie war, obwohl sie als strategisches Handlungsmuster von Wirtschaftspolitik konzipiert wurde, Handlungsrahmens zur zum Teil nur hilflosen wegen ihres auf die nationale Volkswirtschaft zugeschnittenen Reaktion auf den internationalen wirtschaftlichen Strukturwandel verurteilt. Ihre Instrumente erwiesen sich als zu grobschlächtig. Die Bekämpfung der strukturellen Arbeitslosigkeit beispielsweise durch Staatsverschuldung (*deficit spending*) erhöhte nur das Verschuldungsniveau und verschärfte in Zeiten der Hochkonjunktur die Inflationsgefahr. Was Globalsteuerung nicht vermochte, war, den Prozeß der wirtschaftlichen Umstrukturierung voranzutreiben, der die internationale Konkurrenzfähigkeit der deutschen Wirtschaft verbessert hätte.

Als erste Reaktion auf die neue Welle der Preissteigerungen versuchten die Gewerkschaften 1974, eine Anpassung des Lohnniveaus an das Preisniveau durchzusetzen. Wegbereiter für die Durchsetzung der Erhöhung der tariflichen Stundenlöhne in der Industrie um durchschnittlich 13% wurde der Öffentliche Dienst. Unter Führung von Heinz Kluncker setzte die ÖTV nach einer Reihe von Streiks im öffentlichen Sektor im Februar 1974 gegen den Widerstand der Bundesregierung eine Verbesserung der Einkommen im Öffentlichen Dienst um 12,5% durch. Die Niederlage der Regierung und der Prestigeverlust des damaligen Bundeskanzlers Willy Brandt in dieser Tarifauseinandersetzung war einer der Gründe für seinen Rücktritt am 6. Mai 1974.

3. Versuche der Modernisierung der Wirtschaft durch Struktur- und Technologiepolitik in der Kanzlerschaft Helmut Schmidts

Die Gestalt der sozialen Marktwirtschaft während der Kanzlerschaft Helmut Schmidts war das Ergebnis einer Mischung des Erbes der Globalsteuerung und von wirtschaftspolitischem Inkrementalismus, sowie des Versuchs, weltwirtschaftlichen Wandel mit zum Gegenstand nationaler Wirtschaftspolitik zu machen. Die Instrumente der Globalsteuerung waren von der Großen Koalition in Verfassung und Gesetzgebung verankert worden. Auch wenn sich in den siebziger Jahren immer stärker erwies, daß sie in wesentlichen Teilen obsolet geworden waren, fehlten die politische Initiative und die politischen Mehrheiten zur Reform, aber auch der Konsens über eine alternative Gestaltung der Finanzverfassung. Nach anfänglichem Rückgriff auf die keynesianische Rhetorik wurde der deutsche Keynesianismus in den Jahren der Kanzlerschaft Helmut Schmidts immer mehr zum juristischen Ornament. Diese Erfahrung wirft die grundsätzliche Frage nach dem Sinn einer weitgehenden gesetzlichen Festlegung wirtschaftspolitischer Handlungsstrategien auf. Die Abkehr vom Modell der Globalsteuerung wurde weit konsequenter vom Sachverständigenrat (SVR) und der Deutschen Bundesbank vollzogen. Im Jahresgutachten 1974/75 des SVR wurde der Finanzpolitik des Staates zur Krisenbekämpfung ein weniger prominenter Rang eingeräumt und die Trennung der

Aufgaben von Finanz- und Geldpolitik ganz im Sinne der neuen monetaristischen[155] Leitbilder eines Teiles der akademischen Wirtschaftswissenschaft gefordert. Das SVR-Gutachten von 1976/77 distanzierte sich endgültig von Ambitionen der Globalsteuerung.[156] Die Deutsche Bundesbank reorientierte 1974 ihre Geldpolitik nach monetaristischen Grundsätzen. Damit war auch der politische Konflikt zwischen der pragmatischen Wirtschaftspolitik Helmut Schmidts und dem „wirtschaftspolitischen Sachverstand" vorprogrammiert.

Mit punktuellen Ausgabenprogrammen bei gelegentlich globalerem Rückgriff auf die Zielbestimmung des Stabilitätsgesetzes versuchte die Politik noch 1974, der wachsenden Arbeitslosigkeit Herr zu werden.[157] Im Februar wurden 900 Millionen DM für ein Investitionsprogramm zur Förderung wirtschaftlich benachteiligter Regionen mobilisiert, zum Teil in Form direkter Investitionen des Bundes, zum Teil als Finanzhilfen für die Gemeinden. Im September 1974 wurden weitere 950 Millionen DM für ein Sonderprogramm zur regionalen und lokalen Beschäftigungsförderung bereitgestellt. Und schließlich wurde in größerem Rahmen am 12. Dezember ein Programm gestartet, das schon im Namen quasi das Programm der keynesianischen Globalsteuerung trug: das „Programm zur Förderung von Beschäftigung und Wachstum bei Stabilität". Es sah investive Ausgaben in Höhe von 900 Millionen DM und verschiedene zeitlich befristete Investitionshilfen, u.a. zur Beschäftigungssicherung und zur Förderung von kleinen und mittleren Unternehmen, in Höhe von insgesamt 9,55 Milliarden DM vor. Dennoch überschritt die Arbeitslosigkeit Ende Oktober 1975 die Millionengrenze. Im August 1975 versuchte die Bundesregierung, mit einem weiteren Ausgabenprogramm v.a. der Bauwirtschaft zu helfen.

Die öffentliche Hand nahm 1975 zur Rezessionsbekämpfung mehr als 66 Milliarden DM Kredite netto neu auf. Damit erhöhte

---

155 siehe hierzu nächstes Kapitel
156 Ausführlicher zur Diskussion: Thomas Schneider: Die wirtschaftspolitische Beratung im Vergleich Frankreich und Bundesrepublik Deutschland, Pfaffenweiler 1989, S. 61ff.
157 Vgl. Michael Walther: Karl Schillers Konzeption der Sozialen Marktwirtschaft. Theorie und Praxis der Globalsteuerung zwischen 1966 und 1982, Heidelberg (Magisterarbeit) 1991, S. 70f.

sich der staatliche Schuldenstand stärker als in den sechs vorangegangenen Jahren zusammen.[158] Die Regierung interpretierte die mit diesen massiven staatlichen Eingriffen erreichten Wachstumsimpulse als erste Zeichen eines Aufschwungs. Nach dem Wahlsieg der sozialliberalen Koalition 1976 schien es deshalb angebracht, Maßnahmen zum Defizitabbau zu ergreifen. Daß diese v.a. im Sozialbereich griffen, macht deutlich, welcher neue Stellenwert der sozialen Komponente der Marktwirtschaft in der Regierungszeit Schmidt eingeräumt wurde. Sie war ihrer gesellschaftlichen Reformfunktion im wesentlichen entkleidet worden und reduziert zu einer abhängigen Variable der Wirtschaftspolitik. Der „entideologisierte" Umgang mit dem Wohlfahrtsstaat führte zu einer „Monetarisierung" der Sozialpolitik, also zu ihrer Anbindung an die politisch definierte finanzielle „Machbarkeit". Soziale Marktwirtschaft war nun also zuerst erfolgreiche freie Marktwirtschaft, denn der finanzielle Überschuß zur Verteilungspolitik, ohne umverteilen zu müssen, fehlte. In der Frage des Stellenwertes der sozialen Komponente der sozialen Marktwirtschaft teilte sich das Regierungslager in drei Gruppen: a) die Gewerkschaften und die SPD-Linke forderten echte soziale Umverteilung, die auch bei ausbleibenden Zuwächsen möglich wäre; b) die FDP-Rechte erachtete eine Politik des sozialen Ausgleichs für ökonomisch schädlich, und c) das breite Zentrum der Regierung, das der skizzierten Lösung der „Schönwetter-Sozialkomponente" anhing.

Das am 1. Januar 1976 in Kraft getretene Haushaltsstrukturgesetz führte Beitragserhöhungen bei der Bundesanstalt für Arbeit ein und kürzte deren Leistungen. Weitere Einnahmeverbesserungen wurden durch Kürzungen der Ausbildungs- und Graduiertenförderung, der Sparförderung, der Entlohnung im öffentlichen Dienst sowie durch Steuererhöhungen ab 1977 erreicht. Die im Vergleich zu den anderen westlichen Industrieländern relativ erfolgreiche Konsolidierung der westdeutschen Wirtschaftsentwicklung nach der Ölkrise, die die Sozialdemokratie schon vom „Modell Deutschland" sprechen ließ, löste allerdings das Problem struktureller Arbeitslosigkeit nicht. Auch 1977 waren noch über eine Million Menschen arbeitslos.

---

158 Willi Albers: Ursachen, Wirkungen und Begrenzungsmöglichkeiten einer wachsenden Staatsquote, in: Hans Rühle/Hans-Joachim Veen (Hrsg.): Wachsende Staatshaushalte, Stuttgart ²1979, S. 37.

Strategische Überlegungen zur Wiederherstellung der Prosperität kreisen um drei unterschiedliche marktwirtschaftliche Leitbilder. Bundesbank, Sachverständigenrat, Opposition und Teile der FDP präferierten den Weg zurück zur Rolle des Staates vor seiner Übernahme der Verantwortung zur Globalsteuerung. Den Selbstheilungskräften des Marktes sollte es überlassen werden, den Weg zur Vollbeschäftigung zu finden.

In Teilen der Sozialdemokratie, vor allem bei den Jungsozialisten und den Gewerkschaften, wurde aus dem Versagen der Globalsteuerung in der Arbeitsmarktpolitik die Schlußfolgerung gezogen, daß deren bisherige Instrumente um dasjenige der Investitionsplanung und -lenkung zu ergänzen seien. In Rätestrukturen, gebildet aus Gewerkschaften, Unternehmern und Staat, sollten gesellschaftliche Investitionsprioritäten abgestimmt werden, nicht zuletzt um gezielt Arbeitslosigkeit zu vermeiden. Die Diskussion, die in der SPD vor allen Dingen in der Auseinandersetzung um ein Langzeitprogramm (Orientierungsrahmen '85) nach dem Wahlsieg von 1972 geführt wurde, knüpfte an die internationale Diskussion der Wirtschaftsplanung im Anschluß an die französischen Erfahrungen mit der „planification" und an die Pläne der Linken in der britischen Labour Party zum Ausbau des durch den Industry Act von 1975 eingerichteten National Enterprise Boards in eine immer weitere Teile der Wirtschaft kontrollierende Staatsholding an.[159]. Diese Variante des demokratischen Sozialismus in der Wirtschaftspolitik, die sich auf Artikel 14(2) des Grundgesetzes („Eigentum verpflichtet. Sein Gebrauch soll zugleich dem Wohle der Allgemeinheit dienen.") berief, wurde von der Regierung als dem Prinzip des freien Unternehmertums, einem der Eckpfeiler der Marktwirtschaft widersprechend, abgelehnt.

In stärkerem Maße mehrheitsfähig war in der sozialdemokratischen Partei die Auffassung, daß das Instrumentarium der Globalsteuerung sich als zu grobschlächtig für die Überwindung der wirtschaftlichen Strukturkrise erwiesen habe. Für die Wiederherstellung der Konkurrenzfähigkeit der westdeutschen Wirtschaft sei eine „aktive Strukturpolitik"[160] erforderlich, die die Konjunkturpo-

---

159 Vgl. Roland Sturm: Großbritannien. Wirtschaft-Gesellschaft-Politik, Opladen 1991, S. 31.
160 Von linken Positionen wurde die Politik des „aktiven Strukturwandels" als eine „rücksichtslose Variante herkömmlicher Industrieförderungspo-

litik ergänzen solle. Gezielte Maßnahmen der Forschungs- und Technologiepolitik sollten sich auf die Entwicklung neuartiger Produkte und Technologien konzentrieren.[161] Technologie wurde als „neuer Produktionsfaktor" neben den traditionellen Produktionsfaktoren Arbeit, Boden, Kapital definiert. Helmut Schmidt bekannte sich in seiner Regierungserklärung vom 17.Mai 1974 zur „Modernisierung der Volkswirtschaft" als Regierungsaufgabe.[162] Staatliche Technologieförderung sollte dann greifen, „wenn entweder das Forschungs- und Entwicklungsrisiko unkalkulierbar hoch erscheint, oder wenn der Entwicklungsaufwand privatwirtschaftlich realisierbare Größenordnungen übersteigt".[163] Zur sozialen Einbindung des technologischen Fortschritts am Arbeitsplatz war das 1974 ins Leben gerufene Programm „Humanisierung der Arbeitswelt" (HdA) konzipiert. Im Zeitraum 1974-1983 gab das Forschungsministerium für 920 Projekte 760 Millionen DM aus, das Arbeitsministerium wandte für 450 HdA-Projekte noch einmal 40 Millionen DM auf.[164] Dieses Programm sollte vor allem die Gewerkschaften mit dem Gedanken einer staatlich geförderten Politik des wirtschaftlichen und organisatorischen Strukturwandels in den Betrieben versöhnen. Die vom Forschungsministerium für das HdA-Programm aufgewendeten Fördermittel machten jedoch nicht einmal zwei Prozent des Haushalts des Ministeriums aus. Außerdem blieb die zu Beginn angekündigte progressive Aufstockung der entsprechenden Haushaltsmittel weit hinter der ursprünglichen

---

litik" kritisiert: „rücksichtslos sowohl gegenüber der Arbeitskraft, die einem permanenten relativen Beschäftigungsrisiko und Mobilitätszwang ausgesetzt wird, wie gegenüber jenen Kapitalen, über die der Weltmarkt das Urteil unzulänglicher ‚Modernität' gesprochen hat." Wolf-Dieter Narr/Claus Offe: Was heißt hier Strukturpolitik? Neokorporativismus als Rettung aus der Krise?, in: Technologie und Politik 6(1976), S. 5-26.
161 Volker Hauff/Fritz W. Scharpf: Modernisierung der Volkswirtschaft. Technologiepolitik als Strukturpolitik, Frankfurt/Main 1975, S. 39ff.
162 Abgedruckt in: Jahresbericht der Bundesregierung 1974, Bonn o.J., S. 23ff.
163 Hauff/Scharpf, a.a.O. S. 52. Bemerkenswert ist, daß die Autoren bereits hier, S. 114f., auf die Aktivitäten des japanischen Industrieministeriums MITI verweisen, dessen Bedeutung in der deutschen Diskussion erst in den achtziger und neunziger Jahren „entdeckt" wurde.
164 Vgl. Ulrich von Alemann/Peter Jansen/Heiderose Kilper/Leo Kißler: Technologiepolitik. Grundlagen und Perspektiven in der Bundesrepublik Deutschland und in Frankreich, Frankfurt/Main, New York 1988, S. 247f.

Planung zurück. Die Gewerkschaften kritisierten deshalb das HdA-Programm wegen dessen mangelnder Finanzausstattung als bloßes Beiwerk der betrieblichen Rationalisierungsstrategien und beklagten ihre mangelnden Möglichkeiten, den Marktprioritäten gewerkschaftliche Alternativkonzepte im betrieblichen Alltag und in der Tarifpolitik entgegensetzen zu können.[165]

Nicht zufällig wurden im Laufe des Jahres 1976 immer stärker Forderungen nach mittelfristig angelegten staatlichen Investitionsprogrammen laut.[166] Im März 1977 wurde ein Zukunftsinvestitionsprogramm (ZIP) verabschiedet, das zusätzliche Investitionsausgaben von Bund, Ländern und Gemeinden für einen Zeitraum von vier Jahren (1978-1981) mit einem Finanzvolumen von zunächst 13,8 Milliarden DM vorsah. Schwerpunkte des Programmes waren unter anderem, Verbesserungen im Verkehrswesen, umweltfreundliche Energieversorgung, wasserwirtschaftliche Maßnahmen und die Verbesserung der Wohnumwelt und Berufsbildung. Von den Ambitionen der technologischen Neuerer waren diese Ansätze zur Verbesserung der Wirtschaftsstruktur noch weit entfernt. Flankiert wurden sie bezeichnenderweise von einer Reihe steuerlicher Entlastungsmaßnahmen für die Unternehmen. Hier macht sich bereits ein wiedererstarktes „liberales"[167] Denkmuster bemerkbar, das im akademischen Bereich unter anderem mit der Verleihung des Nobelpreises für Wirtschaftswissenschaft an Milton Friedman 1976 an internationalem Ansehen gewann. Die Globalsteuerung, die auf die Stimulierung bzw. das Abbremsen gesamtwirtschaftlicher Nachfrage setzt, sollte abgelöst werden durch die Selbststeuerung des Marktes, die der Staat durch eine Entlastung der Unternehmen und

---

165 Klaus Lompe: Gewerkschaftliche Politik in der Phase gesellschaftlicher Reformen und der außenpolitischen Neuorientierung der Bundesrepublik 1969 bis 1974, in: Hans-Otto Hemmer/Kurt Thomas Schmitz (Hrsg.): Geschichte der Gewerkschaften in der Bundesrepublik Deutschland, Köln 1990, S. 305f.
166 Vgl. Klaus Wegner: Entstehung und Wirkung des öffentlichen Zukunftsinvestitionsprogramms 1977-81 als Modell für mehr Beschäftigung und Wachstum in der Zukunft, in: Georg Kurlbaum/Uwe Jens (Hrsg.): Beiträge zur sozialdemokratischen Wirtschaftspolitik, Bonn 1983, S. 133.
167 So die Selbsteinordnung Friedmans, auch wenn – siehe unten – mit seinem Namen eher der Monetarismus assoziiert wird. Vgl.: Milton Friedman: Capitalism and Freedom, Chicago 1962, S.5.

damit eine Stärkung der Angebotsseite unterstützen kann (sogenannte „Angebotsökonomie").

Der politische Durchbruch angebotsökonomischen Denkens stand national und international aber erst bevor. Noch herrschte in den führenden Industrieländern die Vorstellung vor, daß der Weg aus der Stagnation als Folge des Schocks der Ölpreiskrise nur durch staatliche „Ankurbelungsmaßnahmen", also ein umfassendes Ausgabenprogramm zu erreichen sei. Strukturelle Probleme internationaler Konkurrenzfähigkeit wurden als Ursache der Beschäftigungskrise nicht thematisiert. Die Bundesrepublik, die vergleichsweise am besten den Ölschock bewältigt hatte, geriet unter Druck der führenden Industrieländer, die von ihr forderten, die „Konjunkturlokomotive" zu spielen, um die Weltwirtschaft aus dem Konjunkturtal zu ziehen. Auf dem Bonner Weltwirtschaftsgipfel am 16. und 17. Juli 1978 stimmte die deutsche Bundesregierung zu, nachfragesteigernde Maßnahmen in der Größenordnung von einem Prozent des Bruttosozialproduktes einzuleiten. Die hektische Umsetzung dieser Zusage trug dazu bei, daß die gewonnenen Einsichten hinsichtlich der Notwendigkeit einer Modernisierung der deutschen Wirtschaftsstruktur für die konkrete Ausgabenpolitik peripher blieben:[168]

„Zwar hatte der (von Helmut Schmidt aus dem Forschungsministerium ‚zwangsrekrutierte') neue Finanzminister Hans Matthöfer zunächst noch die Hoffnung, man könne nach dem Vorbild des ZIP diesmal ein Programm zur Modernisierung der Wirtschaftsstruktur entwickeln, aber noch ehe die Arbeit an den Kriterien dafür überhaupt beginnen konnte, war die Lokomotive schon beheizt mit einer Sammlung von zufällig entscheidungsreifen Ressortvorhaben."

Das Ergebnis dieser Ankurbelungspolitik bleibt umstritten, weil ihre Wirkungen jäh durch die zweite Ölpreiskrise 1979/80 überlagert wurden. Nach der Revolution im Iran stieg der Ölpreis pro Faß zwischen 1978 und 1980 um das zweieinhalbfache mit erneut preissteigernden Folgen. Die staatliche Ausgabenpolitik wirkte zwar dem Konjunktureinbruch entgegen, konnte aber weder die Sockelarbeitslosigkeit beseitigen noch die Inflation entscheidend dämpfen. Zudem war bei dem erreichten Schuldenstand eine wei-

---

168 Fritz W. Scharpf: Sozialdemokratische Krisenpolitik in Europa, Frankfurt/Main, New York 1987, S. 183.

tere Phase unspezifischer staatlicher Nachfragepolitik auch aus der Sicht der Regierung ausgeschlossen. Finanzminister Matthöfer relativierte zwar die erreichte Verschuldung mit dem Hinweis auf die Position der Bundesrepublik im unteren Mittelfeld der OECD-Länder, schränkte aber für die Zukunft ein:[169]

> „Man darf nicht mehr Kredite ausgeben, als zur Sicherung der Beschäftigung und zur Finanzierung eines Teils der öffentlichen Zukunftsinvestitionen unabweisbar erforderlich ist. Deshalb muß jetzt das Ausgabenwachstum im nicht zukunftssichernden und wachstumsfördernden Bereich gebremst werden und die Steuerungsfähigkeit der öffentlichen Haushalte allgemein durch eine Umstrukturierung der Ausgaben unter Beweis gestellt werden."

Mit dem Erreichen einer psychologischen „Verschuldungsgrenze" war der Globalsteuerung in der Krise das zentrale Instrument des „deficit spending", der staatlichen Nachfragestimulierung durch Ausgabenpolitik, abhanden gekommen. Das öffentliche Interesse an dem Thema „Staatsverschuldung" wuchs rasch. Die Bekämpfung der Staatsverschuldung wurde in der öffentlichen Wahrnehmung der Nachkriegszeit erstmals ein eigenständiges Thema der Wirtschaftspolitik. Die Regierung weigerte sich, vor der Bundestagswahl 1980 ihre Wirtschaftspolitik vom Thema „Staatsverschuldung" bestimmen zu lassen, bekannte aber in einer erstaunlichen Kehrtwende nach der überstandenen Wahl, aus der die FDP gestärkt hervorging, daß die Bekämpfung der Staatsverschuldung das zentrale politische Problem sei. Mit einer Mischung von Sparbeschlüssen und Abgabenerhöhungen sollte der staatliche Finanzbedarf gedrosselt werden. Dennoch überschritt die Nettokreditaufnahme in den Jahren 1981 und 1982 die 30 Milliarden-Grenze (1981: 37,4 Mrd.; 1982: 37,2 Mrd.). Zunehmende Arbeitslosigkeit und geringere als erwartete Steuereinnahmen verschärften den Druck auf die Ausgabenpolitik.

Von konzeptionellen Überlegungen zur Aus- und Neugestaltung der sozialen Marktwirtschaft – in der Ära Schmidt wäre dies im Idealfalle die sozial abgefederte Modernisierung mit staatlicher Anleitung des Umstrukturierungsprozesses gewesen – war in der

---

169 Hans Matthöfer: Einige Argumente zur öffentlichen Kreditaufnahme, Bonn 1980, S.9, hektographiert.

Endphase der sozialliberalen Koalition nichts mehr geblieben.[170] Für eine offensive Modernisierungsstrategie, ebenso wie für andere staatliche Steuerungsmaßnahmen fehlten die Mittel. Der gesellschaftliche Kompromißcharakter der sozialen Ausgestaltung der marktwirtschaftlichen Ordnung in der Nachkriegszeit war in Vergessenheit geraten, bzw. spielte nur noch am Rande eine Rolle, wenn auf die positiven wirtschaftlichen Effekte des „sozialen Friedens" verwiesen wurde. Was politisch blieb, war die Frage, wieviel Sozialstaat kann sich eine Marktwirtschaft leisten, ohne selbst funktionsunfähig zu werden? Die sozialliberale Koalition war sich intern längst nicht mehr über die wirtschaftspolitischen Konsequenzen aus der als krisenhaft empfundenen Entwicklung der Staatsfinanzen einig. Otto Graf Lambsdorff, der der FDP angehörende Wirtschaftsminister, favorisierte zum Erreichen des Ziels einer wirtschaftlichen Belebung eine Strategie des Zurücknehmens wohlfahrtsstaatlicher Leistungen in Verbindung mit Fördermaßnahmen zur Verbesserung der betrieblichen Gewinnsituation. Bundeskanzler Schmidt hielt weiterhin an der staatlichen Globalverantwortung für die Wirtschaftsentwicklung fest, war aber zunehmend zu Kompromissen auf der Basis der von der FDP favorisierten angebotstheoretisch begründeten Konzepte bereit, ohne daß er sich sicher sein konnte, daß die Mehrheit seiner Fraktion ihm folgen würde. Hinzu kam, daß der Kanzler sich in seiner Handlungsfähigkeit nicht nur durch innerparteilichen Widerstand und die Haltung der FDP begrenzt sah, er sah sich auch einem von einer Oppositionsmehrheit kontrollierten Bundesrat gegenüber und mit einer die konjunkturelle Belebung eher bremsenden Politik der Zinserhöhungen der Bundesbank konfrontiert.

Als zum Jahresanfang 1982 die Arbeitslosenzahl bei schrumpfender Wirtschaft und hohem Preisniveau erstmals in der Geschichte der Bundesrepublik an die Zwei-Millionen-Grenze herankam, steuerte die Regierung zum letzten Mal mit einem keynesianisch inspirierten Programm, der „Gemeinschaftsinitiative für Arbeitsplätze, Wachstum und Stabilität", mit dem Kernelement einer befristeten Investitionszulage, entgegen. Der Preis, den die FDP für dieses letzte keynesianische Experiment einforderte, war vor

---

170 Roland Sturm: Haushaltspolitik zwischen Ideologie und leeren Kassen, in: Hans-Hermann Hartwich (Hrsg.): Gesellschaftliche Probleme als Anstoß und Folge von Politik, Opladen 1983, S. 454f.

allem ein Abbau des Mieterschutzes, der Privatinvestitionen im Wohnungsbau anregen sollte. Die Erhöhung der Mehrwertsteuer zur Finanzierung des Ausgabenprogrammes scheiterte im Bundesrat. In ihrer Gesamtwirkung machten die letzten wirtschaftspolitischen Programme der sozialliberalen Koalition, die Sparpolitik der „Operation 82", die „Gemeinschaftsinitiative", sowie die von der Koalition konzipierte, aber nicht mehr durchgeführte Sparpolitik der „Operation 83" schon deutlich, welche Prioritäten Staatseingriffe im Rahmen der Marktwirtschaft in Zukunft setzen werden: Nach Schäfers[171] Gegenüberstellung von geplanten Belastungen und Entlastungen durch diesen Maßnahmenkatalog ergibt sich für den Zeitraum 1982-85 für die Arbeitnehmer ein Saldo von minus 54 Milliarden DM und bei den Unternehmen ein Plus von 2,2 Milliarden DM.

Die trotz faktischer Übereinstimmung über das wirtschaftlich Machbare dennoch unversöhnlich scheinenden wirtschaftspolitischen Grundpositionen der Koalitionspartner wurden zum Auslöser des bald darauf folgenden Koalitionsbruches.[172] Anlaß für diesen bot ein von Graf Lambsdorff[173] vorgelegtes Diskussionspapier, in dem erstaunlich wenig zum Thema Staatsverschuldung argumentiert wird. In erster Linie erteilt das Papier staatlichen Konjunkturprogrammen eine Absage und betont die Notwendigkeit des Sozialabbaus zur Haushaltskonsolidierung. In Kurzform machte es damit deutlich, wohin sich die Interpretation der sozialen Marktwirtschaft verschoben hatte, weg von der Globalsteuerung, weg vom intervenierenden Staat und weg von Garantien sozialer Besitzstände. All dies jedoch in einer verglichen mit dem britischen Thatcherismus (seit 1979) oder der amerikanischen Politik der Reaganomics (seit 1980) in einer eher pragmatischen als ideologischen Weise, die es nicht nötig erscheinen ließ, den Begriff „soziale" Marktwirtschaft als solchen über Bord zu werfen und die es

---

171 Claus Schäfer: Verteilungs- und Beschäftigungswirkungen von Operation '82, Gemeinschaftsinitiative und Operation '83, in: WSI-Mitteilungen 35(1982), S. 579ff.
172 Zu einer Bilanz der sozialliberalen Koalition vgl. auch Harald Scherf: Enttäuschte Hoffnungen – vergebene Chancen. Die Wirtschaftspolitik der sozial-liberalen Koalition 1969-1982, Göttingen 1986.
173 Otto Graf Lambsdorff: Konzept für eine Politik zur Überwindung der Wachstumsschwäche und zur Bekämpfung der Arbeitslosigkeit, o.O. (Bonn) 1982, hektographiert.

dem FDP-Wirtschaftsminister der sozialliberalen Koalition, Lambsdorff, erlaubte, in der neuen christlichliberalen Regierung wieder die gleiche Funktion zu bekleiden. Der in der Finanzverfassung des Landes verankerte Keynesianismus wurde im Zuge der Rückbesinnung auf Tugenden der Nachkriegsära[174] einfach vergessen bzw. ignoriert.

4. Auf dem Weg zu einer angebotsorientierten Wirtschaftspolitik unter Kanzler Helmut Kohl

Die deutsche Wende zum Konservatismus Anfang der achtziger Jahre blieb sowohl politisch als auch ökonomisch[175] hinter den Erwartungen zurück, die konservative Vordenker schon seit Mitte der siebziger Jahre formuliert hatten.[176] Die, wie Dubiel[177] dies formulierte, internationale „Renaissance von Versuchen, die massendemokratischen Wohlfahrtsstaaten wieder auf die Entwicklungsspur liberalkapitalistischer Gesellschaften zurückzustellen", kam nur mit großer Verzögerung und vor allem nach der deutschen Einheit eher der Not gehorchend denn als Konsequenz einer konservativen Reideologisierung in Deutschland an.[178] Der Monetarismus wurde zwar von der Bundesbank als Konzept zur Bekämpfung der inflationären Folgen der Ölkrise schon Anfang der siebziger Jahre rezipiert. Ihre Politik der Vorgabe von Geldmengenzielen war aber nicht rückgekoppelt mit einem Zurückdrängen wirtschaftlicher Interventionsstrategien des Staates. Die zweite Variante einer konservativen Reinterpretation der sozialen Marktwirt-

---

174 Vgl. Bernhard Molitor: Ist Marktwirtschaft noch gefragt?, Tübingen 1993, S.9ff.
175 Douglas Webber: Kohl's Wendepolitik After a Decade, in: German Politics 1(1992), S. 149-180. Demgegenüber betont die Umverteilung des gesellschaftlichen Reichtums zugunsten der Wohlhabenden: Jeremy Leaman: The Rhetoric and Logic of the Wende. A Reply to Douglas Webber, in: German Politics 2(1993), S. 124-135.
176 Zur Diskussion vgl. Richard Saage: Rückkehr zum starken Staat?, Frankfurt/Main 1983.
177 Helmut Dubiel: Was ist Neokonservatismus?, Frankfurt/Main 1985, S. 8.
178 Vgl. Jürgen Habermas: Die Kulturkritik der Neokonservativen in den USA und in der Bundesrepublik, in: Merkur 36(1982), S. 1049.

schaft, die angebotsorientierte Wirtschaftspolitik, erreichte die politischen Entscheidungsträger ebenfalls nicht als geschlossenes Wertesystem, wie es etwa von Ralf Dahrendorf[179] skizziert wurde:

„Eine Wirtschaftsethik, die so weit nicht weg ist von Max Webers ‚protestantischer Ethik' und dem durch sie inspirierten Geist des Kapitalismus. Die Leute sind faul und träge geworden, heißt es da, auch gepäppelt vom Staat beziehungsweise entmutigt durch Steuern und Reglementierung. Wir brauchen vor allem Wachstum. Wachstum verlangt einerseits harte Arbeit bei stagnierenden, wenn nicht reduzierten Reallöhnen. Es verlangt andererseits die Ermutigung von Investitionen durch angebotsorientierte Wirtschaftspolitik, also durch Steuersenkungen, Ent-Reglementierung, Inflationskontrolle, Gewinnförderung und unternehmerfreundliche Reden. Dabei wird mancher Preis in Kauf genommen, wenn nicht ausdrücklich gefordert. Ungleichheit gilt als natürlicher Ausdruck unterschiedlicher menschlicher Leistung auch als Stimulus zu verstärkter Anstrengung. Der Sozialstaat gilt als gigantischer Irrtum; er soll auf ein Minimum reduziert werden. Die Organisationen der Beschäftigten gelten als Hauptursache überhöhter Reallöhne; ihr Einfluß muß eingedämmt werden. Der Staat wird zwar nicht ausdrücklich gepriesen; im Gegenteil: oft ist von ‚weniger Staat' die Rede; aber tatsächlich entsteht ein harter Staat, eben einer, der seine Mitgefühls-Allüren ablegt, nicht nur in Fragen der Wohlfahrt, sondern auch bei Recht und Ordnung."

Die gesellschaftlichen Elemente, die Dahrendorfs Zusammenfassung der neuen Richtungsbestimmung enthält, sind auch im deutschen Fall im einzelnen vorhanden, aber eher verstreut, als Summe einer Vielzahl von zeitlich unterschiedlichen Einzelbeobachtungen, nie aber als offensiv vorgetragene Programmatik einer Person oder Partei. Die Wahlentscheidung 1983 war deshalb weniger ein Plebiszit für einen bestimmten ideologisch eindeutigen wirtschaftspolitischen Kurs, wie Grosser[180] meint, denn Ausdruck der Tatsache, daß der SPD seit der Bundestagswahl 1980 die Themenführerschaft im Bereich der Wirtschafts- und Sozialpolitik abhanden gekommen war.[181]

Die neue Regierung betonte ebenso wie die alte, daß die Massenarbeitslosigkeit eine der großen Herausforderungen der Gesell-

---

179 Ralf Dahrendorf: Die Chance der Krise. Über die Zukunft des Liberalismus, Stuttgart 1983, S. 53f.
180 Dieter Grosser: Das Verhältnis von Staat und Wirtschaft in der Bundesrepublik Deutschland, in: Ders. (Hrsg.): Der Staat in der Wirtschaft der Bundesrepublik, Opladen 1985, S. 56.
181 Vgl. Rainer-Olaf Schultze: Regierungswechsel bestätigt, in: Westeuropas Parteiensysteme im Wandel, Stuttgart etc. 1983, S. 63.

schaft sei, konnte aber ihre größere Abstinenz in der Arbeitsmarktpolitik durch drei Argumente rechtfertigen a) mit der Erfolglosigkeit direkter arbeitsmarktpolitischer Interventionen der sozialliberalen Koalition, b) mit der angespannten Finanzlage und vor allem c) den Selbstheilungskräften des Marktes, die unter der Voraussetzung der Wiederherstellung voll funktionierender Mechanismen der Marktwirtschaft das Arbeitsmarktproblem lösen könnten. Zu diesen Mechanismen gehören u.a. eine größere Flexibilität und Mobilität der Arbeitsuchenden, sowie ein angemessenerer Preis für die Arbeitskraft auf dem Arbeitsmarkt. Sozialpolitische Einschnitte konnten ebenfalls mit den überlasteten Staatsfinanzen erklärt werden. Zusätzlich wuchs die Zahl derjenigen, die Marktwirtschaft im Wesenskern als „freie Marktwirtschaft" verstanden haben wollten und im Nachhinein das Attribut „sozial" als Rechtfertigung einer Dichotomie von Sozialordnung und Wirtschaftsordnung mit der Folge eines aus ökonomischer Sicht unverantwortlichen Wucherns der Sozialleistungssysteme mißbraucht sahen.[182] Ein weiteres sparpolitisches Argument verknüpfte die Einschränkung der staatlichen Ausgabenpolitik mit der Bekämpfung der Inflation. Die Vermeidung von Kaufkraftverlusten durch Inflationsbekämpfung wurde als Beitrag zur sozialen Besitzstandswahrung präsentiert.

Die erste Priorität der christdemokratisch-liberalen Regierung Kohl galt der Sparpolitik, die – auch nach Ansicht des von Gerhart pragmatisch an die wirtschaftspolitische Prioritätensetzung der Schmidt-Regierung anknüpfte:[183] Stoltenberg geleiteten Finanzministeriums (BMF) – damit nur

„Bereits anfangs der achtziger Jahre (so das BMF, R.S.) gab es zur Konsolidierung der Staatsfinanzen keine politische Handlungsalternative mehr. Sie war zum wirtschafts- und finanzpolitischen Sachzwang geworden. Schon die sozialdemokratisch geführte Bundesregierung sah die dringende Notwendigkeit, Maßnahmen zur Verringerung der Haushaltsdefizite zu ergreifen."

Die Voraussetzungen zur Trendumkehr waren nach der Bundestagswahl 1983 besonders günstig. Die Regierungsübernahme er-

---

182 Vgl. Norbert Kloten: Der Staat in der sozialen Marktwirtschaft, Tübingen 1986, S. 82f.
183 Bundesminister der Finanzen: Aufgaben und Ziele einer neuen Finanzpolitik – Grenzen staatlicher Verschuldung, Bonn 1985, S. 4.

folgte zu einem Zeitpunkt, zu dem bei Beibehaltung eines hohen Sockels struktureller Arbeitslosigkeit, die Ökonomien der westlichen Industrieländer expandierten. Der Boom bescherte hohe Steuereinnahmen. Hinzu kamen mit Ausnahme des Jahres 1987 beträchtliche Bilanzgewinne, die die Bundesbank dem Finanzminister überwies. Gemessen daran blieben die Ergebnisse der Politik der Begrenzung der Staatsverschuldung bescheiden. Zwischen 1984 und 1987 betrug die jährliche Nettokreditaufnahme (*Neu*verschuldung minus Rückzahlungen) zwar weniger als 30 Milliarden DM, das Schuldenwachstum und die Zinsbelastung der Haushalte konnten durch die anhaltende Neuverschuldung jedoch nicht gebremst werden.

1983 überschritt die Arbeitslosigkeit nach offiziellen Angaben erstmals in der Nachkriegszeit die Zwei-Millionen-Grenze. Dies verstärkte den politischen Druck zur Formulierung einer „marktkonformen" im Unterschied zu einer „globalsteuernden" Politik der Belebung der Wirtschaft und des Arbeitsmarktes. 1984 wurden die Bestimmungen des Jugendarbeitsschutzgesetzes gelockert und im gleichen Jahr legte die Regierung ein Beschäftigungsförderungsgesetz vor (in Kraft seit dem 1.5.85), das Raum schuf für befristete Arbeitsverhältnisse und Teilzeitarbeit. Die Absicht der Gesetzesänderungen war es, die Verpflichtung von Arbeitskräften für Unternehmen attraktiver zu machen. Beschäftigungsförderung durch Entregulierung wurde als Strategie 1994 erneut aufgegriffen. Mit dem neuen Beschäftigungsföderungsgesetz verlor die Bundesanstalt für Arbeit ihr Vermittlungsmonopol. Beabsichtigt ist auch eine Kürzung der Zuschüsse für Arbeitsbeschaffungsmaßnahmen und die Einführung des Instrumentes der „Gemeinschaftsarbeit", für die Empfänger von Arbeitslosengeld herangezogen werden können.

Gewerkschaften stellen in der Logik einer Sicht des Arbeitsmarktes als Markt mit freier Preisbildung einen institutionellen Verzerrungsfaktor dar. Durch ihre Organisationsmacht monopolisieren sie Arbeitskraft und erkämpfen für diese einen „künstlichen" (überhöhten) Preis. Der Tariflohn ist Ausdruck gesellschaftlicher Machtverhältnisse und nicht des freien Spiels von Angebot und Nachfrage. Die Regierung Kohl hat die Gewerkschaften als Institutionen des Wirtschaftsgeschehens in den achtziger Jahren nicht grundsätzlich in Frage gestellt. In den Leitsätzen, die zur im

Staatsvertrag mit der DDR 1990 verankerten Sozialunion formuliert wurden, heißt es ausdrücklich:

„Tariffähige Gewerkschaften und Arbeitgeberverbände müssen frei gebildet, gegnerfrei, auf überbetrieblicher Grundlage organisiert und unabhängig sein sowie das geltende Tarifrecht als für sich verbindlich anerkennen; ferner müssen sie in der Lage sein, durch Ausüben von Druck auf den Tarifpartner zu einem Tarifabschluß zu kommen."

Während in den USA und vor allem in Großbritannien die konservative Wende mit der Zerschlagung gewerkschaftlicher Macht einherging, konzentrierte sich die Ablehnung gewerkschaftlicher Positionen durch die Bundesregierung auf öffentliche Kritik an bestimmten tarifpolitischen und sozialpolitischen Forderungen, vor allem an der angestrebten Verkürzung der Arbeitszeit als Instrument der Beschäftigungspolitik. Die Bedingungen gewerkschaftlicher Betätigung wurden indirekt eingeschränkt durch die 1986 durchgesetzte Änderung des §116 des Arbeitsförderungsgesetzes, mit der festgelegt wurde, daß mittelbar von einem Streik Betroffene außerhalb des betreffenden Tarifgebietes kein Arbeitslosengeld bekommen, wenn die für sie erhobenen Forderungen denen „annähernd gleich" sind, die im Streikgebiet erhoben werden.[184]

Durch Sonderabschreibungen, Steuersenkungen und das Steuerentlastungsgesetz 1984 wurden die Unternehmen im Zeitraum 1982 bis 1986 um insgesamt 19,754 Milliarden DM finanziell entlastet.[185] Im Nachklang der internationalen Bewegung zur Reduzierung der Steuer-und Abgabenbelastung, vor allem der Unternehmen[186], einigte sich die Regierungskoalition 1985 auf eine dreistufige Steuerreform für die Jahre 1986, 1988 und 1990 mit einer angestrebten Nettoentlastung der Steuerpflichtigen von insgesamt 48,5 Milliarden DM (tatsächlich belief sich die Entlastung auf über 50 Mrd. DM).

---

184 Wolfgang Apitzsch/Thomas Klebe/Manfred Schumann (Hrsg.): §116 Arbeitsförderungsgesetz. Kampf um das Streikrecht, Hamburg 1986. Institut der deutschen Wirtschaft (Hrsg.): Streikparagraph 116, Köln 1986.
185 Daten nach Rudolf Hickel: Der alte Grundsatz der ‚Leistungsfähigkeit' muß wieder gelten, in: Frankfurter Rundschau, 11.9.1986, S. 14.
186 Vgl. Roland Sturm: Haushaltspolitik in westlichen Demokratien, Baden-Baden 1989, S. 71ff.

Bemerkenswert ist diese steuerpolitische Entscheidung wegen ihrer vagen Zuordnung zu einem konzeptionellen Neuanfang in der deutschen Wirtschaftspolitik. Weder wurde die amerikanische Diskussion aufgegriffen, in der vor allem Arthur Laffer argumentiert hatte, daß die Steuerbelastung die Qualität von Strafsteuern erreicht habe. Wirtschaftliche Aktivität werde gebremst, weil zu hohe Steuern die Bürger ins Nichtstun oder in die Schattenökonomie treiben. Noch wurde das „trickle-down"-Argument aufgegriffen, das vor allem der amerikanische Ökonom George Gilder popularisiert hatte. Gilder plädierte für eine Umverteilungspolitik zugunsten der Bezieher höherer Einkommen, da diese die Leistungsträger der Gesellschaft seien. Der Weg aus der Stagnation könne nur über Investitionen in die Wirtschaft führen, die wiederum nur von Beziehern höherer Einkommen finanziert werden. Kommt es zu solchen Investitionen sickert Einkommen und Reichtum auch bis zu den Ärmeren in der Gesellschaft durch (trickle down). Umgekehrt gilt, so Gilder: „alle Maßnahmen, die das Einkommen der Reichen und damit die Investitionen verringern, um den Armen zu geben (und ihre Arbeitslust zu dämpfen), würden sich nur in sinkender Produktivität, steigender Arbeitslosigkeit und noch mehr Armut auswirken."[187]

Statt solcher umfassender Strategieüberlegungen stellte Finanzminister Stoltenberg generell das Ziel des periodischen Senkens der Steuer- und Abgabenlast in den Vordergrund.[188] Selbst in der Regierungskoalition gab es heftige Auseinandersetzungen um die Prioritätensetzungen der Steuerpolitik. Angebotsökonomische Argumente, die auf das Potential der Wachstumsförderung hinwiesen, das eine Steuerreform in sich berge, kollidierten mit verteilungs- und familienpolitischen Wunschvorstellungen für Präferenzen im Steuersystem. Die hartnäckigen Auseinandersetzungen um die Steuerreform führten dazu, daß diese bereits eingeleitet wurde bevor eine Einigung über ihre Finanzierung erzielt war. So wurde die Steuerreform zu einem erheblichen Teil auf dem Wege der Kreditaufnahme finanziert.[189]

---

187 George Gilder: Reichtum und Armut, Berlin 1981, S. 87.
188 Bundesminister der Finanzen, a.a.O. S. 14f.
189 Vgl. Werner Ehrlicher: Deutsche Finanzpolitik seit 1945, in: Vierteljahresschrift für Sozial- und Wirtschaftsgeschichte 81(1994), S. 1-32.

Die Steuerreform verband sich nicht mit einer Steuerstrukturreform, die sich mit dem Problem des wachsenden Anteils der Lohnsteuer am Steueraufkommen (von 1960: 11,8% auf 1986: 34,7%[190]) oder mit den heimlichen Steuererhöhungen durch die nicht der Inflationsentwicklung angepaßte Steuerprogression beschäftigte. Die OECD[191] argumentiert, daß die erzielten Steuereinsparungen in der Bundesrepublik bis 1986 nur in etwa einer Rücknahme der in anderen Industrieländern wegen der Berücksichtigung der Inflationsentwicklung bei der Besteuerung nicht mehr möglichen „heimlichen Steuererhöhungen" seit 1982 entsprach. Kritiker der Bundesregierung betonten darüber hinaus die soziale Schieflage der Steuerentlastungspolitik:[192]

„Der Hauptteil der Steuerentlastung konzentriert sich eindeutig auf die Besserverdienenden, während die Masse der Arbeitnehmer – zum Teil nur in der ersten Stufe (der Steuerreform, R.S.) – Almosen erhält und somit von einer spürbaren Verbesserung der Nettoreallöhne keine Rede sein kann. Der ‚Reformeffekt' ist in der ersten Etappe beim Bezieher eines zu versteuernden Monatseinkommens von 16 600 DM vierzigmal höher als bei einem Durchschnittsverdiener."

Die dritte Stufe der Steuerentlastung wurde in Übereinstimmung mit den internationalen Vereinbarungen zur Konjunkturbelebung (Louvre Abkommen 1987) teilweise auf 1988 vorgezogen. Zum Ausgleich höherer Zahlungen an die EG wurde die Erhöhung einer Reihe von Verbrauchssteuern zum 1. Januar 1989 erforderlich, womit sich der Trend der Verlagerung der Steuerbelastung von direkten, vor allem die Unternehmen belastenden Steuern, hin zur indirekten Besteuerung vor allem des Massenkonsums fortsetzte. Trotz der dramatischen Finanzierungsprobleme nach der deutschen Einheit gelang es den Unternehmen 1992, die Bundesregierung mit dem Argument der Notwendigkeit der Entlastung der Betriebe zur Erhöhung ihrer Konkurrenzfähigkeit noch einmal zu weitgehenden steuerlichen Zugeständnissen nicht nur in Ostdeutschland zu bewegen. Das im Februar vom Deutschen Bundestag verab-

---

190 Daten nach Rudolf Hickel: Zerstörung des Sozialstaats. Die Politik mit der Krise, in: B. Ronstein (Hrsg.): Politik der Wende, Hamburg 1985, S.87.
191 OECD: Germany (Economic Surveys 1984/85), Paris 1985, S. 7.
192 Arbeitsgruppe Alternative Wirtschaftspolitik, Memorandum 1985, Köln 1985, S. 101f.

schiedete Steueränderungsgesetz sah ab 1993 eine Senkung der betrieblichen Vermögensteuer und der Gewerbesteuer vor. Die Unternehmen hatten wiederholt die Befreiung von allen ertragsunabhängigen Steuern gefordert. Diese erste Stufe der Körperschaftsteuerreform reduzierte die Staatseinnahmen um 4,4 Milliarden DM, die durch Veränderungen der Grundfreibeträge auf breiterer Basis kompensiert werden sollen. Die zweite Stufe der Körperschaftsteuerreform 1994 reduzierte den Körperschaftsteuersatz auf ausgeschüttete bzw. einbehaltene Gewinne von 36 auf 30% bzw. von 50 auf 44% und senkte die Einkommensteuer auf gewerbliche Einkünfte. Hier wurde der Spitzensatz von 53% auf im internationalen Rahmen vergleichbare 44% gesenkt. Für kleinere und mittlere Unternehmen wurden besondere Abschreibungserleichterungen eingeführt. Das ererbte Betriebsvermögen ist nun teilweise von der Erbschaftsteuer ausgenommen. Der Einzug von Gewerbekapital- und Vermögensteuer in den neuen Bundesländern wurde bis Ende 1995 ausgesetzt. Diese steuerlichen Entlastungen der Unternehmen belasten den Haushalt mit ca. neun Milliarden DM, die durch eine Einschränkung der steuerlichen Abschreibungsmöglichkeiten für Ausrüstungen, Bauten und Personenkraftwagen ausgeglichen werden sollen.[193]

Die Signalwirkung eines steuerpolitischen Umbaus zur Umsetzung des Regierungsleitsatzes, daß sich Leistung wieder lohnen müsse, wurde von der Regierung nicht genutzt, auch wenn die Steuerreformen der achtziger Jahre die Steuerprogression teilweise korrigierten. Im Unterschied zur Aufmerksamkeit, die den Staatsausgaben gewidmet wurde, blieb der konservative Neuanfang in der Steuerpolitik nach internationalen Maßstäben erstaunlich unsensibel. Dies gilt auch für die fehlende grundlegende Auseinandersetzung mit dem umfangreichen Bestand an Steuersubventionen (und anderen Subventionen).[194]

Bemerkenswert bleibt, daß Ausgabenpolitik zur Konjunkturankurbelung auch in der Regierungszeit Helmut Kohls eine der

---

193 OECD: Deutschland (Wirtschaftsberichte 1992/93), Paris 1993, S. 115.
194 OECD: Deutschland (Wirtschaftsberichte 1988/89), Paris 1989, S. 79. Ausführlicher: Gisela Färber: Subventionen vor dem EG-Binnenmarkt. Eine Bestandsaufnahme von nationalen Beihilfen und EG-Interventionen in Deutschland, Frankreich und Großbritannien, Speyer 1993 (= Speyerer Forschungsberichte 120).

möglichen wirtschaftspolitischen Strategien blieb, wenn auch vorsichtig angewandt und ohne Rückgriff auf den Keynesianismus als wirtschaftspolitisches Credo. Faktisch mündete in Deutschland der Weg zur angebotsökonomischen Steuerung in einen „Instrumentenmix". So entschied die Regierung beispielsweise im Dezember 1987 als Reaktion auf den zunehmenden Druck des Auslands, den eigenen Sparkurs zu lockern, um einen Beitrag zur internationalen Konjunkturankurbelung zu leisten. Konkret bedeutete dies, daß weder die aus der konjunkturellen Abschwächung in diesem Jahr sich ergebenden Steuermindereinnahmen noch die geringer ausfallenden Überweisungen des Bundesbankgewinns durch stärkere Einsparungen kompensiert wurden. Ferner wurde mit sofortiger Wirkung ein zehnjähriges Zinssubventionsprogramm in Höhe von 2,6 Milliarden DM zur Investitionsförderung der Gemeinden sowie der Klein- und Mittelbetriebe eingeführt. Zusätzlich bekundete die Bundespost ihre Absicht, ihre Investitionspläne für 1988 um 1,5 Milliarden DM zu erhöhen.[195]

Die Deregulierungspolitik der Regierung Kohl beschränkte sich zunächst auf Maßnahmen zur Verwaltungsvereinfachung und Entbürokratisierung. Die 1983 eingesetzte „Kommission für Rechts- und Verwaltungsvereinfachung" aus 13 Fachleuten aus den Bereichen der Verbände, der Ministerialbürokratie und der Wissenschaft erstattete einen ersten Bericht 1984 und einen zweiten 1986.[196] Als Ziele wurden der Kommission die „Bereinigung des geltenden Rechts", der „Abbau der Regelungsdichte im EG-Bereich", die „Prüfung neuer Vorschriften" auf ihre Notwendigkeit, sowie die „Verbesserung der Kontakte zwischen Bürger und Verwaltung" vorgegeben. Die Deregulierung im eigentlichen Sinne, nämlich im Sinne der Aufhebung staatlicher Kontrollen und der Überwachung bestimmter Wirtschaftszweige und Industrien bzw. deren Überführung in den Wettbewerbssektor, wurde von der Regierung erst viel später politisch thematisiert. Eine von Bundeskanzler Kohl 1987 einberufene Deregulierungskommission setzte sich in ihrem ersten Bericht von 1991 mit den Prinzipien und Möglichkeiten der Deregulierungspolitik in Deutschland auseinander und erörterte die Deregulierungspotentiale der Versicherungswirtschaft und der Ver-

---

195 OECD 1989, a.a.O. S. 54.
196 Vgl. Bundesminister des Innern: Zweiter Bericht zur Rechts- und Verwaltungsvereinfachung, Bonn 1986.

kehrswirtschaft. Der zweite Kommissionsbericht von 1992 untersuchte die Elektrizitätsindustrie, den Bereich des Technischen Prüfungs- und Sachverständigenwesens, die Rechts- und Wirtschaftsberatung und die Bereiche Handwerk und Arbeitsmarkt. Ein wichtiger Faktor für die tatsächliche Umsetzung der Ratschläge von Sachverständigen durch die Regierung war im Falle der Deregulierung weniger die marktwirtschaftliche Prinzipientreue der Regierung als die Notwendigkeit, mit wirtschaftspolitischen Entscheidungen den Erfordernissen des ab 1.1.1993 geltenden Europäischen Binnenmarktes Rechnung zu tragen.

Ähnlich zögerlich wie die Entregulierungspolitik kam die Privatisierungspolitik[197] voran. Dies gilt sowohl für die nationale als auch die Länder- und kommunale Ebene. Im internationalen Vergleich betrachtet, war allerdings das deutsche Privatisierungspotential auch geringer. Das Bundeskabinett beschloß im März 1985 ein Gesamtkonzept zur Privatisierungs- und Beteiligungspolitik. Seine wichtigsten Grundsätze waren[198]:

„– Staatliche Industriebeteiligungen sollten sich auf Fälle beschränken, in denen ein echtes öffentliches Interesse gegeben ist und keine andere Möglichkeit besteht, die angestrebten Ziele zu erreichen.
– Der Staat sollte mit seinen Aktivitäten nicht an die Stelle der privatwirtschaftlichen Initiativen treten, sondern diese ergänzen.
– Die Privatisierungen sollten schrittweise durchgeführt werden, um Erschütterungen auf den Kapitalmärkten zu vermeiden, und im Falle mit Verlust arbeitender Unternehmen erst dann in Erwägung gezogen werden, wenn die Finanzlage saniert ist."

Ihren zweiten entscheidenden Impetus erhielt die Privatisierungspolitik durch die Finanznot und die Bemühungen um die Defizitbekämpfung nicht zuletzt nach der deutschen Einheit.

1984 war bereits eine Teilprivatisierung des Energieunternehmens VEBA erfolgt, 1985/86 folgten hier weitere Teilprivatisierungen bis hin zur Vollprivatisierung 1987. Weitere Privatisierungsentscheidungen gab es erst nach Ablauf des Jahres 1987, auch wegen der Börsenkrise in diesem Jahr. Die Privatisierungser-

---

197 Vgl. auch Fritz Knauss (Hrsg.): Privatisierungs- und Beteiligungspolitik in der Bundesrepublik Deutschland, Baden-Baden 1993. Hartmut Tofaute: Der große Ausverkauf. Die Privatisierung von Bundesunternehmen durch die Regierung Kohl, Köln 1994.
198 OECD 1989, a.a.O. S. 59.

löse im Zeitraum 1984-89 beliefen sich auf 9,7 Milliarden DM, die Zahl der Unternehmen mit Bundesbeteiligung ging von 808 auf 132 zurück.[199] Mit der Privatisierung der Deutschen Bundesbahn und der Deutschen Reichsbahn, sowie der Postdienstleistungen (Gesetz über die Neustrukturierung des Post-und Fernmeldewesens in Kraft ab 1.1.90), die in drei Unternehmen angeboten werden (Telekom, Briefpost, Postbank), ist eine neue Qualität der wirtschaftlichen Umstrukturierung erreicht: a) erstmals mußte das Grundgesetz (Art. 87) geändert werden, um die Wirtschaft nach den Prinzipien neoliberaler Wirtschaftspolitik umzugestalten, b) ebenfalls neu ist die Privatisierung staatlicher Monopole, was die Frage nach effizienten Mechanismen der Qualitäts- und Preiskontrolle aufwirft und schließlich c) die Privatisierungen im Bereich Infrastruktur bzw. Dienstleistungen eröffnen die Diskussion über mögliches weiteres privates Engagement in diesem Bereich in Zeiten knapper Kassen, z.B. im Straßenbau oder – wie in Großbritannien praktiziert – der Gefängnisverwaltung.

---

199 OECD: Deutschland (Wirtschaftsberichte 1989/90), Paris 1990, S. 43.

Tabelle 2: Zeittafel der Privatisierungs- und Beteiligungspolitik

A. Bereich des Bundesfinanzministeriums

1983 *Bestandsaufnahme* (Prüfung des wichtigen Bundesinteresses)
Vorbereitung eines *Gesamtkonzeptes* der Privatisierungs- und Beteiligungspolitik des Bundes (vom Bundeskabinett im März 1985 beschlossen)
Erste Priorität: Abbau von Konzernverlusten. Neue Konzepte bei einzelnen Konzernen.

I. Unmittelbare Bundesbeteiligungen

1983 Optionsanleihe *VEBA AG*, kein Bezugsrecht der Aktionäre.
1984 Bundesbeteiligung an der *VEBA AG* von 43,75 vH auf 29,98 vH des Grundkapitals verringert.
1985/86 Rückführung des Bundesanteils an der *VEBA AG* auf 25,49 vH.
1986 Optionsanleihe *Volkswagen AG*, kein Bezugsrecht der Aktionäre.
Teilprivatisierung der *VIAG AG*, Rückführung des Anteils des Bundes und der Kreditanstalt für Wiederaufbau auf 60%.
Kapitalerhöhung *Volkswagen AG*. Der Bundesanteil fiel infolge Nicht- Beteiligung von 20 vH auf 16 vH.
Teilprivatisierung der *Industrieverwaltungsgesellschaft AG*.
1987 Vollprivatisierung der *VEBA AG*.
Optionsanleihe *VIAG AG*. Bund und Kreditanstalt für Wiederaufbau übten Bezugsrecht nicht aus.
Aufgrund der Änderung des Berufsbildes für Wirtschaftsprüfungsgesellschaften durch Bilanz-Richtlinien-Gesetz Beteiligung der Mitarbeiter an der *Treuarbeit AG*. Bundesbeteiligung von 45 vH auf 30,5 vH verringert.
1988 Privatisierung der Bundesbeteiligung an der *Volkswagen AG*.
Vollprivatisierung der *VIAG AG*.
1989 Weitere Rückführung des Bundesanteils an der *Treuarbeit AG* von 30,5 vH auf 25,5 vH.
Teilprivatisierung der *DSL-Bank* (48 vH, über eine breitgestreute Placierung von Aktien der *DSL Holding AG*).
Veräußerung der *Salzgitter AG* an die Preussag AG und Hypothekenbank AG.
1991 Vollständige Veräußerung der Bundesbeteiligung an der

| | *Deutschen Pfandbrief- und Hypothekenbank AG* (65,06 vH des Kapitals).
Veräußerung sämtlicher Anteile des Bundes (95%) an der *Prakla-Seismos AG*.
1992 | Organisationsprivatisierung der *Bundesanstalt für Flugsicherung*.
Veräußerung des Bundesanteils in Höhe von 50% an der *Aachener Bergmannssiedlungsgesellschaft*.

II. Mittelbarer Beteiligungsbereich

1983 bis 1990   Nach Expansion in den 70er Jahren unter dem Stichwort Diversifikation haben die Bundeskonzerne Zurückhaltung bei Neuerwerben geübt, ferner ihren Beteiligungsbereich kritisch überprüft und gestrafft. Allein die Industriekonzerne mit mehrheitlicher Bundesbeteiligung haben von 1983 bis 1989 in rd. 75 Fällen Beteiligungen im In- und Ausland veräußert, verringert oder aufgegeben.

B. Bereich des Bundesverkehrsministeriums einschließlich Bahnbeteiligungen

1987   Im Rahmen einer Kapitalerhöhung Rückführung des Anteils des Bundes-Bereichs am Grundkapital der *Deutschen Lufthansa AG* von 79,9 vH auf 69,21 vH.
1988   Teilprivatisierung der *Deutschen Verkehrs-Kredit-Bank AG* (24,9 vH des Anteils).
1989   Teilprivatisierung der *Schenker & Co. GmbH* (22,5 vH des Kapitals).
Weitere Kapitalerhöhung der *Deutschen Lufthansa AG*. Durch Nichtbeteiligung sinkt der Anteil des Bundesbereichs auf 59,94 vH der Stimmrechte und 54,94 vH des Kapitals.
1991   Weitere Rückführung der Beteiligung der Deutschen Bundesbahn an *Schenker & Co.* um 57,5% auf 20%.

C. Bereich des Bundesministeriums für Wirtschaft

1990   Veräußerung der zum ERP-Sondervermögen gehörenden *Deutschen Industrieanlagen GmbH (DIAG)*.
1992   Veräußerung der zum ERP-Vermögen gehörenden *Berliner Industriekreditbank AG*.

Quelle: Bernhard Molitor: Ist Marktwirtschaft noch gefragt?, Tübingen 1993, S. 22f.

5. Grundlinien und Perspektiven der deutschen Wirtschaftspolitik

Die Wirtschaftsgeschichte Westdeutschlands ging mit dem Inkrafttreten des Staatsvertrages über eine Währungs-, Wirtschafts- und Sozialunion der Bundesrepublik mit der DDR am 1.Juli 1990 zu Ende. Mit der Währungsunion wurde erstmals für Deutschland die „Soziale Marktwirtschaft" als „gemeinsame Wirtschaftsordnung" ausdrücklich und allgemeinverbindlich festgeschrieben (Art.1 (3)). In einem gemeinsamen Protokoll, das den Staatsvertrag ergänzt, werden die wichtigsten Charakteristika der Marktwirtschaft, wie Wettbewerb, Vertragsfreiheit, unternehmerische Freiheit, freie Preisbildung, Privateigentum, Vereinigungsfreiheit und Tarifautonomie benannt. Dies kann aber nicht darüber hinwegtäuschen, daß der Begriff der „sozialen Marktwirtschaft", was konkrete wirtschaftspolitische Konzeptionen betrifft, gestaltungsfähig bleibt.

Von einer Idee des gesellschaftlichen Kompromisses zwischen weitgehender sozialer Umgestaltung durch staatliche Intervention und dem Ordnungsgedanken einer sich selbst optimierenden Wettbewerbswirtschaft in der Nachkriegszeit hatte sich die soziale Marktwirtschaft zwischenzeitlich zu einer gesamtwirtschaftlichen Steuerungsaufgabe weiterentwickelt. Seit den sechziger Jahren ist der Gedanke nationaler Konjunktursteuerung in der deutschen Finanzverfassung verankert. Der mit dieser interventionistischen Politik nach keynesianischem Muster erzielte ökonomische Dauerboom sollte eine breite wohlfahrtsstaatliche Expansion ermöglichen. Seit der ersten Ölpreiskrise von 1973/74 werden konjunkturelle Störungen des Wirtschaftsablaufs aber zunehmend durch strukturelle Störungen überlagert, die in den achtziger Jahren die Sockelarbeitslosigkeit nicht mehr unter die Zwei-Millionen-Grenze sinken ließen.

Dies hatte weitgehende soziale Konsequenzen, wie die immer stärkere Auseinanderentwicklung des Wohlstandsniveaus der wirtschaftlich Integrierten im Vergleich zu der Lebenssituation der von wirtschaftlicher Aktivität Ausgeschlossenen („Zwei-Drittel-Gesellschaft"). Vor allem aber wies die Sockelarbeitslosigkeit auf massive Probleme der Wettbewerbsfähigkeit der deutschen Wirtschaft hin, zu deren Überwindung in der zweiten Hälfte der siebziger Jahre erste Anstrengungen unternommen wurden. Bemühungen um Zukunftschancen der deutschen Wirtschaft spielten aber in den achtziger Jahren in der Bundespolitik eine geringere Rolle als beispielsweise in der Forschungs- und Technologiepolitik auf Länderebene.[200] Stattdessen setzte die Wirtschaftspolitik des Bundes auf die Wiederherstellung der Marktdynamik durch Stärkung der Gewinnchancen der Unternehmen und die Reduktion der Rolle des Staates durch Sparpolitik, Privatisierungs- und Entregulierungspolitik. Im Zeitraum 1982-89 wuchsen die Unternehmereinkommen um real 96%, während die realen Nettolöhne um nur 6% zunahmen.[201] Von der Unternehmensinitiative wurde ein dreifacher Erfolg erwartet a) die Verbesserung der Konkurrenzfähigkeit der deutschen Wirtschaft durch einen Innovationsschub und damit die Beseitigung der Sockelarbeitslosigkeit, b) die Verbesserung der Staatseinnahmen durch höhere Steuererträge und damit den Abbau des Defizits, das seine Ursache in Ausgabenprogrammen zur Globalsteuerung hatte, c) einen konjunkturellen Aufschwung der Wachstum und Vollbeschäftigung, kurz die Ziele des magischen Vierecks des Stabilitätsgesetzes garantiert.

In der Praxis entwickelte sich die Bundesrepublik aber dennoch nicht zum ökonomisch einflußlosen Minimalstaat. Zu viele Wirtschaftsprobleme erforderten politische Aufmerksamkeit, ganz abgesehen davon, daß trotz der Absage an eine Politik der Globalsteuerung im Sinne der siebziger Jahre, die Politik weiterhin dem Wähler gegenüber Kompetenz im Bereich der Bekämpfung von Arbeitslosigkeit und Inflation beanspruchte. Als neue Herausforderungen wurden Maßnahmen zur Sicherung des Wirtschaftsstandortes Deutschland (Kapitel IV. 5) ebenso kontrovers diskutiert, wie die Versöhnung ökologischer Imperative mit dem Wachstumsgedanken, ein Thema für das sich in den Parteiprogrammen Ende der achtziger Jahre verstärkt der neue Begriff der sozial-ökologischen Marktwirtschaft findet (Kapitel IV. 2). Selbst die Wettbewerbsord-

---

200 Vgl. Roland Sturm: Die Industriepolitik der Bundesländer und die europäische Integration, Baden-Baden 1991. Ulrich Jürgens/Wolfgang Krumbein (Hrsg.): Industriepolitische Strategien. Bundesländer im Vergleich, Berlin 1991. Udo Bullmann (Hrsg.): Die Politik der dritten Ebene, Baden-Baden 1994.
201 Hartmut Görgens: Gewinnexplosion seit 1983. Zur Entwicklung von Gewinnen und Kapitalrentabilität in der Bundesrepublik Deutschland, in: WSI Mitteilungen 3(1990), S. 146-156.

nung, die Grundlage der Marktwirtschaft, geriet in die politische Auseinandersetzung. Wie, so wurde gefragt, ist in der Zukunft die Rolle des Kartellamtes als Wettbewerbswächter zu gestalten? (Kapitel V.1.), welchen Stellenwert ist der Wettbewerbsordnung gegenüber einer die Konkurrenzfähigkeit der deutschen Wirtschaft eventuell stärkenden Industriepolitik einzuräumen? (Kapitel IV.4), bzw. wie ist der Desavouierung der Marktwirtschaft durch kriminelles Verhalten einflußreicher Politiker und Unternehmer entgegenzuwirken?

Was Marktwirtschaft in den neunziger Jahren ausmacht, wird sich nicht nur daran zeigen, wie Politik und Gesellschaft in Deutschland mit diesen Herausforderungen umgehen. Die Rahmenbedingungen marktwirtschaftlicher Politik sind auch so stark wie nie zuvor in der Nachkriegszeit von Tendenzen der Internationalisierung, nicht nur, aber auch im europäischen Raum geprägt. Hinzu kommen die noch lange nachwirkenden Folgen der deutschen Einheit, die alleine schon genügten, wirtschaftspolitische Imperative, wie die Sparpolitik, den Abbau der Staatsverschuldung (Kapitel IV.3) oder das Zurückdrängen des Staates aus dem Wirtschaftsgeschehen zumindest kurz- und mittelfristig außer Kraft zu setzen und die wirtschaftliche Ausgangsposition der Bundesrepublik Deutschland neu zu definieren. Nach OECD-Angaben[202] hat in der Bundesrepublik der Anstieg der gesamten Staatsausgaben im Verhältnis zum Bruttosozialprodukt in den Jahren 1990 und 1991 praktisch alle im Zeitraum 1982-1989 erzielten Konsolidierungserfolge wieder zunichte gemacht. Gleichzeitig ist die Steuerlastquote bereits durch die Steuererhöhungen von 1991 und die bis dahin erfolgte Heraufsetzung der Sozialversicherungsbeiträge auf das Niveau zurückgekehrt, das sie vor der Steuerreform von 1986-1990 hatte. Der Weg zur angebotspolitischen Steuerung, der von der Regierung Kohl nie mit „fundamentalistischem" Eifer beschritten wurde, konnte nach der deutschen Einheit und angesichts der Internationalisierung der deutschen Wirtschaft nicht ohne Kursänderung weitergegangen werden. Im Lichte neuer Herausforderungen, sich rasch neuen Gegebenheiten anpassen zu können, das ist ein Wesenszug des Pragmatismus, der die deutsche Interpretation der sozialen Marktwirtschaft mindestens seit der Kanzlerschaft Hel-

---

202 OECD: Deutschland (Wirtschaftsberichte 1991/92), Paris 1991, S. 33.

mut Schmidts bestimmt. Die Frage bleibt, wann der Punkt erreicht ist, an dem der wirtschaftliche Pragmatismus zu sehr seine grundsätzliche Zielorientierung verliert und damit die soziale Marktwirtschaft zu einer Leerformel wird, bzw., wie einer Reihe deutscher Kanzler von Adenauer bis Kohl in ihrer Regierungszeit vorgeworfen wurde, wann die Ratlosigkeit der Politik deren Ausgestaltung mehr oder minder den einflußreichsten gesellschaftlichen Interessen überläßt."[203]

---

203 So Heidrun Abromeit: The Chancellor and Organised Interests, in: Stephen Padgett (Hrsg.): Adenauer to Kohl. The Development of the German Chancellorship, London 1994, S. 157-177.

IV. Ungelöste wirtschaftliche Strukturprobleme

1. Der wirtschaftliche Strukturwandel in Ostdeutschland

In der Transformationsforschung ist umstritten, ob der ostdeutsche Fall des Übergangs vom Staatssozialismus zur Marktwirtschaft mit den Erfahrungen des Transformationsprozesses der osteuropäischen Nachbarländer verglichen werden kann.[204] Für keines dieser Länder bedeutete Transformation die Übernahme einer bereits bestehenden ausdifferenzierten Wirtschafts-, Sozial- und Gesellschaftsordnung und die massive Subventionierung ihres Transformationsprozesses durch einen wirtschaftlich weltweit erfolgreichen Partner. Die Startbedingungen für Ostdeutschland waren auf den ersten Blick ungleich günstiger als für seine östlichen Nachbarn. In Ostdeutschland selbst wurde Westdeutschland und nicht das Schicksal der ehemaligen „sozialistischen Bruderländer" zum Maßstab wirtschaftlichen Fortschritts.[205]

Aus westdeutscher Perspektive schien es für einflußreiche Beobachter[206] und Entscheidungsträger nur eine Frage der Zeit bis sich im Zuge der aufholenden Entwicklung, etwa in Form eines neuen Wirtschaftswunders oder einer Form der wirtschaftlichen

---

204 Zur Diskussion vgl. u.a.: Jürgen Fischer/Frank Messner/Karl Wohlmuth (Hrsg.): Die Transformation der osteuropäischen Länder in die Marktwirtschaft, Münster/Hamburg 1992.
205 Ausführlicher zur Entwicklung der Lebensbedingungen in Ostdeutschland u.a.: Dietmar Wittich (Hrsg.): Momente des Umbruchs. Sozialstruktur und Lebensqualität in Ostdeutschland, Berlin 1994. Rainer Geißler (Hrsg.): Sozialer Umbruch in Ostdeutschland, Opladen 1993. Walter Hanesch u.a.: Armut in Deutschland, Reinbek 1994.
206 Beispielhaft: Institut der deutschen Wirtschaft: Wirtschaftliche und soziale Perspektiven der deutschen Einheit, Köln 1990, S. 33.

Aufholjagd nach dem Modell südostasiatischer Schwellenländer, die Angleichung der Wirtschaftskraft in beiden Teilen Deutschlands einstellen würde. Unausgesprochene Prämissen solcher Überlegungen waren u.a.

a) das Vorhandensein einer ausreichenden ökonomischen Basis, einschließlich einer entsprechenden Qualifikations- und Infrastruktur in Ostdeutschland
b) die Folgenlosigkeit von vierzig Jahren Staatssozialismus für die dortige politische und Arbeits- und Unternehmenskultur
c) die günstige Entwicklung des Nachfragepotentials der osteuropäischen Märkte
d) die Priorität freier Märkte vor sozialer Besitzstandswahrung
e) die Klärung aller investitionsbehindernden Rechtsfragen und eine funktionierende Verwaltung.

Es zeigte sich jedoch sehr bald, daß diese (zumindest nach einer Übergangsperiode) als selbstverständlich vorausgesetzten Bausteine eines zukünftigen ökonomischen Erfolges Ostdeutschlands selbst eigengewichtige Problemfelder definierten, die zu schweren Entwicklungshemmnissen wurden. Der Strukturwandel in Ostdeutschland wurde von den (überwiegend westlichen) Entscheidungsträgern als unilinearer Prozeß mit gewissem Ausgang definiert, ohne daß umfassendere Konzepte für die Phase des wirtschaftlichen und sozialen Umbruchs entwickelt wurden. Je mehr die Übergangsperiode selbst hinsichtlich ihrer Dauer und ihrer Probleme zu einer Herausforderung auch des politischen Systems und der wirtschaftlichen Stabilität im Westen wurde, desto hektischer enstanden neue Finanzierungskonzepte. Diese erhöhten zwar den Zufluß finanzieller Mittel von West- nach Ostdeutschland, brachten aber zunächst nicht den Durchbruch für ein selbsttragendes Wirtschaftswachstum in Ostdeutschland. Eine der ostdeutschen Ausgangslage angepaßte umfassende industrielle Modernisierungsstrategie wurde ebensowenig diskutiert wie die gesellschaftlichen Dimensionen des wirtschaftlichen Wandels.

Die relative Erfolglosigkeit der sich faktisch ergebenden Mischung von politischer Intervention in das Wirtschaftsgeschehen und marktwirtschaftlicher Selbststeuerung provozierte Kritik unterschiedlicher wirtschaftspolitischer Richtungen:

a) die Anhänger der freien Marktwirtschaft kritisierten das unzureichende Ausmaß des Bruches mit der wirtschaftlichen Vergangenheit Ostdeutschlands und plädierten für eine umfassendere Schocktherapie an Stelle der künstlichen Verlängerung nicht wettbewerbsgemäßer Arbeits- und Produktionsverhältnisse.

b) die Anhänger einer Industriepolitik für Ostdeutschland mit den primären Zielen des Erhalts von Arbeitsplätzen und des sozialen Friedens setzten sich für eine größere Rolle des Staates in der Übergangsperiode bis hin zu massiven Subventionen zur Verhinderung der Entindustrialisierung ganzer Landstriche ein.

c) die gesellschaftspolitisch argumentierenden Kritiker der rein wirtschaftlichen Sichtweise der Übergangsperiode wiesen darauf hin, daß Ostdeutschland durch eine Phase auch des politisch-kulturellen Umbruches gehe. Der Wandel individueller Einstellungen, Meinungen und Systeme der Realitätsbewältigung sei auch ein entscheidender Faktor für den Erfolg jeglicher ökonomischer Strategien. Neben dem „Trägheitsfaktor", dem der politische Kulturwandel im Vergleich zum wirtschaftlichen Wandel unterliege und aus dem ein Dauerproblem der kognitiven Bewältigung der sich rascher als vorher vollziehenden Veränderung der Lebensumstände bzw. der Verhaltensanpassung entstehe, gäbe es folgenschwere Einseitigkeiten der Beurteilung der deutschen Einheit. Im Westen herrsche die Meinung vor, daß die deutsche Einheit ohne eine Neufundierung auch des westdeutschen gesellschaftlichen Konsens zu erreichen wäre. Dies führe zum einen zu Problemen, politische Mehrheiten für dauerhafte Finanztransfers in den Osten zu finden, und zum anderen zu einer Reduktion der Probleme des Strukturwandels in Ostdeutschland auf wirtschaftliche Faktoren. Im Osten herrsche die Erwartungshaltung der Opfer zweier Diktaturen vor, die die Entschädigungsmentalität und die Ungeduld mit dem Zeitrahmen des Transformationsprozesses fördere. In Ost wie West mangele es deshalb am Verständnis der gesamtdeutschen Dimension der Voraussetzungen und Folgen des Transformationsprozesses in Ostdeutschland.[207]

---

207 Zu wechselseitigen west-/ostdeutschen Fehlperzeptionen vgl. auch Roland Habich/Wolfgang Zapf: Verbesserungen und Krisensymptome. Zur Wohlfahrtsentwicklung in West- und Ostdeutschland, in: Gegenwartskunde 43(1994), S. 284f.

Für das mangelnde Verständnis der notwendigen Verzahnung der politischen und der wirtschaftlichen Strategien zur deutschen Einheit bezeichnend ist die Tatsache, daß die wirtschaftliche Einheit zwischen Ost- und Westdeutschland der politischen vorausging.[208] Das Tempo der Herstellung der wirtschaftlichen Einheit durch den Staatsvertrag über die Schaffung einer Währungs-, Wirtschafts- und Sozialunion wurde von der Regierung Kohl mit der massiven ostdeutschen Zuwanderung begründet. 1989 kamen ca. 344 Tausend Ostdeutsche in den Westen, im Zeitraum von 1963-87 waren es jährlich nur etwa 15 Tausend. Die Zuwanderung aus Ostdeutschland nach Öffnung der Grenze relativiert sich allerdings, wenn man bedankt, daß die Gesamtzahl der Zuwanderer 1989 einschließlich der Aussiedler und Asylbewerber 840 Tausend betrug. Trotz der Einführung der DM in Ostdeutschland im Juli 1990 wird geschätzt, daß von den 930 Tausend Zuwanderern 1990 ca. 340 Tausend Ostdeutsche waren. Zwar reduzierte sich die monatliche Zuwanderungsrate nach Westdeutschland nach Einführung der DM von 25 000 auf 7 500, sie kam aber nicht zum Stillstand.[209] Weder die Tatsache der Abwanderung, die für Ostdeutschland einen Verlust eines Teils der aktiveren und qualifizierteren Arbeitskräfte bedeutete, noch ihre Größenordnung alleine erklären die letztendliche Option für die wirtschaftliche vor der politischen Einheit und den Verzicht auf eine Anpassungs- oder Übergangsperiode im Prozeß der Etablierung einer gemeinsamen Wirtschaftsordnung. Politische Kriterien, wie die parteipolitische Vorbereitung der bevorstehenden ersten gesamtdeutschen Wahlen, behielten gegenüber ökonomischen die Oberhand.

Die Unterschiede der Ausgangspositionen der zu verschmelzenden Wirtschaftsordnungen waren enorm. Der Mangel an privatwirtschaftlichen Betrieben im Osten, die den ganzen Produktionsprozeß und gesellschaftliche Aufgaben, wie die Kulturförderung oder Teile der Sozialpolitik, umfassenden Strukturen ostdeutscher Kombinate oder die in landwirtschaftlichen Produktionsgenossenschaften mit einem hohen Grad interner Spezialisierung organisierte ostdeutsche Landwirtschaft hatten nicht nur kein Pen-

---

208 Zum Einigungsprozeß vgl. ausführlicher: Karl-Rudolf Korte: Die Chance genutzt? Die Politik zur Einheit Deutschlands, Frankfurt/Main, New York 1994.
209 Daten nach OECD 1991, a.a.O., S. 48.

dant im Westen, sie waren auch schon aus strukturellen Gründen nicht konkurrenzfähig. Mit Maßen erfolgreich konnten sie alleine im ehemaligen gemeinsamen Wirtschaftsverbund der früheren sozialistischen Staaten, dem sowjetisch-dominierten Rat für gegenseitige Wirtschaftshilfe (RGW) sein, weil sie einerseits genügend wirtschaftliche Autarkie organisierten und andererseits Teilüberschüsse produzierten, die nicht nach in der Konkurrenz gebildeten Weltmarktpreisen, sondern auf der Basis des Tauschhandels von Mangelwaren getauscht werden konnten, um Güter ins Land zu bringen, die nicht durch Selbstversorgung entstehen konnten.

Bedroht war dieses System massiv dann, wenn der Import von Gütern erforderlich wurde, die nur gegen Devisen auf dem Weltmarkt erhältlich waren oder wenn die Autarkiepolitik lebensbedrohende Umweltschäden erzeugte. Sieht man von dem Mittel politischer Unterdrückung gesellschaftlicher Bedürfnisse ab, blieb als Ausweg in Zeiten dringender Nachfrage nach Weltmarktgütern nur die Eigenproduktion für den Weltmarkt zu Dumpingpreisen, wobei die ökonomischen Kosten dieser Produktion im eigenen Lande keine Rolle spielten. Es ist deshalb nicht erstaunlich, daß selbst in den Branchen der DDR-Wirtschaft, die für Importländer mit konvertierbaren Währungen produzierten, die Produktivität bestenfalls bei 30% des Westniveaus lag. Auch ohne die Einschränkung, daß die Qualität in der DDR verkaufter Produkte deutliche Mängel aufwies, macht schon die formale und dadurch beschönigende Zahlenwelt der Statistik Unterschiede bei west- und ostdeutschen Konsumstandards deutlich. 1988 besaßen 52% der ostdeutschen Haushalte ein Auto (Westdeutschland: 97%), 52% ein Fernsehgerät (im Westen: 94%) und 9% Telefon (im Westen: 98%). Abgesehen von Unterschieden in der Qualität und in der Bausubstanz von Wohnungen unterschied sich auch die zur Verfügung stehende Wohnfläche (im Osten: 27m^2, im Westen 35,5m^2).[210]

Selbst auf relativ optimistischen Annahmen beruhende Vorausschätzungen der Dauer der wirtschaftlichen Übergangsperiode in Ostdeutschland, wie beispielsweise die Berechnungen der OECD[211], gingen zum Zeitpunkt der Vereinigung von einem Anpassungszeitraum von mindestens 15-30 Jahren aus. Erste Schritte zur Einleitung des Übergangsprozesses zeichnen sich zwar seit

---

210 Daten nach OECD 1990, a.a.O., S. 52ff.
211 Ebda. S. 54.

Mitte des Jahres 1993 ab. Erstmals besteht Hoffnung auf eine positive Entwicklung des verarbeitenden Gewerbes, einschließlich des Erschließens neuer Märkte für neue Produkte.[212] Dennoch fehlt es nicht an warnenden Stimmen, die argumentieren, Deutschland als Ganzes müsse sich auf neue wirtschaftliche Rahmenbedingungen einstellen[213], zumal der anhaltende Finanztransfer von West- nach Ostdeutschland weder politisch noch ökonomisch folgenlos bleibt.

Tabelle 3: Öffentliche Transfers von West- nach Ostdeutschland

	Mrd. DM			
	1991	1992	1993	1994
1. Bruttotransfers	**140**	**152**	**169**	**178**
Leistungen des Bundes an die Länder und Gemeinden Ostdeutschlands	75	89	116	127
Ländern und Gemeinden Westdeutschlands	5	5	10	14
Kreditaufnahme des Fonds Deutsche Einheit	31	24	15	5
Leistungen aus dem EU-Haushalt an Ostdeutschland	4	5	5	6
Sonstige	25	29	23	26
2. Einnahmen	**33**	**37**	**39**	**42**
davon:				
Steuereinnahmen des Bundes in Ostdeutschland	31	35	37	40
Sonstige Einnahmen des Bundes in Ostdeutschland	2	2	2	2
3. Nettotransfer (1-2)	**107**	**115**	**130**	**136**
In Prozent des:				
gesamtdeutschen BIP	3.8	3.8	4.2	4.2
westdeutschen BIP	4.1	4.1	4.6	4.7
ostdeutschen BIP	58	49	47	44

Quelle: OECD: Deutschland (Wirtschaftsberichte 1993/94), Paris 1994, S. 66.

---

212 Ralf Neubauer: Der Osten holt auf, in: Die Zeit 29.4.94, S. 25.
213 Vgl. Burkhard Wehner: Deutschland stagniert. Von der ost- zur gesamtdeutschen Krise, Darmstadt 1994.

In skeptischen Szenarien ist davon die Rede, Ostdeutschland bleibe in der Situation einer „Dependenzökonomie"[214], der es nicht gelingen wird, selbst zu einem dynamischen Motor wirtschaftlicher Entwicklung zu werden. Auch wenn ein solches Urteil als zu undifferenziert kritisiert werden kann, weil es die Möglichkeit regionaler Wachstumspole auch in Ostdeutschland ignoriert, steht wohl unumstritten fest: der wirtschaftliche Strukturwandel in Ostdeutschland ist das Problem einer oder mehrerer Generationen mit ungewissem Erfolg, wobei eine der entscheidenden Ungewißheiten die Erfolgsaussicht der notwendigen Mobilisierung endogener Wachstumskräfte in Ostdeutschland darstellt.[215]

1.1. Die Währungsunion

Mit der Währungsunion zum 1. Juli 1990 wurde die DM alleiniges gesetzliches Zahlungsmittel in der DDR. Löhne, Gehälter, Stipendien, Mieten, Pachten und Renten sowie sonstige wiederkehrende öffentliche und private Transferzahlungen (die „Stromgrößen") wurden im Verhältnis 1:1 umgestellt. Für die Löhne und Gehälter dienten die Bruttobeträge vom 1.Mai 1990 als Umstellungsbasis. Finanzielle Forderungen und Verbindlichkeiten, die „Bestandsgrößen", wurden im Verhältnis 2:1 umgestellt. Teilweise ausgenommen von dieser Regelung war das Vermögen gebietsansässiger DDR-Bürger. Hier galt für Personen bis zu 14 Jahren eine 1:1 Umtauschregel bis zu einem Betrag von 2 000 Ostmark, für Personen von 15 bis 58 Jahren eine solche Regel bis zu einem Betrag von 4 000 Ostmark und für Personen ab 59 Jahre eine solche Regel bis zu einem Betrag von 6 000 Ostmark. Nach dem 31.12. 1989 entstandene Guthaben natürlicher oder juristischer Personen mit Wohnsitz oder Sitz außerhalb der DDR wurden im Verhältnis 3:1 umgestellt.

Schon vor der Währungsunion war die ostdeutsche Produktion im beginnenden Prozeß der Übernahme marktwirtschaftlicher Struk-

---

214 Rudolf Hickel/Jan Priewe: Nach dem Fehlstart. Ökonomische Perspektiven der deutschen Einigung, Frankfurt/Main 1994, S. 12.
215 Roland Sturm: Integration ohne Dezentralisierung: Die ökonomische Modernisierung der ostdeutschen Länder, in: Bullmann a.a.O., S. 378-389.

turen um 10% geschrumpft.[216] Nach Einführung der Währungsunion brach die Produktion um 40% ein. Drei Faktoren wurden für diesen Produktionseinbruch verantwortlich gemacht: a) Die ostdeutsche Präferenz für Westgüter verbunden mit dem Verdrängungswettbewerb westlicher Handelsketten, b) der Bedeutungsverlust der RGW-Märkte und c) die ökonomischen Konsequenzen der Währungsunion. Gemessen am Produktionsgefälle zwischen der west- und der ostdeutschen Wirtschaft war das Lohnniveau in Ostdeutschland nach der 1:1-Umstellung deutlich überhöht. Um diese Löhne zahlen zu können, hätten die ostdeutschen Unternehmen entweder unrealistisch hohe, dem Wettbewerb nicht standhaltende Preise für ihre Produkte fordern müssen (mit der Folge von Firmenschließungen) oder sich um höhere Produktivität durch rasche Rationalisierungsmaßnahmen (mit entsprechendem Personalabbau) bemühen müssen. Beide Strategien erwiesen sich als offensichtlich undurchführbar. Nach OECD-Schätzungen vom Beginn des Jahres 1991 war nicht einmal jeder zehnte der zu privatisierenden Betriebe nach ökonomischen Kriterien überlebensfähig. Mit dem Einbruch der Produktion in Ostdeutschland reduzierten sich die dortigen Beschäftigungsmöglichkeiten drastisch. Während Mitte 1990 noch über 9 Millionen Menschen in Ostdeutschland Arbeit fanden, waren es 1991 nur noch ca. 6,75 Millionen.[217] 1992/93 stabilisierte sich die Arbeitslosigkeit in Ostdeutschland bei offiziell rund 15%.[218] Auch 1993 gelang es jedoch nicht, die Wettbewerbsfähigkeit der ostdeutschen Wirtschaft herzustellen. Nahezu zwei Drittel der ostdeutschen Nachfrage nach heimischen Gütern und Dienstleistungen wurde weiterhin durch öffentliche Konsum- und Investitionsausgaben erzeugt.[219]

1.2. Sozialer Umbruch, ABS-Gesellschaften und Treuhand

Die mit dem Strukturwandel in Ostdeutschland einhergehenden Veränderungen wurden bisher vor allem von drei Faktoren be-

---

216 Zum folgenden OECD 1991, a.a.O. , S. 40ff.
217 OECD 1992, a.a.O., S. 21.
218 OECD: Deutschland (Wirtschaftsberichte 1993/94), Paris 1994, S. 30.
219 Ebda. S. 27f.

stimmt: a) der Anpassungsleistung und der Selbstjustierung der ostdeutschen Gesellschaft im Prozeß des Systemwandels („passive Sanierung"), b) der erkämpften und/oder vom Westen gewährten sozialen Abfederung des Wandels und c) den Entscheidungen der Treuhandanstalt über die Zukunft einzelner Betriebe.

a) Ein Ausdruck der gesellschaftlichen Anpassung Ostdeutschlands an die neuen wirtschaftlichen Rahmenbedingungen ist das Schrumpfen der Erwerbsbevölkerung. Die Erwerbsquote sank seit der Vereinigung von 90% auf 66% (1993).[220] Angesichts der katastrophalen Situation auf dem Arbeitsmarkt ging die Frauen-Erwerbsquote, die in der DDR die höchste der Welt war (90%), auf das im internationalen Vergleich niedrige westdeutsche Niveau von 50% zurück.[221] Außerdem verringerte sich die Zahl der Arbeitssuchenden in Ostdeutschland durch Übersiedlung in den Westen und ca. 500 000 Pendler (1991)[222], die im Westen arbeiten. Eine weitere Verringerung der Zahl der Erwerbstätigen wurde durch großzügige Vorruhestandsregelungen erreicht. Das Rentenalter wurde auf 57 Jahre gesenkt und im Juli 1991 noch einmal weiter auf 55 Jahre für die Zeit bis Juli 1992 herabgesetzt. Zwischen Februar und Oktober 1990 hatten ca. 330 000 Personen bereits einen Vorruhestandsantrag gestellt, im Rahmen der Neuregelung schieden bis Ende 1991 noch einmal weitere 400 000 Personen aus dem Erwerbsleben aus.[223] Als Anpassungsleistung ist auch zu verstehen, daß die Gewerkschaften 1993 von ihrem ursprünglichen Ziel der raschen Lohnangleichung abzurücken begannen. Nach einem dreiwöchigen Streik in der Metallindustrie sah die erzielte Einigung vor, daß anstelle der ursprünglich vereinbarten Anhebung der Löhne und Gehälter um 26% diese nur um 9% (was in etwa der ostdeutschen Inflationsrate entsprach) steigen sollten und daß die vollständige Tarifangleichung an die Westlöhne von 1995 auf 1996 verschoben wird. Diese Lohnzurückhaltung reflektiert das weiterhin bestehende Problem mangelnder Produktivität in ostdeutschen Betrieben,

---

220 Habich/Zapf, a.a.O., S. 264.
221 Gerhard Engelbrech: Frauenerwerbslosigkeit in den neuen Bundesländern. Folgen und Auswege, in: Aus Politik und Zeitgeschichte 6(1994), S. 22.
222 OECD 1992, a.a.O., S.24.
223 Ebda.

sie spiegelt nicht die rascher voranschreitende Konvergenz des Preisniveaus in West- und Ostdeutschland wider.

b) Sozial abgefedert wurde der Strukturwandel in Ostdeutschland vor allem durch Maßnahmen der Einkommenssicherung.[224] Bis Ende 1991 galt die Kurzarbeitersonderregelung („Kurzarbeit Null"), die vorsah, daß für Arbeiter ohne Produktionsleistung ein Großteil des Lohnes vom Staat übernommen wurde. In Spitzenzeiten profitierten hiervon bis zu zwei Millionen Beschäftigte. Beschäftigungsfördernd wirkten auch Exportgarantien der Bundesregierung für Osteuropa und das Gebiet der ehemaligen Sowjetunion, die faktisch großteils von Beginn nichts anderes als eine Umwegfinanzierung ostdeutscher Firmen waren. Arbeitsplatzerhaltend wirkte auch die Strategie der Treuhandanstalt, den Verkaufspreis für Firmen zu senken, wenn damit eine verbesserte Zusage für den Erhalt von Arbeitsplätzen erreicht werden konnte bzw. ihr Bemühen um die Finanzierung einer „Übergangsperiode" für Betriebe, für die möglicherweise eine Zukunft auf dem Markt bestehen könnte. Arbeitslosigkeit verhinderten auch eine Reihe von Arbeitsbeschaffungsmaßnahmen (ABM) und Qualifizierungsprogrammen. Letztere litten aber sehr stark an einem Mangel der Qualität und der Verwendbarkeit des angeeigneten Wissens, zumal die Angebote der privaten Anbieter von Weiterbildungsmaßnahmen kaum der Qualitätskontrolle der Bundesanstalt für Arbeit unterlagen. Eigens mit dem Ziel des Arbeitsplatzerhaltes wurden in Ostdeutschland zudem sogenannte „Beschäftigungsgesellschaften" eingerichtet. Das Konzept der Beschäftigungsgesellschaften wurde in Westdeutschland von den Gewerkschaften, vor allem der IG Metall, entwickelt, um die Deindustrialisierung ganzer Regionen zu verhindern.[225] Ihre Zielsetzung ist die Weiterqualifizierung der Belegschaften aufgegebener Betriebe und, wenn möglich, die Entwicklung neuer marktfähiger Produkte.

In Ostdeutschland gingen Beschäftigungsgesellschaften in der Regel aus nicht überlebensfähigen Teilen von Treuhandbetrieben hervor. Hier geht die Einrichtung von Beschäftigungsgesellschaften auf einen Kompromiß der Arbeitgeberverbände mit den Ge-

---

224 Vgl. Ebda., S. 84ff.
225 Vgl. Gerhard Bosch/Horst Neumann (Hrsg.): Beschäftigungsplan und Beschäftigungsgesellschaft, Köln 1991. Christa Müller: Beschäftigungsgesellschaften, Bonn 1992.

werkschaften zurück, in den auch Leistungszusagen der Treuhandanstalt und der regional betroffenen Landesregierungen eingebunden sind. Arbeitsgrundlage ist die „Rahmenvereinbarung zur Bildung von Gesellschaften zur Arbeitsförderung, Beschäftigung und Strukturentwicklung (ABS)" vom 17. Juli 1991. Mitte 1991 wurden nach Treuhandangaben rund 800 solcher Gesellschaften mit ca. 98 000 Arrbeitnehmern geplant.[226] Die meisten der Gesellschaften waren klein, mit nur fünf bis sechs Mitarbeitern. Ihre Förderung verbrauchte ca. 13% der ABM-Mittel. Ursprünglich waren die Beschäftigungsgesellschaften als temporäre Notkonstruktion im Ausnahmefall konzipiert. In Ostdeutschland entwickelten sie sich zu einem Element der Nischenbildung im Strukturwandel und zu einem sozialpolitischen Auffangbecken. Bis 1992 wurden nicht nur die Lohnkosten der Beschäftigungsgesellschaften, sondern auch die Kosten von Betriebsmitteln und bestimmten Ausrüstungen von der Bundesanstalt für Arbeit übernommen (im Rahmen des Programmes „Aufschwung Ost" kamen auch noch Kostenbeteiligungen des Bundes und der jeweiligen Landesregierung hinzu). 1991 waren die Zusatzkosten auf über die Hälfte der Gesamtkosten der Gesellschaften gestiegen, weshalb diese nun nicht mehr durch Subventionen, sondern zinsverbilligte Kredite finanziert werden. Die Kritik an solcherart staatlich subventioniertem „Unternehmertum" ist damit aber nicht verstummt. Beschäftigungsgesellschaften wird vorgeworfen, sie hemmten die Eigeninitiative der Betroffenen und drängten freie Unternehmer ohne die gleiche breite staatliche Förderung aus dem Markt. Die Bundesanstalt für Arbeit hält dem entgegen, daß empirische Belege für diese Kritik fehlen und daß sie seit Herbst 1991 den örtlichen IHKs ein Veto gegen ihre sämtlichen Projekte einräumt, falls diese eine Gefährdung freier Unternehmen durch Beschäftigungsgesellschaften sähen. Für die Zukunft stellt sich einhergehend mit seit 1993 greifenden Mittelkürzungen der Bundesanstalt für Arbeit die Frage nach der weiteren Finanzierbarkeit von Beschäftigungsgesellschaften. Letztendlich bleibt es eine politische Entscheidung, ob aus dem Provisorium Beschäftigungsgesellschaft ein auf Dauer angelegtes Instrument staatlicher Arbeitsmarktpolitik wird.[227]

---

226 Müller, a.a. O., S. 67ff.
227 Vgl. auch Wolfgang Beywl/Wolfgang Helmstädter/Michael Wiedemeyer: In die beschäftigungspolitische Abseitsfalle? Die Gesellschaften zur Ar-

c) Die „Anstalt zur treuhänderischen Verwaltung und Wahrung des Volkseigentums" wurde nach der politischen Wende in der DDR durch Beschluß der von Hans Modrow, dem ehemaligen Bezirkssekretär der SED in Dresden, geführten Regierung (Ministerrat) gegründet.[228] Ziel dieser Gründung war die Überwachung der Vermögensbestände in der politischen Umbruchsituation, vor allem mit dem Ziel, Mißbrauch und Bereicherung zu verhindern. Die PDS, aber auch Teile der Bürgerbewegungen sahen in der Treuhand auch ein Instrument, den „Ausverkauf" der DDR zu verhindern. In völliger Verkennung der Wirklichkeit wurde das Treuhandvermögen viel zu hoch veranschlagt, ein Sanierungsbedarf von Firmen nicht gesehen und stattdessen mit Gewinnen gerechnet, die Fonds zur Unterstützung weniger konkurrenzfähiger Betriebe finanzieren sollten.[229]

Nach den ersten freien Wahlen, die mit der Regierung de Maizière auch die Weichenstellung für eine marktwirtschaftliche Politik brachten, wurden die Obliegenheiten der Treuhandanstalt neu definiert. Das neue Treuhandgesetz, das mit dem Staatsvertrag zur Wirtschaftsunion in Kraft trat, benannte als deren Aufgaben, die früheren volkseigenen Betriebe wettbewerblich zu strukturieren und zu privatisieren. Diese Aufgabenstellung wurde im Einigungsvertrag (Art. 25) vom August 1990 bekräftigt. „Privatisieren vor Sanieren", so lautete die Zielvorgabe aus der Sicht der neuen Treuhandleiter Detlev Karsten Rohwedder (1990-April 1991) und Birgit Breuel (1991-1994). Diese Strategie sollte schnellstmöglich den Widerspruch zwischen der umfassenden strukturpolitischen Intervention in die ostdeutsche Wirtschaft durch die Treuhandanstalt und dem Vertrauen in die entscheidende Rolle der freien Marktwirtschaft bei der erfolgreichen Umgestaltung der ostdeutschen Wirtschaft lösen. Die Teuhandanstalt[230] operierte allerdings nicht

---

    beitsförderung, Beschäftigung und Strukturentwicklung in den neuen Bundesländern, in: Aus Politik und Zeitgeschichte 35(1993), S. 31-39.
228 Ausführlicher: Marc Kemmler: Die Entstehung der Treuhandanstalt, Frankfurt/Main, New York 1994.
229 Peter Christ/Ralf Neubauer: Kolonie im eigenen Land. Die Treuhand, Bonn und die Wirtschaftskatastrophe der fünf neuen Länder, Berlin 1991, S. 116ff.
230 Vgl. auch Wolfram Fischer/Herbert Hax/Rolf Simons (Hrsg.): Treuhandanstalt, Berlin 1993.

im politikfreien Raum. Sie war als Behörde der Fach- und Rechtsaufsicht des Finanzministeriums unterstellt, ihre Privatisierungsentscheidungen unterlagen der Kontrolle des Bundeskartellamtes, und ihre Subventionsleistungen unterlagen der EG/EU-Beihilfekontrolle. Als Reaktion auf auftretende Probleme, wie den immensen Finanzbedarf der Treuhandanstalt und zahlreiche Millionen- und Milliardenskandale, reagierte das Parlament mit der Einrichtung eines Treuhand-Untersuchungsausschusses, der 1994 seinen Abschlußbericht vorlegte. Die Regierung stellte rund 80 Prozent der dem Ausschuß zur Verfügung gestellten Dokumente unter Geheimhaltungsvorbehalt. Der Öffentlichkeit fällt deshalb die Einordnung des Minderheitsvotums der Oppositionsparteien schwer, das im Zusammenhang mit der Tätigkeit der Treuhand Erlöseinbußen bei Finanzierungsmaßnahmen und den Mangel an Aufsicht und Kontrolle, der zu „außergewöhnlichen Bereicherungsaktionen" von Treuhand-Mitarbeitern geführt habe, kritisiert.[231]

Die möglichen politischen und sozialen Konsequenzen einer radikalen Schocktherapie der Privatisierung führten 1991 zu einer faktischen Veränderung der Treuhandstrategie. Die als Alternative zur Deindustrialisierung ganzer Landstriche politisch gewollte Sanierung (z.B. die 1993 im Rahmen des „Solidarpakts" beschlossene Politik des „Erhalts industrieller Kerne") wurde ebenso ermöglicht wie die Unterstützung von Betrieben, die mittelfristig durch tragfähige Umstrukturierungskonzepte auf dem Markt gehalten werden können. Weder Anhänger der sofortigen marktwirtschaftlichen Umgestaltung noch die Verfechter einer wirtschaftsstrukturell Einfluß nehmenden Industriepolitik konnten mit dieser Zwitterrolle der Treuhandanstalt zufrieden sein. Für die ersteren bedeutete die Subventionierung von Betrieben nur eine Verzögerung der notwendigen Strukturanpassung, letztere[232] beklagten den ad hoc-Charakter der Strukturpolitik, die weder gesamtwirtschaftlich noch regional mit den Erfordernissen und Maßnahmen der Wirtschaftspolitik der neuen Länder rückgekoppelt wurde.

Die Einflußmöglichkeiten und das Gewicht der Treuhandanstalt im Prozeß des wirtschaftlichen Strukturwandels in Ostdeutschland werden klarer, wenn man sich vor Augen hält, daß die Treu-

---

231 Frankfurter Rundschau, 6.9.94, S. 11.
232 Jan Priewe/Rudolf Hickel: Der Preis der Einheit. Bilanz und Perspektiven der deutschen Vereinigung, Frankfurt am Main 1991, S. 164ff.

hand zu Beginn ihrer Tätigkeit als Privatisierungsagentur die Verantwortung für ca. 8 500 Unternehmen, eine Vielzahl von Handelsbetrieben sowie Gaststätten, Hotels und Apotheken übernahm. Hinzu kamen umfangreiches Bergwerkseigentum, ein größerer Bestand an Wohnungen und ca. 2,4 Millionen ha land- und forstwirtschaftlicher Nutzfläche. Anfang 1991 waren grob geschätzt 3 Millionen Arbeitnehmer, d.h. knapp zwei Fünftel der gesamten ostdeutschen Erwerbstätigen, in Treuhandbetrieben beschäftigt. Der Treuhand fehlte aufgrund des Mangels an aussagekräftigen DM-Eröffnungsbilanzen lange Zeit der genaue Überblick über ihren Aufgabenbereich und die Möglichkeit, im konkreten Fall jeweils ihre Aufgabe befriedigend wahrzunehmen. Hinzu kam, daß die Selbstversorgungsstruktur der Kombinate Produktionsbereiche miteinander verbunden hatte, die für Marktbedürfnisse zunächst entflochten werden mußten. Dadurch wuchs, trotz beginnender Privatisierungstätigkeit der Treuhand, der Bestand der von ihr betreuten Unternehmen zunächst zahlenmäßig an. Im März 1994 wurde errechnet, daß sich nach Berücksichtigung der späteren Entflechtung von Betrieben im Anfangsbestand der Treuhand 13 500 Betriebe befanden.[233] Die Beschäftigungsbilanz der Privatisierungspolitik weist deutliche Arbeitsplatzverluste aus. Schätzungen gehen davon aus, daß mehr als 60% der ausscheidenden Mitarbeiter keine neue reguläre Beschäftigung gefunden haben.[234]

Im ersten (Halb-)jahr ihrer Tätigkeit mußte sich die Treuhand auf die Aufrechterhaltung der Zahlungsfähigkeit ihrer Betriebe konzentrieren.[235] Weitere Kosten entstanden der Treuhand durch gesetzliche Leistungen, wie die Altschuldentilgung ihrer Betriebe und Zinserstattungen an den zum Zwecke der Währungsunion geschaffenen Kreditabwicklungsfonds. Für die Bedienung dieser Schulden wurde die Treuhand deshalb herangezogen, weil – wie sich herausstellte fälschlicherweise – die Bundesregierung bei der Wirtschaftsunion davon ausging, daß die Treuhand durch ihre Privatisierungseinnahmen einen beträchtlichen Überschuß erwirtschaften wird. 1991 wuchs der Kreditbedarf der Treuhand weiter, v.a.

---

233 Deutsche Bundesbank: Die Finanzen der Treuhandanstalt, in: Monatsbericht April 1994, S. 20f.
234 Dirk Nolte/Ralf Sitte/Alexandra Wagner: Beschäftigungsbilanz der Treuhandanstalt, in: Wirtschaftsbulletin Ostdeutschland 2(1994), S. 33.
235 Zum folgenden Deutsche Bundesbank, a.a.O., S. 21ff.

weil die Ausgaben für die Sanierung von Betrieben, oft auch als Voraussetzung für Privatisierungen, sprunghaft anstiegen. Hinzu kam die Übernahme der Altschulden der Privatisierungskandidaten durch die Treuhand (geschätzt insgesamt 80 Milliarden DM). Kassenwirksam wurden auch von der Treuhand übernommene Bürgschaften, sowie Finanzhilfen zur Abdeckung des laufenden Betriebsverlustes und Investitionszuschüsse. Die Treuhand wurde zudem zur Finanzierung sozial- und arbeitsmarktpolitischer Maßnahmen, sowie zur Finanzierung der Beseitigung ökologischer Altlasten herangezogen. Bis 1993 wurden alleine schon Sozialpläne bei Firmenschließungen mit 7,75 Milliarden DM finanziert. Während sich die Ausgaben der Treuhand von 1990-93 so auf gut 120 Milliarden DM beliefen, standen diesen Einnahmen durch Privatisierung von lediglich 30 Milliarden DM gegenüber.

Graphik: Die Nachfolgeorganisationen der Treuhand

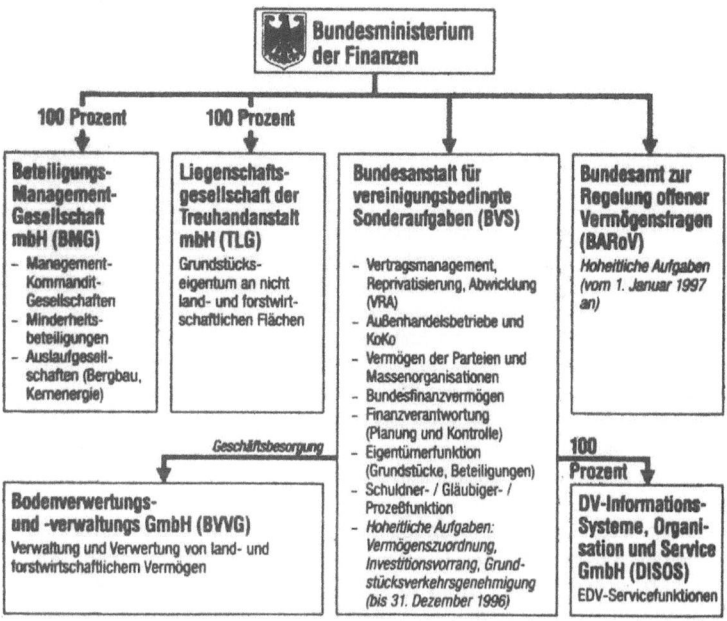

Quelle: Frankfurter Allgemeine Zeitung, 20.4.1994, S. 17.

Tabelle 4: Zur Finanzentwicklung der Treuhandanstalt*
Mrd DM

Position	2. Halbjahr 1994	Jahresrechnung			Wirtschaftsplan 1994
		1991	1992	1993	
	Ist-Ergebnisse				Soll
Ausgaben insgesamt	5,9	27,6	41,2	46,6	49,8
davon:					
Ausgaben für das Kerngeschäft[1]	1,5	16,8	27,0	34,1	46,4
darunter:					
Sanierung/Restrukturierung	1,3	13,2	10,9	.	.
Privatisierung	0,1	1,1	4,6	.	.
Stillegung	0,0	1,0	7,5	.	.
Ausgaben laut gesetzlicher Regelung	4,4	10,8	14,2	12,5	3,4
darunter:					
Zinszahlungen[2]	4,3	10,4	13,3	9,9	3,0[4]
Einnahmen, insgesamt	1,6	7,7	11,6	8,5	12,3
darunter:					
Privatisierungserlöse	1,5	7,4	9,5	4,0	5,9
Nettofinanzbedarf[3]	4,3	19,9	29,6	38,1	37,5

* Die Ergebnisse auf der Grundlage einer vereinfachten Einnahmen/Ausgaben-Rechnung der Treuhandanstalt. - 1 Einschl. Ausgaben für den Geschäftsbetrieb (Personal- und Sachausgaben), Zinsen für aufgenommene Neukredite und Leistungen auf Ausgleichsforderungen. - 2 Zinsen für gestundete bzw. übernommene Altkredite und Erstattung von Zinsleistungen des Kreditabwicklungsfonds. - 3 Der Nettofinanzbedarf weicht im wesentlichen wegen valutarischer Unterschiede der Buchungen etwas vom Beitrag der Nettokreditaufnahme ab. - 4 Ohne nicht budgetierte Zinserstattung an den Kreditabwicklungsfonds.

Quelle: Deutsche Bundesbank Monatsbericht April 1994, S. 22

Auch wenn man die ordnungspolitische Leistung der Treuhandanstalt hinsichtlich der Umstrukturierung der ostdeutschen Wirtschaft in den Vordergrund stellt, bleibt die Lücke beträchtlich. Im März 1994 waren immer noch 850 Unternehmen ohne Käufer. Die endgültige Abwicklung dieser Unternehmen wird das Defizit der Treuhand zusätzlich stark erweitern. Hinzu kommt eine immer drückender werdende Zinsbelastung. Die Treuhandanstalt hat den ihr zur Verfügung gestellten Kreditrahmen von 1992-94 jährlich 30 Milliarden DM voll ausgeschöpft, ja ihn 1993 sogar noch um 8 Milliarden DM überschritten. Insgesamt wird damit gerechnet, daß die Treuhand Ende 1994 ihre Tätigkeit mit Ausgaben in Höhe von 340 Milliarden DM abschließt, denen 70 Milliarden DM Einnahmen gegenüberstehen. Der größte Teil des Defizits von ca. 230 Milliarden DM wird zum 1. Januar 1995 auf den neuen Erblasttilgungsfonds des Bundes übertragen, in den auch die Verschuldung des Kreditabwicklungsfonds und der Mitte 1995 zu übernehmende Teil der Altschulden der ostdeutschen Wohnungswirtschaft einfließt. Die Tilgung der Treuhandschulden im Rahmen des Erblasttilgungsfonds wird nach Berechnungen der Deutschen Bundesbank ab 1995 den Bundeshaushalt jährlich mit ca. 17 Milliarden DM belasten und frühestens nach einer Generation abgegolten sein.[236]

2. Die Versöhnung von Ökologie und Ökonomie

Ökologische Imperative und die Logik wirtschaftlichen Handelns wurden in den 70er und Anfang der 80er Jahre als in ihren Zielen schwer vereinbare Orientierungen betrachtet.[237] Die Umweltzerstörung durch industrielle Produktion in noch nie in der Menschheitsgeschichte gekanntem Ausmaße hat als Gegenreaktion politische Bewegungen und Parteien hervorgebracht, die dafür plädieren, die Wirtschaftstätigkeit umzulenken, um das Industriesystem in Einklang mit der natürlichen Umwelt zu bringen.[238] Am stärksten wirkte weltweit auf die Bewußtseinsbildung einer breiten Öffentlichkeit der Bericht des Club of Rome[239], einer Vereinigung unabhängiger Experten, die in Modellrechnungen die drohende Weltkatastrophe durch Umweltzerstörung vorhersagten. Der 1972

---

236 Ebda. S. 30.
237 Zur neueren Diskussion: Eberhard Schmidt/Sabine Spelthahn (Hrsg.): Umweltpolitik in der Defensive. Umweltschutz trotz Wirtschaftskrise, Frankfurt/Main 1994.
238 Ausführlicher: Ulrich Steger (Hrsg.): Mehr Ökologie durch Ökonomie, Berlin/Heidelberg 1993.
239 Dennis Meadows u.a.: Die Grenzen des Wachstums, Stuttgart 1972.

in deutscher Sprache erschienene Bericht zu den „Grenzen des Wachstums" löste hierzulande ein breites öffentliches Echo aus. Zahlreiche neue Publikationen entstanden weltweit in den 70er Jahren, die das Thema der ökologischen Selbstzerstörung durch wirtschaftliches Wachstum aufgriffen. Im deutschsprachigen Raum fanden die Beiträge des österreichischen Zukunftsforschers Robert Jungk und des früheren CDU-Abgeordneten und späteren Mitbegründers der Partei „Die Grünen", Herbert Gruhl[240], die größte öffentliche Resonanz.

In die ökonomische Theorie wurde der Gedanke der Endlichkeit der natürlichen Ressourcen v.a. durch die Beiträge von Nicholas Georgescu-Roegen[241] zum Entropiegesetz eingeführt. Georgescu-Roegen wandte physikalische Erkenntnisse auf seine Sicht des Wirtschaftsprozesses an. Entscheidend ist für ihn der zweite Hauptsatz der Thermodynamik, der besagt, daß der Nutzen einer bestimmten Energiemenge ständig abnimmt (gemessen als Entropie). Nachdem der erste Hauptsatz festlegt, daß Energie weder geschaffen noch zerstört werden kann, bedeutet der zweite Hauptsatz übertragen auf die Wirtschaftstätigkeit in etwa folgendes: Der Mensch verwandelt durch Industrieproduktion im endlichen System Erde immer mehr verfügbarer und nutzbarer Ressourcen in solche nicht mehr verfügbarer Art, wodurch ein irreversibler Prozeß der Zerstörung der Lebensgrundlagen der Menschheit stattfindet.

Die frühe deutsche Auseinandersetzung mit dem Thema ökologischer Fehlentwicklungen war im Kern wachstumskritisch. Das heißt, sie stellte die Grundannahme der Wirtschaftspolitik der Nachkriegszeit in Frage, daß der Zuwachs an Wohlstand und individueller Lebensqualität von einem erfolgreichen Wirtschaftswachstum abhängig sei. Dem Bemühen um ein quantitatives, an der Veränderung des Bruttosozialproduktes ablesbaren Wachstums wurde die neue Zielvorstellung des qualitativen Wachstums gegenübergestellt. Letzteres habe die Endlichkeit der Ressourcen des Planeten in Rechnung zu stellen und müsse die natürlichen Ressourcen

---

240 Herbert Gruhl: Ein Planet wird geplündert. Die Schreckensbilanz unserer Politik, Frankfurt/Main 1975.
241 Nicholas Georgescu-Roegen: The Entropy Law and the Economic Process, Cambridge (Mass.) 1971. Jeremy Rifkin: Entropie, Berlin 1985. Vgl. auch Frank Beckenbach/Hans Diefenbacher (Hrsg.): Zwischen Entropie und Selbstorganisation, Marburg 1993.

schonend einsetzen und erhalten. Herbert Gruhl[242] faßte diese Position mit den Worten zusammen:

„Die Ökonomie hat dem Kapital fälschlicherweise eine primäre Funktion zugewiesen, während ihm nur die eines Mittlers zukommt. Die Brauchbarkeit des konventionellen Geldkapitals ist von der Existenz des ‚biologischen Kapitals' (des Ökosystems) ganz und gar abhängig. ... Grundlage der Wirtschaft ist der Kreislauf der Stoffe und nicht der des Geldes."

Die Schwierigkeiten einer ökologischen Kurskorrektur, die an die von einer breiten Öffentlichkeit geteilten Sorge um den Erhalt einer gesunden und das Leben lebenswert machenden Umwelt anknüpft, waren für die Wachstumskritiker in erster Linie strategischer Natur. Die radikale Lösung des historischen Zurücks in die Zeiten vor der industriellen Revolution[243] wurde allenfalls von einigen Naturromantikern als akzeptable Lösung angesehen. Die größte Herausforderung für die Befürworter eines Wachstumsstopps ergab sich aus der Tatsache, daß Umwelt als kostenloses, der Allgemeinheit zugängliches öffentliches Gut sich nur schwierig zu einem Element betriebswirtschaftlicher Rentabilitätslogik machen ließ. Die Tatsache, daß mit der Gegenüberstellung von Umwelt als Gemeinwohlorientierung und Kapitalverwertungsinteressen eine Konfliktkonstellation entstand, die deutliche Parallelen zu der Gegenüberstellung von Sozialismus im Sinne sozialer Gerechtigkeit und Kapitalverwertungsinteressen hatte, veranlaßte große Segmente der kapitalismuskritisch argumentierenden gesellschaftlichen Kräfte, Ökologie als neue Chiffre für ihren antikapitalistischen Kampf zu sehen. Einflußreich und beispielhaft für dieses neue Selbstverständnis waren die Schlußfolgerungen des französischen Philosophen André Gorz[244]:

„Angesichts der Verknappung und der Verteuerung der Energie ist jetzt das realistische und wirkliche Ziel aber nicht, mehr zu ‚arbeiten' und zu ‚produzieren', sondern *weniger* zu arbeiten und zu produzieren und dabei *besser* zu leben, jedoch anders: Einstellung der Verschwendung, Erforschung der Lebensdauer von Produkten, Entwicklung von Verbrauchs- und Dienstleistungsgemeinschaften, Abzug der von allen benötigten Güter und Dienstleistungen vom Markt und so weiter. Umwandlung des Produktionsapparats und seiner

---

242 Gruhl, a.a.O. S. 200.
243 Ausführlicher: Christoph Buchheim: Industrielle Revolutionen, München 1994.
244 André Gorz: Ökologie und Politik, Reinbek 1977, S. 17.

Methoden, des Konsummodells und des Lebens: der Sozialismus – denn darum handelt es sich hier – wird zur Forderung des Tages, nicht für übermorgen, sondern für heute, damit wir von der Krise nicht niedergewalzt und verstümmelt werden."

Wie der Sozialismus sich als weltweite Emanzipationsbewegung („proletarischer Internationalismus") begreift, so kennt auch das Umweltproblem keine Grenzen. Und wie der Sozialismus das Problem der einzig wahren und richtigen Gesellschaftsordnung wissenschaftlich gelöst zu haben glaubt, so legen nun naturwissenschaftliche Erkenntnisse die wahre Lösung des Umweltproblems, nämlich den Abschied vom Wachstum, nahe. Aus diesen Parallelitäten hat in den 70er Jahren der in der DDR lebende Philosoph Wolfgang Harich die Schlußfolgerung gezogen, daß der Sozialismus als „Diktatur des Proletariats" angesichts der ökologischen Herausforderungen nun im Extremfall auch als Weltdiktatur zur Erhaltung der Lebensgrundlagen der Menschheit zu denken sei. Er forderte einen „starken, hart durchgreifenden Zuteilungsstaat, der sich – wohl auf ewig – auf ein wachstumsloses ökonomisches Gleichgewicht einpendeln muß". Nur ein „Polizeistaat globaler Versorgung" könne die notwendige Konsumzurückhaltung erzwingen und die ökologische Katastrophe abwenden.[245]

Wenn auch der radikale Abschied vom Wachstum nicht zur leitenden Idee zukünftigen Wirtschaftens in der deutschen Politik wurde, setzte sich in den achtziger Jahren doch eine allmähliche Anerkennung des Gewichts der Ökologie als Rahmenbedingung für verantwortliches wirtschaftliches und politisches Handeln durch. Symbole des Bewußtseinswandels waren die neu entstandenen Umweltministerien in den Ländern, sowie 1986, nach der Tschernobyl-Katastrophe, die Einrichtung eines Bundesministeriums für Umwelt, Naturschutz und Reaktorsicherheit. Zunächst auch eher symbolisch war die Erweiterung der Bezeichnung „soziale Marktwirtschaft" als Zielvorstellung für die deutsche Wirtschaftspolitik um das Attribut „ökologisch". Die „öko-soziale Marktwirtschaft" wurde definiert als eine Ordnung, in der „durch Setzung eines engen umweltrechtlichen ökonomischen Rahmens und seines Vollzugs sowie durch den Einbau von ökonomischen Anreizinstrumenten die Umwelt in ausreichendem Umfang geschützt und für

---

245 Wolfgang Harich: Kommunismus ohne Wachstum? Babeuf und der Club of Rome, Hamburg 1975, S.8f.

die Generationen der Kinder und Kindeskinder erhalten und bewahrt wird"[246]. Ungeklärt blieb und bleibt, trotz dieser normativen Vorgaben, nicht nur der geeignete Mitteleinsatz zur Durchsetzung ökologischen Umsteuerns, fraglich blieb auch die Bewertung von Prioritäten und Interdependenzen im Verhältnis von Ökologie und Ökonomie.

Als neue Hoffnung für eine Verbesserung der Beschäftigungssituation wurde die These von der arbeitsplatzschaffenden Wirkung der ökologischen Umorientierung vertreten. Eine frühzeitige ökologisch angeleitete technologische Wende in Deutschland sollte dem Land gegenüber konkurrierenden Ökonomien einen dauerhaften Wettbewerbsvorteil garantieren. Diese These ging von der Unvermeidlichkeit zumindest einer mittelfristigen ökologischen Umorientierung der Weltwirtschaft aus. Auch mit dem bisher erreichten Maß an ökologischer Orientierung des Wirtschaftsprozesses wurden bereits Beschäftigungseffekte erzielt. 1994 waren ca. 200000 Menschen in Firmen tätig, die sich auf Umweltschutzmaßnahmen spezialisierten. Nach Schätzungen arbeiteten etwa 1,5 Millionen Personen zumindest während eines Viertels ihrer Arbeitszeit für Umweltbelange.[247]

Wird marktwirtschaftlich organisiertes Wachstum nicht als a priori unversöhnlicher Gegensatz zu einer umweltverträglichen Wirtschaftsform begriffen, stellt sich die Frage nach einer der Marktwirtschaft adäquaten Form des Steuerns umweltgerechten Wirtschaftens. Die „weiche" Steuerungsoption setzt auf freiwillige individuelle und kollektive Lernprozesse, das Schaffen eines handlungsanleitenden Umweltbewußtseins. Die Schwierigkeiten umweltpolitischen Umdenkens in wirtschaftlichen Krisenzeiten oder in Weltregionen extremer Armut sind dabei nicht die einzigen, die zu überwinden sind. Der Schritt von umweltpolitischen Bekenntnissen zu entsprechendem wirtschaftlichen Handeln ist weit, wenn er angesichts alternativer Prioritäten überhaupt gegangen wird. Sollen ökologische Zielrichtungen wirksamer und rascher auf wirtschaftliches Handeln einwirken, gibt es, wie auch bei sozialen Fra-

---

246 Lutz Wicke/Thomas de Maizière: Öko-Soziale Marktwirtschaft, in: Dies. und Lothar de Maizière: Öko-Soziale Marktwirtschaft für Ost und West, München o.J. (1991), S. 6.
247 Daten nach: Jürgen Blazejcak/Dietmar Edler/Martin Gornig: Grüne Arbeitsplätze. Umweltpolitik und Strukturwandel der Beschäftigung, in: Aus Politik und Zeitgeschichte 37 (1994), S. 32.

gen, die beiden Alternativen der staatlichen Regulierung und der Umorientierung der Selbstoptimierungsprozesse des Marktes.

Staatlich reguliert wird in der Umweltpolitik durch das Mittel von Verboten (bestimmter Produkte, z.B.), Geboten (Standards beim Gefahrguttransport) und Auflagen (Grenzwerte für Emissionen). Zum Teil kommt die Industrie auch durch freiwillige Selbstverpflichtungen staatlicher Regulierung zuvor. An der Wirkung rechtlicher Instrumente zur Versöhnung von Ökonomie und Ökologie wurde Kritik geübt, weil diese keine Anreize schaffen, neue technische Lösungen für eine umweltfreundlichere Produktion zu suchen, weil sie nicht alle Arten der Umweltbelastung erfassen können und weil sie nach verschiedenen Modellrechnungen teurer für die Unternehmen als Marktlösungen sein sollen.[248] Zudem leiden staatliche Regulierungsversuche an einem notorischen Informations- und Kontrollproblem („Vollzugsdefizit"). Werden in staatlichen Programmen Sanktionen durch finanzielle Anreize für mehr Umweltschutz ersetzt, so ist das Ergebnis nach Befunden des Büros für Technikfolgenabschätzung (TAB) des Deutschen Bundestags wenig ermutigend. Es fehlen über die Anreize hinausgehende Bemühungen um den Umweltschutz, begünstigt wurden fast nur nachsorgende und nicht Schäden vermeidende Techniken, und zudem landeten im untersuchten Falle die Mittel ungleichgewichtig vor allem bei größeren Unternehmen.[249]

Eine Umorientierung der Selbstoptimierungsprozesse des Marktes setzt eine andere Preisstruktur voraus.[250] Bisher kostenlose, unteilbare Gemeingüter, wie Luft, Wasser und Boden, werden in heutigen Produktionsprozessen zwar genutzt. Umweltzerstörungen in diesem Bereich sind aus der Sicht des Einzelbetriebes aber nur dem Produktionsprozeß externe Kosten, die von der Allgemeinheit getragen werden („Gemeinlastprinzip"). Gelänge es nun, die bisher kostenlosen Produktionsfaktoren in den Preismechanismus

---

248 Sighard Wilhelm: Ökosteuern. Marktwirtschaft und Umweltschutz, München 1990, S. 19f.
249 Nach Bericht über den Zwischenbericht über das Projekt „Umwelttechnik und wirtschaftliche Entwicklung", Frankfurter Rundschau, 1.10.1994, S. 10.
250 Ausführlicher zum Diskussionsstand: Nicolai Dose: Umweltschutz durch Recht oder Geld?, in: Axel Görlitz/Rüdiger Voigt (Hrsg.): Regulative Umweltpolitik, Pfaffenweiler 1991, S. 7-23.

miteinzubeziehen, müßte zumindest modellhaft das sich ergebende marktwirtschaftliche Gleichgewicht die Umwelt als knappe und teuere Ressource berücksichtigen und damit diese schonen und bewahren. Ganz ohne eine Rolle des Staates ist aber auch der Übergang zu diesem Preismechanismus nicht möglich, denn es ist eine Instanz erforderlich, die eine Form von Preisen jenen Gütern zuspricht, von deren kostenloser Nutzung kein Staatsbürger ausgeschlossen werden kann. Eine Schwierigkeit bei der Festsetzung des Preises ergibt sich allerdings bei dem Versuch, jene optimale Abgabenhöhe zu finden, die einerseits die Wirtschaft in einer bestimmten Zeit im weltweiten Konkurrenzkampf nicht überfordert und die nicht zu sozialen Ungerechtigkeiten führt, die aber andererseits nicht zu gering ist, um umweltschonendes Wirtschaften unattraktiv zu machen. Andererseits verspricht eine erfolgreiche marktwirtschaftliche Lösung die Entdeckung neuer zukunftsorientierter und konkurrenzfähiger Märkte und Produktionsverfahren, und die Einkünfte durch Abgaben können dafür verwendet werden, jene Schäden zu mildern, die von den weiterhin weniger umweltschonenden Produktionsmethoden verursacht werden.

Die wichtigste der kontrovers diskutierten Instrumente einer marktorientierten Umweltpolitik sind:[251]

a) Umweltabgaben („Ökosteuern"), die sich nach der Schadstoffbelastung durch eine bestimmte Produktionsmethode richten oder die die mangelnde Umweltverträglichkeit eines Produktes bestrafen.[252] Hier wurde eingewandt, daß es in der Praxis sehr schwierig sein dürfte, mit einem bestimmten Steuersatz ein angestrebtes Emissionsniveau im vorhinein adäquat zu bestimmen. Eine erneute Anpassung in weiteren Schritten wird für „in der Praxis sehr aufwendig und kaum durchsetzbar"[253] gehalten, weshalb vorgeschlagen wurde,

---

251 Im Überblick bei: Lutz Wicke/Lothar de Maizière/Thomas de Maizière: Öko-Soziale Marktwirtschaft für Ost und West, München o.J. (1990), S. 103ff.
252 Zur Diskussion Vgl. u.a. Wilhelm, a.a.O., Ernst U. von Weizsäcker u.a.: Ökologische Steuerreform. Europäische Ebene und Fallbeispiel Schweiz, Chur/Zürich 1992. Wolfgang Benkert/Jürgen Bunde/Bernd Hansjürgens: Umweltpolitik mit Öko-Steuern?, Marburg ²1991.
253 Alfred Enders: Wirtschaftspolitische Instrumente im Umweltschutz, in: Hartwig Donner/Georgios Magoulas/Jürgen Simon/Rainer Wolf (Hrsg.): Umweltschutz zwischen Staat und Markt, Baden-Baden 1989, S. 277f.

zur Sicherung von Mindeststandards die Abgabenlösung mit der oben erwähnten Auflagenlösung zu verbinden. Meßerschmidt[254] hat vier Kategorien von Abgaben identifiziert, die in der Praxis allerdings eher als „Mischtypen" auftreten: a) Umweltfinanzierungsabgaben, die der Finanzierung von Umweltschutzmaßnahmen dienen, b) Umweltlenkungsabgaben, die verhaltenssteuernd wirken sollen, c) Umweltnutzungsabgaben, die für die Nutzung natürlicher Ressourcen zu entrichten sind und d) Umweltausgleichsabgaben, die bei Verzicht von Umweltschutz für den Schadensausgleich bezahlt werden sollen.

Mit der Diskussion um Umweltabgaben verbindet sich die Debatte um eine „ökonomische und ökologische Neuorientierung" des gesamten Steuersystems. Im engeren Sinne bedeutet dies eine grundsätzliche Entscheidung für eine über Umweltabgaben hinausgehende Verknüpfung von Steuerrecht und umweltpolitischen Zielsetzungen. Eine ernstzunehmende Reform müßte auch das bestehende Steuersystem als ein umweltökonomisches Anreizsystem sehen, das nach ökologischen Gesichtspunkten optimiert werden kann. Die neuere Diskussion bewegt sich in diesem Rahmen.[255] So hat beispielsweise im Juni 1994 das Deutsche Institut für Wirtschaftsforschung erstmals eine umfassende Studie zu den ökonomischen Konsequenzen einer solchen Steuerreform erstellt, die von einer Besteuerung des in Joule gemessenen Energiegehaltes („Energiesteuer") von Strom, Benzin, Heizöl, Diesel und Erdgas ausgeht. Die DIW-Prognose sieht volkswirtschaftliche Reaktionen voraus, die nicht nur eine Reduktion der Umweltbelastung bewirken, sondern sich auch günstig auf den Arbeitsmarkt und den Abbau der Staatsverschuldung auswirken.[256]

b) Umweltlizenzen bzw. Umweltzertifikate. Im Falle der Luftverschmutzung würde die Einführung eines Lizenzierungsverfahrens bedeuten, daß die jeweils verantwortliche politische Instanz für ihre Region einen Höchstverschmutzungsgrad bestimmt. Existierenden Unternehmen würden am technischen Stand gemessen akzep-

---

Alfred Enders: Umweltökonomie, Darmstadt 1994. Gerhard Maier-Rigaud: Schritte zur ökologischen Marktwirtschaft, Marburg 1994.
254 Klaus Meßerschmidt: Umweltabgaben als Rechtsproblem, Berlin 1986, S. 30.
255 Vgl. Michael Rodi: Umweltsteuern. Das Steuerrecht als Instrument der Umweltpolitik, Baden-Baden 1993.
256 Fritz Vorholz: Ohrfeige für die Bremser, in: Die Zeit, 10.6.1994, S. 25.

tierte Verschmutzungrechte in Form verkaufbarer Zertifikate zugebilligt. Wollte ein Unternehmen ohne Verbesserung der Umweltbilanz seiner Produktionsmethoden expandieren, oder wollte sich ein neues Unternehmen ansiedeln, sind in beiden Fällen die betreffenden Unternehmen gezwungen, sich neue Verschmutzungslizenzen hinzuzukaufen. Dies ist aber nur möglich, wenn die existierenden Verschmutzer ihren Schadstoffausschuß senken. Sowohl für neue als auch für expandierende Unternehmen besteht ein finanzieller Anreiz, die Umweltbelastung zu senken, weil sie sich dadurch die Kosten des Zertifikatskaufs ersparen. Eine Reduktion der Emissionen ist aber auch für die Altunternehmen attraktiv, die mit der Senkung der Verschmutzung erst in den Besitz verkaufbarer Lizenzen gelangen. Es ist auch denkbar, daß die mit den Zertifikaten verbundenen Verschmutzungsrechte sich aufgrund einer entsprechenden gesetzlichen Vorgabe sukzessive in festgelegten Zeiträumen in ihrem „Verschmutzungsumfang" reduzieren bis sie die politisch gewollten Standards erreichen, was den Druck zur Reduktion des Schadstoffausstoßes auch für die Altunternehmen erhöht.

In den USA wird bereits ein „kontrollierter Emissionshandel" praktiziert. Im Modell der „Glockenpolitik" (Bubble-Politik) werden verringerte Emissionen nicht von einem Einzelunternehmen, sondern von einer Gruppe nahe genug beieinander liegender Unternehmen verlangt. Der genehmigungspflichtige Ausgleich von Verschmutzungsrechten findet in diesem Modell zwischen den Firmen unter der Unternehmensglocke statt. Im Modell der „Ausgleichspolitik" (Offset-Politik) wird von sich neu ansiedelnden Firmen verlangt, daß sie dafür Sorge tragen, wenn nötig mit finanziellen Ausgleichszahlungen, daß im Maße der von ihnen ausgehenden Neuverschmutzung die regionale Altverschmutzung zurückgeht.

c) Ein weiteres marktwirtschaftliches Steuerungsinstrument in der Umweltpolitik ist die risikogestaffelte obligatorische Umwelthaftpflichtversicherung. Grundgedanke ist hier die bessere Durchsetzung des Verursacherprinzips. Der Verursacher von Umweltschäden soll in umfassender Weise für diese haften. Wird eine Versicherung für Umweltschäden obligatorisch, so wird notwendigerweise derjenige Betrieb die höchsten Prämien zahlen müssen, dessen Produktionsmethoden das größte Schadensrisiko bergen. Die privatwirtschaftlichen Versicherungen werden aus Eigeninteresse genau die umweltschonenden oder -belastenden Fortschritte beobachten und entsprechend die einzelnen Betriebe belasten. Zur Senkung der Versicherungsprämien liegt es im Eigeninteresse des Betriebes, zu umweltschonenderen Produktionsmethoden überzugehen.

Die Kostenermittlung von Umweltschäden ist jedoch hochkomplex, weil in entsprechende Rechnungen auch aufgrund von Umweltschäden entstehende soziale oder technische Verwerfungen einzubeziehen sind. Umweltschäden sind Teil einer Wirkungskette, die nicht auf einem bestimmten Gütermarkt endet. Die monetäre Quantifizierung wird, wie Horlitz[257] betont, zum Problem weil a) ein Teil der Folgekosten sich in Preisen automatisch niederschlägt, wie z.B. Vermögensverluste, Einkommensverluste, Reparaturkosten , weil b) die Schädiger zum Teil selbst von den Folgekosten betroffen sind und weil c) Folgeschäden und Folgekosten eigentlich mit den jeweiligen individuellen und gesellschaftlichen Erträgen saldiert werden müßten. Hinzu kommt d) die Schwierigkeit, Schäden zu erfassen, die zukünftige Generationen betreffen.

3. Staatsverschuldung

3.1. Schuldenbegriffe

Die Verständigung über das Problem der Staatsverschuldung wird dadurch erschwert, daß häufig der mit diesem Begriff bezeichnete Sachverhalt im Unklaren bleibt. Definitionen des Begriffes „Staatsverschuldung" variieren, weil einerseits „der Staat" als Bezugsrahmen in unterschiedlicher Weise abgegrenzt werden kann und weil andererseits mangelnde Übereinstimmung über die terminologisch einwandfreie Bestimmung von „Verschuldung" besteht. Graphik 4 stellt die in der Bundesrepublik offiziell übliche begriffliche Abgrenzung dar. Gegenstand politischer Kontroversen sind in der Regel nur die fundierten Schulden, wobei vor allem die Schulden aus Kreditmarktmitteln im Zuge der jährlichen Neuverschuldung und neuerdings der sich als Folge der deutschen Einigung auftürmende Schuldenberg, der zu einem großen Teil zunächst aus den Altschulden der ehemaligen DDR bestand, in den Blickpunkt gerückt sind.

---

257 Thomas Horlitz: Monetäre Bewertung von Umweltschäden – Ein geeignetes Instrument zur Erfassung ökologischer Folgekosten?, in: Donner u.a., a.a.O., S. 128f.

Graphik 4: „Schuldenbegriffe" und ihre Abgrenzungen

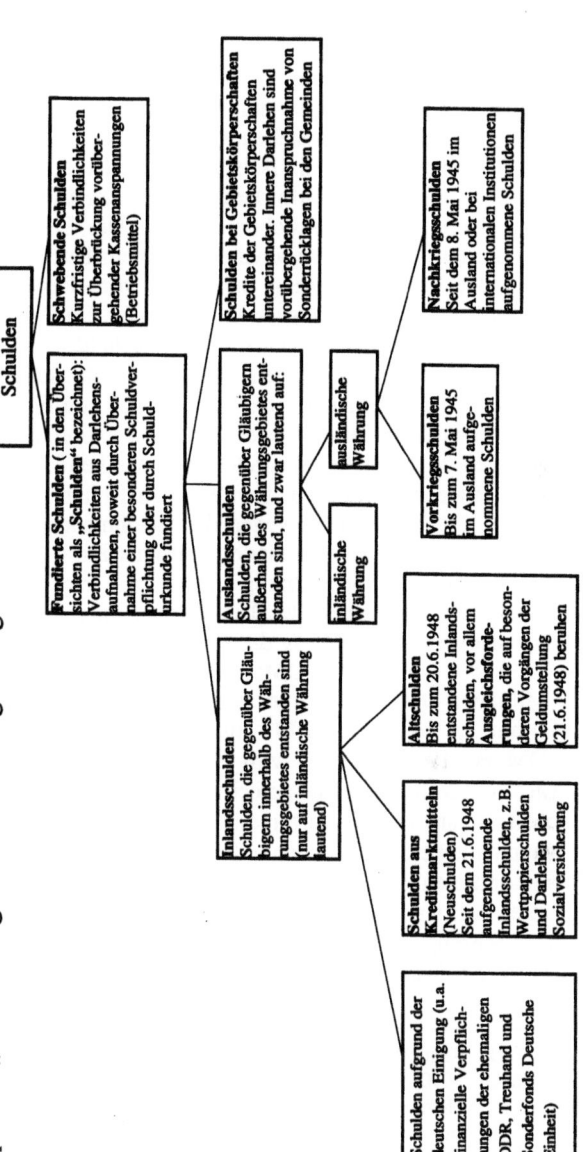

Quelle: nach Bundesministerium der Finanzen: Statistische Übersichten zur staatlichen Kreditfinanzierung, in: Diethard B. Simmert/Kurt-Dieter Wagner (Hg.): Staatsverschuldung kontrovers, Köln 1981 (451-510), S. 508, eigene Ergänzungen.

Neben den in Graphik 4 beschriebenen Schulden im eigentlichen Sinne können bei der Betrachtung möglicher zukünftiger Belastungen der Staatshaushalte auch Eventualverbindlichkeiten einbezogen werden, die v.a. daraus entstehen, daß der Staat finanzielle Garantien für Dritte übernimmt. Ein Beispiel hierfür ist die staatliche Absicherung von Exportkreditforderungen privater Unternehmer durch die Hermes-Kreditversicherungs-AG. Die Ermächtigung zur Gewährung solcher Bürgschaften in einem bestimmten Umfange wird der Bundesregierung durch das vom Parlament jährlich zu beschließende Haushaltsgesetz übertragen. Im Rahmen der vom Parlament bewilligten Finanzmittel entscheidet ein interministerieller Ausschuß für Fragen von Bundesbürgschaften und Bundesgarantien über einzelne Deckungsanträge von Firmen. Solche Zusagen einer finanziellen Absicherung von Exporten können beim Eintreten des Absicherungsfalles durchaus beträchtliche finanzielle Konsequenzen für den Bundeshaushalt haben. Seit 1983 muß das Bürgschaftssystem wegen der zunehmenden Zahlungsschwierigkeiten der Abnehmerländer deutscher Exporte Entschädigungen in einer Größenordnung zahlen, die nicht mehr durch entsprechende Einnahmen des Bundes aus Entgelten und Rückflüssen gedeckt ist. 1983 betrug das Hermes-Defizit 733 Millionen DM; 1984: 1,2 Milliarden DM; 1985: 705 Millionen DM; 1986: 927 Millionen DM; 1987 belief es sich auf 1,79 Milliarden DM[258], 1990 auf 2,6 Milliarden DM[259] und 1993 bereits auf 5,1 Milliarden DM. Für 1994 und 1995 wird jeweils mit einem Defizit von mindestens 6,2 Milliarden DM gerechnet.[260] Mitte 1994 betrug das Bürgschaftsvolumen für Exportkredite insgesamt 166 Milliarden DM, wovon alleine 65 Milliarden auf die Länder des ehemaligen Ostblocks entfielen[261].

In jüngerer Zeit sind die staatlichen Exportbürgschaften dramatisch angewachsen, und die Hermes-Garantie wurde eher gesamtpolitisch als ein Instrument zur wirtschaftlichen Stabilisierung

---

258 Wolfgang Weis: Hermesbürgschaften. Ein Instrument deutscher Außenpolitik, München 1990, S. 256ff.
259 Wolfgang Kreiss: Kreditversicherung: Hermes Bürgschaften bald teuerer, in: Wirtschaftswoche, 4.10. 1991, S. 109f.
260 Peter Ziller: Hermes-Bürgschaften – Garantiert ist nur der Schaden für den Bund, in: Frankfurter Rundschau, 11.6. 1994, S. 11.
261 Die Zeit, 20.5. 1994, S. 33.

Osteuropas denn als außenwirtschaftspolitisches Instrument zur Exporthilfe für die deutsche Wirtschaft definiert. Nicht nur die Größenordnung der Garantieverpflichtung hat sich ausgeweitet, auch das Risiko ist gewachsen, daß der Steuerzahler tatsächlich für durch fällig werdende Verpflichtungsleistungen entstehende Haushaltsdefizite einstehen muß. Auch wenn damit zukünftige Belastungen des Haushalts immer greifbarer geworden sind, bleibt es aber wegen des immer noch gegebenen hypothetischen Charakters solcher Verbindlichkeiten aus methodischen Gründen wenig praktikabel, sie dem Verschuldungsumfang zuzurechnen, auch wenn aus der Perspektive der politisch Handelnden solche Verschuldungsrisiken auf keinen Fall ignoriert werden können.

Noch schwerer zu fassen als der Verschuldungsbegriff ist der Bereich, dem die Verschuldung zuzurechnen ist, der Staat also bzw. der öffentliche Sektor. Zum einen umfaßt dieser die Gebietskörperschaften: Bund, Länder, Gemeinden, die auch untereinander verschuldet sein können, worauf aber hier nicht näher eingegangen werden soll. Zum anderen können aber auch die finanziellen Verbindlichkeiten der Sozialversicherungsträger und die Sondervermögen innerhalb und außerhalb der Bundesverwaltung für die Ermittlung des insgesamt erreichten öffentlichen Schuldenstandes miteinbezogen werden.

In offiziellen Dokumenten wird bei der Berechnung der Höhe der Staatsverschuldung in der Bundesrepublik in der Regel die Finanzlage der Sozialversicherung ausgeklammert und von den Sondervermögen lediglich das ERP-Sondervermögen und der Lastenausgleichsfonds, die beide vom Bund verwaltet werden, berücksichtigt. Das ERP (European Recovery Program)-Sondervermögen entstand aus den Marshall-Plan Hilfszahlungen der USA nach dem II. Weltkrieg und wird heute in erster Linie zur Förderung von Klein- und Mittelbetrieben, neuerdings aber auch zur Mobilisierung von Finanzhilfen für den wirtschaftlichen Aufbau Ostdeutschlands eingesetzt. Der Lastenausgleichsfonds dient dem Zwecke der Entschädigung der Opfer von Krieg und Vertreibung. Gelegentlich finden sich auch die Defizite von Post und Bahn bei Defizitgesamtrechnungen berücksichtigt. Dies wird sich nach der Privatisierung dieser beiden Bundesunternehmen ändern.

Zu unterscheiden ist auch zwischen der absoluten Höhe staatlicher Kreditverpflichtungen und der jährlichen Neuverschuldung, die erstere vergrößert. Die jährliche Bruttokreditaufnahme wird dabei durch gleichzeitig erfolgende Tilgungen von Schulden unter Umständen gemindert. Die aus der Verrechnung (Bruttokreditaufnahme minus Tilgungen) resultierende Nettokreditaufnahme ist der übliche Maßstab für neu hinzukommende Schulden. Ein Sinken der Nettokreditaufnahme darf aber nicht mit einem Rückgang der Staatsverschuldung gleichgesetzt werden. Auch wenn die Nettokreditaufnahme zurückgeht, steigen die Schulden weiter (es werden ja immer noch Kredite aufgenommen), nur eben langsamer als im Vorjahr. Nur der Verzicht auf jegliche Kreditaufnahme und das Einsetzen von Haushaltsmitteln zur Schuldentilgung könnte einen tatsächlichen Rückgang der Schuldenbelastung bewirken. Wenn von einer „Rückführung" der Neuverschuldung die Rede ist, empfiehlt es sich nach dem tatsächlichen Gehalt dieser Redewendung zu fragen, die den Eindruck des Schuldenabbaus suggeriert. Tatsächlich gibt es nichts, was reduziert wird, wenn die Neuverschuldung des kommenden Jahres geringer ausfällt als diejenige des Vorjahres. Die Schulden des Vorjahres bleiben selbstverständlich in vollem Umfange erhalten (+ Zinsen) und im neuen Jahr kommen weitere (+ Zinsen) hinzu.

Es fällt schwer, absolute Zahlen zur Verschuldungssituation in Millionen oder Milliarden DM historisch und international zu vergleichen. Faktoren, wie die Inflationsentwicklung und die unterschiedliche Leistungskraft von Volkswirtschaften, verzerren das Bild. Um dennoch sinnvolle Vergleiche zu ermöglichen, werden Kennzahlen der Verschuldung gebildet. Zu diesen zählen die Gesamtverschuldungsquote, die für die Gesamtverschuldung als Prozentsatz des Bruttoinlandprodukts (BIP) steht, die Nettoverschuldungsquote (Nettokreditaufnahme als Prozentsatz des BIP), sowie die Kreditfinanzierungsquote, die das Verhältnis der Neuverschuldung zu den Gesamtausgaben ausdrückt und damit etwas darüber aussagt, wie sehr der öffentliche Sektor sozusagen „auf Pump" seine laufenden Aufgaben wahrnimmt.

Verbreitet ist auch die Ermittlung der Pro-Kopf-Verschuldung, die die Gesamtverschuldung in ein Verhältnis zum Bevölkerungsstand setzt. Abgesehen davon, daß mit der Kennziffer Pro-Kopf-Verschuldung inflationäre Effekte, die zum nominalen Verschuldungswachstum beitragen, nicht isoliert werden können, ist der Aussagewert dieses Indikators auch aus anderen Gründen umstritten. Für den einzelnen Bürger/die einzelne Bürgerin ist die für ihn oder sie statistisch ermittelte Durchschnittsverschuldung keine reale Last, für die sie oder er mit dem privaten Vermögen zu haften hat. Infolgedessen ist es auch unsinnig, von diesen Durchschnittswerten, auch wenn sie den Zweck des Aufrüttelns der Öffentlichkeit erfüllen mögen, Grenzen der Belastungsfähigkeit der Bürger durch Verschuldungspolitik ableiten zu wollen. Irritierend wirken auch logische Ungereimtheiten des Meßinstruments Pro-Kopf-Verschuldung, die sich aus der Kombination der Meßgrößen Verschuldung und Bevölkerung ergeben. Die pro-Kopf-Verschuldung wächst nicht nur bei steigenden Defiziten, sondern selbst bei sinkenden Defiziten, wenn diese langsamer zurückgehen als die Bevölkerung schrumpft[262].

Als Folge der Verschuldungspolitik entsteht dem Staatshaushalt eine durch die staatliche Kreditaufnahme verursachte Zinsbelastung bzw. ein entsprechender jährlicher Schuldendienst (= Zinsausgaben + Tilgung). Auch deren jeweiliger Umfang kann als Meßgröße der Defizitentwicklung herangezogen werden. Auch wenn historisch unterschiedliche Zinsniveaus die jährlichen Zinsbelastungen der Haushalte nicht exakt parallel zum Schuldenwachstum steigen lassen, so ist doch die Bindung von Haushaltsmitteln ein, auch für politisches Handeln wichtiger Indikator der Ausmaße des Schuldenproblems. Der jährliche Schuldendienst bzw. die jährlichen Zinsverpflichtungen können entweder in ein Verhältnis zum jährlichen Steueraufkommen (Schuldendienstquote und Zins-Steuerquote) oder zu den jährlichen Gesamtausgaben (ebenfalls Schuldendienstquote genannt, wenn auch anders definiert, und Zins-Ausgabenquote) gesetzt werden.

Der Sachverständigenrat zur Begutachtung der gesamtwirtschaftlichen Entwicklung (SVR) hat zur volkswirtschaftlich aussagekräftigen Bewertung der jährlichen Neuverschuldung das Konzept der „konjunkturneutralen Verschuldung" im Rahmen eines Modells des konjunkturneutralen Haushaltes entwickelt. Entsprechende Defizitberechnungen finden sich in den Jahresgutachten des SVR seit Mitte der 70er Jahre. Als konjunkturneutral sind öffentliche Haushalte nach Meinung des SVR dann anzusehen, wenn der Staat mit seiner Einnahmen- und Ausgabenpolitik nicht von

---

262 Manfred Piel/Diethard B. Simmert: Staatsverschuldung – Schicksalsfrage der Nation, Köln 1981, S. 28.

den Größenordnungen abweicht, an die die Privaten gewöhnt sind. Eine solche Haushaltspolitik ist potentialorientiert, weil sie auf einer Normalauslastung der Produktionskapazitäten beruht. Allerdings wird im Umfeld des Sachverständigenrats der Voluntarismus solcher Festlegungen nicht bestritten [263]:

„Wissenschaftlich exakt läßt sich nicht ableiten, an welche Beanspruchung des Produktionspotentials durch den Staat und an welche Einnahmeregelungen die Privaten gewöhnt sind oder gewöhnt werden können."

Der SVR hat sich damit beholfen, zunächst das Basisjahr 1966 und in der Folgezeit Durchschnittswerte für wenig exzeptionelle Haushaltsjahre als Grundlage für seinen Bewertungsmaßstab der „Konjunkturneutralität" zu wählen. Für die staatliche Verschuldungspolitik gilt in der SVR-Logik, daß sie so lange unproblematisch ist, so lange die Nettokreditaufnahme nur jenes Niveau erreicht, das erforderlich ist, um die Einnahmelücken zu schließen, die bei der Aufstellung eines konjunkturneutralen Haushaltes enstehen. „Denn sind die Privaten", so Barth[264], „an eine bestimmte Inanspruchnahme des Produktionspotentials durch den Staat und an eine bestimmte Steuerquote gewöhnt, so resultiert daraus zwangsläufig auch die Gewöhnung an eine bestimmte Kreditfinanzierungsquote."

Die konjunkturneutrale Neuverschuldung setzt sich zusammen aus:

(a) der Normalverschuldung oder potentialorientierten Verschuldung, also der gewohnten öffentlichen Kreditaufnahme und wegen der aktuellen Konjunkturschwankungen aus

(b) einer Erhöhung oder Verminderung des Kreditbedarfs wegen Steuerminder- oder Steuermehreinnahmen, die aus dem Grad der Auslastung der Produktionskapazitäten entstehen

(c) einem erhöhten oder verminderten Kreditbedarf wegen inflationsbereinigter Schwankungen der Steuererträge sowie zusätzlich vom SVR berücksichtigt

(d) Mehr- und Mindereinnahmen in Zusammenhang mit einer „anomalen" (sic!) Entwicklung der Bundesbankgewinne.

---

263 Hans J. Barth: Potentialorientierte Verschuldung. Das Konzept des Sachverständigenrates zur Begutachtung der gesamtwirtschaftlichen Entwicklung, in: Diethard B. Simmert/Klaus-Dieter Wagner (Hrsg.): Staatsverschuldung kontrovers, Köln 1981, S. 60.
264 Ebda. S. 62.

Die Differenz zwischen Nettoneuverschuldung und konjunkturneutraler Verschuldung wird als strukturelle Verschuldung bezeichnet, die nach Meinung des SVR nicht automatisch unzulässig sein muß. Von ihr gehen sowohl expansive (bei einem Überschuß an struktureller Verschuldung) als auch kontraktive Impulse (bei einem Minus an strukturellem Defizit) aus. Für 1989, beispielsweise, hat der SVR einen deutlichen Bremseffekt für die Konjunktur wegen einer zu geringen Nettoneuverschuldung errechnet, während mit den Kosten der Einheit 1990 die expansiven Wirkungen explosionsartig zunehmen.

Das Konzept des Sachverständigenrates ist in Wissenschaft und Praxis nicht unumstritten. Für politische Entscheidungsträger ist in der tagespolitischen Auseinandersetzung die „potentialorientierte" Verschuldung im Rahmen eines „konjunkturneutralen Haushaltes" keine handhabbare Größe. Der Finanzwissenschaftler Albers[265] hat seiner Skepsis gegenüber dem Konzept des SVR mit dem Vorbehalt Ausdruck gegeben:

„Dieses Konzept ist für den Politiker viel zu kompliziert – selbst Wissenschaftlern fällt das Nachvollziehen nicht immer leicht – und gibt ihm vor allen Dingen keine Hilfe, wie ein konjunkturgerechter Haushalt (Überschuß oder Fehlbetrag) aussehen sollte; denn an ihm und nicht am ‚konjunkturneutralen' Haushalt ist der Politiker interessiert."

Das Bundesfinanzministerium[266] rügte die oben bereits angesprochene Beliebigkeit dessen, was als Normalzustand der Verschuldung angesehen wird, von der dann das politisch alleine noch zur Disposition stehende „strukturelle" Defizit abgeleitet wird. Es glaubt, daß die für den SVR zentrale Überlegung einer „gewohnheitsmäßigen" Verschuldung unnötig politischen Handlungsspielraum beschneidet, denn weshalb sollten volkswirtschaftliche Gewohnheiten nicht revidierbar sein?

---

265 Willi Albers: Ursachen, Wirkungen und Begrenzungsmöglichkeiten einer wachsenden Staatsquote – Die Lage in der Bundesrepublik Deutschland, in: Hans Rühle/Hans-Joachim Veen (Hrsg.): Wachsende Staatshaushalte, Stuttgart ²1979, S. 46.
266 Bundesministerium der Finanzen: Aufgaben und Ziele einer neuen Finanzpolitik – Grenzen staatlicher Verschuldung, Bonn 1985.

3.2. Grenzen der Staatsverschuldung

Im folgenden sollen a) die rechtlichen, b) die ökonomischen, c) die psychologischen und d) die politischen Grenzen der Staatsverschuldung unterschieden werden.

a) Die *rechtlichen Grenzen der Staatsverschuldung* werden durch den Artikel 115 des Grundgesetzes gezogen, in dessen erstem Absatz es heißt:

„Die Aufnahme von Krediten sowie die Übernahme von Bürgschaften, Garantien oder sonstigen Gewährleistungen, die zu Ausgaben in künftigen Rechnungsjahren führen können, bedürfen einer der Höhe nach bestimmten oder bestimmbaren Ermächtigung durch Bundesgesetz. *Die Einnahmen aus Krediten dürfen die Summe der im Haushaltsplan veranschlagten Investitionen nicht überschreiten; Ausnahmen sind nur zulässig zur Abwehr einer Störung des gesamtwirtschaftlichen Gleichgewichts.* Das Nähere wird durch Bundesgesetz geregelt." (Hervorhebung, R.S.)

Aus Anlaß einer Klage der CDU/CSU-Bundestagsfraktion aus dem Jahre 1982, die dem Ziel diente, das Haushaltsgesetz für das Haushaltsjahr 1981 wegen Nichtbeachtung der durch den Artikel 115 gezogenen Grenzen der Neuverschuldung für nichtig zu erklären, hat sich das Bundesverfassungsgericht[267] in seinem Urteil vom 18. April 1989 ausführlich mit den rechtlichen Grenzen der Staatsverschuldung beschäftigt. Die einstimmig ergangene höchstrichterliche Interpretation stellt einen „engen Sachzusammenhang" mit Art. 109 Abs.2 GG her, der Bund und Länder verpflichtet „bei ihrer Haushaltswirtschaft den Erfordernissen des gesamtwirtschaftlichen Gleichgewichts Rechnung zu tragen".

Aus der Argumentation des BVG ergibt sich:

1) eine Kreditfinanzierung öffentlicher Ausgaben ist grundsätzlich zulässig, solange Regierungen bemüht bleiben, durch dieses Mittel auch das gesamtwirtschaftliche Gleichgewicht, also die in §1 des Stabilitätsgesetzes genannten Ziele, Preisniveaustabilität, hoher Beschäftigungsstand, außenwirtschaftliches Gleichgewicht und stetiges und angemessenes Wirtschaftswachstum, zu optimieren.

---

267 Bundesverfassungsgericht: Entscheidungen des Bundesverfassungsgerichts, 79. Band, Tübingen 1989, S. 311ff.

2) Ist das gesamtwirtschaftliche Gleichgewicht nicht gestört, so darf der Gesetzgeber nicht mehr an Krediten aufnehmen als für Investitionen ausgegeben wird. Damit kommt dem Begriff der Investionen eine entscheidende Bedeutung zu. Das BVG hat bisherige Begriffsdefinitionen, wie „Maßnahmen, die bei makroökonomischer Betrachtung die Produktionsmittel der Volkswirtschaft erhalten, vermehren oder verbessern" oder den Hinweis auf die Nummern 7 (Baumaßnahmen) und 8 (Sonstige Ausgaben für Investitionen und Investitionsfördermaßnahmen) des Gruppierungsplans des Bundeshaushalts als zu umfassend kritisiert. Es erteilte dem Gesetzgeber den Regelungsauftrag „anhand und unter Berücksichtigung der bislang gewonnenen Erfahrungen, den Investitionsbegriff so (zu) präzisieren, daß er seiner Funktion möglichst gerecht werden kann, einer Staatsverschuldung vorzubeugen, die den Bundeshaushalt für die Zukunft zu stark belastet und den notwendigen Entscheidungsspielraum künftiger Haushaltsgesetzgeber, dessen diese zur Lösung der dann vordringlichen Probleme bedürfen, über Gebühr beschneidet."[268]

3) Ist das gesamtwirtschaftliche Gleichgewicht gestört, so können Kredite auch über den durch die Investitionssumme gezogenen Rahmen hinaus in Anspruch genommen werden, wobei ihr Einsatz allerdings nur im Rahmen der Störungsabwehr zulässig ist. Für welche Mittel der Störungsabwehr sich der Gesetzgeber entscheidet, ja bereits bei der Frage, ob das gesamtwirtschaftliche Gleichgewicht gestört ist, wird dem Haushaltsgesetzgeber vom BVG ein „Einschätzungs- und Beurteilungsspielraum" zugebilligt. Allerdings hat er für seine Entscheidung „in formeller Hinsicht die Darlegungslast im Gesetzgebungsverfahren", muß also in Zukunft seine Strategie der Störungsabwehr und seine Diagnose des gesamtwirtschaftlichen Gleichgewichts explizit darlegen. „Beurteilung und Einschätzung", so das BVG[269], „müssen nicht nur frei von Willkür sein; sie müssen aufgrund der vorliegenden wirtschaftlichen Daten und vor dem Hintergrund der finanz- und wirtschaftspolitischen Meinungs- und Willensbildung (Finanzplanungsrat, Konjunkturrat, Sachverständigenrat zur Begutachtung der gesamtwirt-

---

268 Ebda. S. 354ff.
269 Ebda. S. 344.

schaftlichen Entwicklung, Deutsche Bundesbank) und der Auffassungen in Volkswirtschaftslehre und Finanzwissenschaft nachvollziehbar und vertretbar erscheinen."

Die rechtlichen Grenzen der Staatsverschuldung wurden durch dieses Urteil zwar konkretisiert, aber dennoch bisher nicht haushaltspraktisch wirksam. Zum einen steht ein Gesetz zur Definition des Investitionsbegriffes weiterhin aus, zum anderen bemüht sich der Haushaltsgesetzgeber keineswegs, wie die Nachtragshaushalte des Jahres 1990 deutlich machten, seiner Darlegungslast im Rahmen eines konjunkturpolitischen Gesamtkonzeptes nachzukommen. 1990 überstieg die Schuldenaufnahme die Höhe der geplanten Investionen um mehr als 20 Milliarden DM. Rechtliche Bedenken gegen Etathilfen an die DDR, die in erster Linie konsumtiven Zwecken dienen, nannte Finanzminister Theo Waigel „kleinlich, weil die DDR-Wirtschaft saniert werden müsse"[270]. Solche Begründungen bleiben juristisch und politisch folgenlos, solange keine verfassungsrechtliche Prüfung des Haushaltsgesetzes verlangt wird.

b) *Die ökonomischen Grenzen:* Gemessen am Bruttosozialprodukt der Bundesrepublik erreichte die Staatsverschuldung in den achtziger Jahren einen Anteil von ca. 43% und damit eine der niedrigsten Quoten aller OECD-Länder[271]. Solche vergleichenden Beobachtungen waren häufig mit der verallgemeinernden Feststellung verbunden, der Verschuldung der Bundesrepublik werde eine übertriebene Aufmerksamkeit gewidmet. Aus ökonomischer Sicht kann solch eine willkürliche Kriterienbildung zur Beurteilung des erreichten Verschuldungsstandes nicht als ausreichend angesehen werden. Die beiden einflußreichsten volkswirtschaftlichen Lehrmeinungen, die sich systematisch und mit praktisch-politischen Konsequenzen mit dem Stellenwert der Staatsverschuldung in der Wirtschaftspolitik beschäftigt haben, sind der Keynesianismus und der Neoliberalismus.

Der Keynesianismus nahm Abschied vom klassischen Budgetprinzip der Anpassung staatlicher Ausgabenentscheidungen an die Einnahmesituation. Die keynesianische Globalsteuerung ist demgegenüber, wie oben dargestellt, antizyklisch konzipiert. Sie

---

270 Frankfurter Rundschau, 29.9. 1991, S.1.
271 Bundesminister der Finanzen: Finanzbericht 1990, Bonn 1989, S. 252.

erlaubt die Aufnahme zusätzlicher Kapitalmittel zur Aufgabenfinanzierung in Zeiten wirtschaftlichen Niedergangs mit dem Ziel der Konjunkturbelebung, und sie zielt darauf ab, dem Markt Finanzmittel bei überschäumender Konjunktur zur Bekämpfung der Inflationsgefahr zu entziehen, Mittel mit denen in Krisenzeiten aufgenommene Kredite beglichen werden sollten.

Dieses Modell des ökonomischen Ausgleichs und des lediglich instrumentellen Einsatzes von Krediten, fand seine politischen Grenzen in der Regierungspraxis der Bundesrepublik in der mangelnden Bereitschaft der Bundesregierungen der 70er Jahre, Zeiten günstiger Konjunktur zur Schuldentilgung zu nutzen[272] und in der dem Modell externen Variable weltwirtschaftlicher Verpflichtungen der Bundesrepublik, die mehrmals zu einer Ausgabenpolitik zur Ankurbelung der Weltkonjunktur führten.

Neoliberale Ökonomen haben den Keynesianern entgegenhalten, daß der mit dem *deficit-spending* angestrebte konjunktursteuernde Effekt sich gleichermaßen durch entprechende Steuersenkungen (in Krisenzeiten) und Steuererhöhungen (in Boomphasen) erzielen ließe[273], ohne daß, wie beim Versagen des keynesianischen Instrumentariums, Inflationsgefahr bestünde und der Staat zusätzlich den Kapitalmarkt überbelaste. Letztere Wirkung der staatlichen Kreditnachfrage biete die Gefahr des „crowding out", also der Verdrängung privater Nachfrage nach Krediten aufgrund von Kapitalmangel und zu hohen Zinsen, und verursache damit eine Lähmung der privaten Investitionstätigkeit.

Die praktische Relevanz des *Crowding out*-Konzepts ist aus mehreren Gründen bestritten worden. Es wurde darauf hingewiesen, daß dieses auf den Prämissen einer vollausgelasteten Wirtschaft und einer durch mehrere Faktoren begrenzten Geldmenge (also auch kein Kapitalzufluß aus dem Ausland) basiere. Gerade eine solche Situation habe es in Deutschland in den achtziger Jahren, als das Crowding out-Argument die Debatte um die zunehmende Staatsverschuldung beherrschte, nicht gegeben. Tatsächlich verdrängte die staatliche Kreditaufnahme nicht Private, sondern

---

272 Vgl. Hartwig Donner: Verfassungsgrenzen der Staatsverschuldung, in: Zeitschrift für Parlamentsfragen 18(1987), S. 442f. und Wolfram Höfling: Bundesverfassungsrechtliche Direktiven für die Staatsschuldenpolitik, in: Der Staat 29(1990), S. 256f.
273 Milton Friedman: Capitalism & Freedom, Chicago/London 1962, S. 76f.

nahm das von den Privaten angebotene Kapital auf, „um es einer sinnvollen Verwendung zuzuführen, da das Kapital andernfalls ungenutzt bliebe."[274].

In einer umfassenderen Kritik des „Crowding out"-Konzeptes wird darüber hinaus der ihm zugrundeliegenden Quellentheorie (konstanter Kapitalfluß, der durch die Kreditnachfrage verringert wird) die Fontänentheorie gegenübergestellt:[275]

„In dem Maße, in dem der Staat (per Saldo) Kredit aufnimmt (,Wasser absaugt'), tätigt er einen Ausgabenüberschuß, der gleichzeitig Einnahmenüberschüsse bei irgendwelchen anderen Wirtschaftssubjekten darstellt; diese anderen Wirtschaftssubjekte verfügen damit über entsprechend höhere potentiell anlagebereite Mittel, die somit in den ‚Teich' zurückfallen."

Die empirische Überprüfung des *Crowding out*-Effektes für die Bundesrepublik hat ergeben, daß dieser bis Mitte der siebziger Jahre keine Rolle spielte.[276] Glastetter u.a.[277] kommen bei ihrer Analyse der wirtschaftlichen Entwicklung in der Bundesrepublik im Zeitraum 1950-1980 geradezu zum gegenteiligen Ergebnis, wenn sie feststellen, „daß eine Absorption der Kapitalbildung durch den Unternehmenssektor eine als unrealistisch anzusehende Investitions- bzw. Verschuldungsbereitschaft im Unternehmenssektor zur Voraussetzung gehabt hätte, was den Umkehrschluß nahelegt, daß es zur Staatsverschuldung keine realistische Alternative gibt." Auch in den achtziger Jahren gelang es dem Privatsektor zumeist mindestens teilweise, Verdrängungseffekte durch den Rückgriff auf Auslandskredite bzw. den entsprechenden Einsatz von Rücklagen auszugleichen.[278]

---

274 Hans-Jürgen Krupp: Staatsverschuldung – Mittel oder Hemmschuh der zukünftigen Wachstums- und Beschäftigungspolitik?, in: Diethard B. Simmert/Kurt Dieter Wagner (Hrsg.): Staatsverschuldung kontrovers, Köln 1981, S. 78.
275 Wolfgang Stützel/Wilfried Krug: Drei Bemerkungen zur Frage nach den Grenzen öffentlicher Verschuldung, in: Simmert/Wagner, a.a.O., S. 51.
276 Vgl. OECD: Budget Financing and Monetary Control, Paris 1982, S. 105ff.
277 Werner Glastetter/Rüdiger Paulert/Ulrich Spörel: Die wirtschaftliche Entwicklung in der Bundesrepublik Deutschland 1950-1980, Frankfurt/Main, New York 1983, S. 28.
278 Roland Sturm: Haushaltspolitik in westlichen Demokratien, Baden-Baden 1992, S. 89.

Festzuhalten bleibt also, daß auch über die ökonomischen Grenzen der Staatsverschuldung keine Einigkeit besteht. Einerseits konkurrieren unterschiedliche volkswirtschaftliche Paradigmen, andererseits widersprechen empirische Befunde und die praktisch-politische Umsetzung der Theoreme den Modellannahmen.

c) Eng verbunden mit den ökonomischen Grenzen der Staatsverschuldung sind die vermeintlich *psychologischen*. Staatliche Schuldenpolitik, so das Argument, verbreite den Eindruck mangelnder finanzpolitischer Solidität eines Staates, was diesen als Investitionsstandort in Verruf bringe. Schuldenpolitik impliziere die Gefahr zukünftiger Steuererhöhungen, was ebenfalls investitionsbereite Unternehmen abschrecke. Hinzu komme eine psychologische Hemmschwelle privater Investoren im Falle einer allzuweiten Ausdehnung des staatlichen Kreditbedarfs. Der Bund der Steuerzahler[279] hat das Syndrom der Verschuldungsangst so beschrieben:

„Bei einer explosiv steigenden Staatsverschuldung kann... auch die Einstellung der Bürger und der Wirtschaft zu ihrem Staat Schaden leiden, insbesondere das Vertrauen in die Solidität der öffentlichen Finanzwirtschaft gemildert werden. In unserem Land hat sich ja die öffentliche Hand in den letzten 60 Jahren zweimal durch Inflation und Währungsumstellung von ihren Schulden befreit. Viele Bürger haben dies mit Vermögensverlusten bezahlen müssen. ... Unsicherheiten und Mißtrauen gegenüber einer hohen Staatsverschuldung können auch auf die Investitionsbereitschaft durchschlagen, da sie die Zukunftserwartungen der Investoren verschlechtern."

Wirtschaftspsychologische Annahmen dieser Art sind naturgemäß schwer zu verifizieren. Man kann wohl davon ausgehen, daß es hier deutlicher Differenzierungen nach Branchen, Unternehmensgröße und der Psyche einzelner Unternehmerpersönlichkeiten bedarf. Für das Festlegungen greifbarer und handlungsleitender Grenzen der Staatsverschuldung sind solche Annahmen wenig hilfreich, auch wenn ihr politisches Gewicht nicht unterschätzt werden darf.

d) *Politische Grenzen*: Die Tatsache, daß sowohl aus rechtlicher Sicht, als auch nach ökonomischen und psychologischen Kriterien absolute oder relative Grenzen der Staatsverschuldung konsensuell nicht festzulegen sind, eröffnet einen beträchtlichen politischen

---

279 Bund der Steuerzahler: Finanzpolitik am Scheideweg, Wiesbaden 1980, S. 35f.

Gestaltungsspielraum. Die politische Hauptsorge im Zusammenhang mit der Entwicklung des Haushaltsdefizits gilt der raschen Abnahme des haushaltspolitischen Handlungsspielraums in der Ausgabenpolitik, der ohnehin aufgrund gesetzlicher Ausgabenverpflichtungen auf jährlich 5 bis 10% der Haushaltssumme begrenzt ist.[280] Auch ohne die neuen Zinslasten durch die Kosten der deutschen Einheit wuchs der Schuldendienst des Bundes von 1979: 5,6% der jährlichen Gesamtausgaben auf 1989: 11,1%, der der Länder von 4,1% auf 7,7% und der der Gebietskörperschaften von 5,3% auf 8,8%, während die jährliche Zinsbelastung der Gemeindeausgaben von 4,4% auf 3,9% sank. Gäbe es einen Minister für die Bundesschuld, so könnte er nach dem Sozialhaushalt den zweitgrößten Einzelhaushalt vorweisen. Mit der Sorge um die Einschränkung des haushaltspolitischen Handlungsspielraums durch eine Politik der Staatsverschuldung ist das ungelöste ethische Problem verknüpft, inwieweit heutige Generationen „auf Kosten" zukünftiger leben dürfen, oder anders ausgedrückt, wo die Grenze zwischen vorweggenommenem Konsum und einer Politik der Vorsorge verläuft.

Anders als Adolph Wagners (Nationalökonom, 1835-1917) als klassisch geltendes „Gesetz der wachsenden Staatstätigkeit" vermuten ließe[281], ist ein solcher Trend der Ausgabenzuwächse, mit denen sich häufig eine wachsende Staatsverschuldung verbindet, bei entsprechend rigorosem Einsatz sparpolitischer Mittel und zusätzlicher Einnahmen aus dem Verkauf von staatlichem Eigentum durchaus umkehrbar, auch wenn dies aus politischen Gründen, insbesondere beim Vorhandensein starker gesellschaftlicher Gegenkräfte und mit eigener Legitimation und Ausgabenbefugnis ausgestatteter Regierungsebenen, eher die Ausnahme als die Regel ist. In der Geschichte der Bundesrepublik lassen sich vier Perioden des Umgangs mit dem Problem der Staatsverschuldung abgrenzen:

1) Die Gründung der Bundesrepublik bis zur neuen Finanzpolitik der Großen Koalition: Grundlage dieser ersten Phase der Finanz-

---

280 So z.B. Hans Clausen Korff: Haushaltspolitik. Instrument öffentlicher Macht, Stuttgart etc. 1975, S. 52.
281 Vgl. Adolph Wagner: Staat (in nationalökonomischer Sicht), in: Handwörterbuch der Staatswissenschaften, Band VII, Jena ^{3}1911, S. 727-739.

politik war der Artikel 115 des GG in seiner alten Fassung, der folgenden Wortlaut hatte:

„Im Wege des Kredits dürfen Geldmittel nur bei außerordentlichem Bedarf und in der Regel nur für Ausgaben zu werbenden Zwecken und nur auf Grund eines Bundesgesetzes beschafft werden. Kreditgewährungen und Sicherheitsleistungen zu Lasten des Bundes, deren Wirkung über ein Rechnungsjahr hinausgeht, dürfen nur auf Grund eines Bundesgesetzes erfolgen. In dem Gesetze muß die Höhe des Kredites und der Umfang der Verpflichtung, für die der Bund die Haftung übernimmt, bestimmt sein."

Auch wenn die Begriffe „außerordentlicher Bedarf" und „werbende Zwecke" in der Praxis weit ausgelegt wurden, bot diese Konzeption eine deutliche politische Schranke gegen jegliche Form einer offensiven Verschuldungspolitik. Letztere wurde erst durch die Finanzreform von 1969 und die damit verbundene Änderung des Artikels 115 GG legitimiert.

2) Die „keynesianische" Phase von 1966/67 bis Ende der 70er Jahre: Die erfolgreiche Bekämpfung der Wirtschaftskrise Mitte der 60er Jahre mit den neuen wirtschaftspolitischen Instrumenten, zu denen auch das *deficit spending* gehörte, nahm der Politik der Staatsverschuldung ihren „anrüchigen" Charakter, auch wenn es bedenklich schien, wie sehr selbst Haushaltspolitiker das neue Instrumentarium auf einfache Formeln für die Tagespolitik zurechtschnitten. Eine Interviewstudie zum Haushaltsaussschuß des Deutschen Bundestages zitiert einen Abgeordneten, der berichtet „bis 1972 habe ein ‚Primitivkeynesianismus' im Ausschuß vorgeherrscht, der auf den Nenner gebracht werden konnte: ‚Ausgaben sind gut'."[282] Grundgesetzänderungen, Stabilitätsgesetz, Bundeshaushaltsordnung und Haushaltsgrundsätzegesetz haben bis heute die „keynesianische" Ausrichtung des Haushaltsrechts bewahrt.

3) Die Sparpolitik der achtziger Jahre: Mit der Wahlkampfauseinandersetzung des Jahres 1980 und endgültig mit der politischen Wende des Jahres 1982 setzte sich die neoliberale Sicht der Schädlichkeit überbordender Staatsverschuldung durch. Als Begründungsmuster für die Haushaltspolitik diente der Gedanke einer Po-

---

282 Roland Sturm: Der Haushaltsausschuß des Deutschen Bundestages, Opladen 1988, S. 28.

litik der Haushaltskonsolidierung[283], auch wenn diesem de facto keine drastische Rückführung des Schuldenstandes des Bundes entsprach. Die Verschuldung des Bundes, die im Dezember 1980 noch 232,32 Milliarden DM betragen hatte, wuchs bis Dezember 1985 auf 392, 356 Milliarden und bis März 1990 auf 495, 473 Milliarden DM).[284]

Das eigentlich Bemerkenswerte ist aus der Perspektive der Sparpolitik aber nicht die Tatsache, daß tatsächliche oder vermeintliche ökonomische und politische Zwänge eine konsequente Wende hin zum Schuldenabbau verhinderten, erstaunlicher ist vielmehr, daß die Konsolidierungspolitik auf die Folie des keynesianischen gesetzlichen Rahmenwerkes aufgetragen wurde. Die neue normative Grundorientierung bildete den Hintergrund der oben erwähnten Verfassungsklage der CDU/CSU – Bundestagsfraktion, wobei diese aber ungenügend in Rechnung stellte, daß die keynesianische Substanz der Haushaltsgesetze trotz gewandelten Selbstverständnisses des Gesetzgebers weiterhin Geltung zu beanspruchen vermochte. Das Verfassungsgericht[285] hat den Finger auf diese Wunde gelegt und hat die Diskrepanz zwischen finanzwissenschaftlichem Erkenntnisstand und gesetzlicher Normierung so kommentiert: „Darin liegende Unbestimmtheiten aufzulösen und die Instrumentarien der Haushalts- und Finanzpolitik im Hinblick auf etwaige neue wissenschaftliche Erkenntnisse zu verändern, ist Aufgabe des Gesetzgebers; das Bundesverfassungsgericht ist hierzu nicht berufen."

4) Die Politik der deutschen Einheit. Sie hat mit der Begründung der herausragenden Bedeutung und der Einmaligkeit der politischen Veränderung bisher alle Verschuldungsgrenzen gesprengt. Auch die durch die Verschuldung bewirkte Bindewirkung für kommende Generationen wird aus nationalem Interesse für gerechtfertigt gehalten.

---

283 Zu speziellen Strategien vgl. u.a. Eberhard Fricke: Haushaltskonsolidierung. Beobachtungen, Erfahrungen und Erkenntnisse aus zehnjähriger Praxis in einem Bundesland, in: Finanzarchiv 43 (1985), S. 385-420.
284 Deutsche Bundesbank: Monatsberichte 42(8)1990, S. 63.
285 Bundesverfassungsgericht a.a.O., S. 336.

Tabelle 5: Staatsverschuldung nach Haushaltsebenen

Mrd. DM	1990	1991	1992	1993	1994
Bund[1]	542	586	607	671	811
Westdeutsche Länder[2]	329	345	365	390	413
Ostdeutsche Länder	-	4	19	36	57
Westdeutsche Gemeinden	126	120	125	136	146
Ostdeutsche Gemeinden[3]	-	8	12	24	35
Fonds Deutsche Einheit	20	51	74	89	92
Kreditabwicklungsfonds	28	27	92	109	140
ERP-Sondervermögen	9	16	24	34	43
Sonstige[4]	-	10	9	9	9
Insgesamt	1053	1167	1327	1495	1743
In % des BIP[5]	*43.7*	*41.7*	*44.1*	*48*	*53.5*
Nachrichtlich:					
Treuhandanstalt	14	39	111	177	230
Deutsche Bundespost	71	82	97	109	120
Deutsche Bundesbahn/Reichsbahn	48	43	53	68	-

1. Unter Ausklammerung der bis Ende 1991 bei Bundesbahn und Reichsbahn aufgelaufenen Schulden, die ab 1994 vom Bund übernommen werden (70 Mrd. DM).
2. Einschl. Berlin
3. Ohne Altschulden aus dem kommunalen Wohnungsbau
4. Sonstige Gebietskörperschaften.
5. Für 1990 in Prozent des westdeutschen BIP.

Quelle: OECD: Deutschland (Wirtschaftsberichte 1992/93), Paris 1993, S. 100

3.3. Die Finanzierung der Deutschen Einheit und Haushaltsrisiken

Mit der Einheit explodierte die Zahl der Schatten- und Nebenhaushalte, die trotz des Gebots der Einheitlichkeit und Vollständigkeit des Haushalts bestenfalls langfristig in den Bundeshaushalt integriert werden und so zumindest in der näheren Zukunft die tatsächliche Höhe des Defizits verschleiern. Bei den für den Kreditbedarf zu berücksichtigenden Sonderhaushalten[286] bzw. speziell auftretenden Kostenfaktoren handelte es sich zunächst um:[287]

1) den von Bund und Ländern gemeinsam getragenen *Fonds „Deutsche Einheit"*. Von seinem Gesamtvolumen von 115 Milliarden DM werden 95 Milliarden kreditfinanziert. Der jährliche Schuldendienst für diesen Fonds wächst von 2 Milliarden DM im ersten Jahr auf 9,5 Milliarden DM ab 1995. Je nach Zinsentwicklung wird es 15-20 Jahre dauern bis diese Schuld beglichen sein wird. Die westlichen Bundesländer wälzen 40% ihres Anteils an dieser Kreditfinanzierung auf ihre Kommunen ab. Ab 1995 sind dies jährliche Belastungen von 1,9 Milliarden DM.

2) den *Kreditabwicklungsfonds* (KAF), der eine Reihe von Kreditrisiken bündelte, für die der Bund die Verantwortung als Rechtsnachfolger der ehemaligen DDR übernommen hat. Hierzu gehören die Inlandsschulden des DDR-Zentralstaates, die ohne Wohnungsbaukredite auf ca. 28 Milliarden DM geschätzt werden und von denen 1991 bis zu 21 Milliarden DM fällig wurden. Hinzu kommen Ausgleichsforderungen der Banken an den Bund, die dadurch entstanden, daß bei der Währungsunion für Banken und Privatpersonen unterschiedliche Umtauschkurse galten (zuungunsten der Banken). Aktiva und Passiva der Banken gerieten so in ein Ungleichgewicht, das der Bund durch verzinsliche Nettoausgleichsforderungen für die Banken beseitigte, die diese auch für ihre Refinanzierung bei der Deutschen Bundesbank nutzen können. Die so entstandenen Verbindlichkeiten haben eine Größenordnung von 35 Milliarden DM. Teil des KAF ist auch der Kreditermächtigungsrahmen der Treuhandanstalt. In den Kreditabwicklungsfonds ebenfalls eingestellt wurde ein Betrag von 15 Milliarden DM, den die DDR ab der Jahresmitte 1990 bis zum 2. Oktober als Kredit für ihren Staatshaushalt aufnahm und der, anders als der Republikhaushalt für diese Zeit, nicht in den Abschnitt B des Bundeshaushaltes übernommen wurde.

Der Bund hat auch die Gewährträgerhaftung für die Staatsbank der DDR übernommen. Diese hielt Forderungen, die in ihrem tatsächlichem Wert berichtigt werden müssen. Zum einen sind

---

286 Vgl. Michael Kilian: Nebenhaushalte des Bundes, Berlin 1993.
287 Vgl. Roland Sturm: Staatsverschuldung, Opladen 1993, S. 56ff.

dies Forderungen gegenüber Entwicklungsländern, zum anderen und von weit größerer Bedeutung sind dies Transferrubelforderungen aus dem Wirtschaftsverkehr des aufgelösten Rats für gegenseitige Wirtschaftshilfe (RGW) in Höhe von 30 Milliarden DM. Polen wurde 1991 die Transferrubelschulden gegenüber der Bundesrepublik in Höhe von 5,8 Milliarden DM erlassen. Weitere Belastungen ergeben sich aus der Vereinbarung der sieben großen Industrieländer über einen Tilgungsaufschub für die Sowjetunion vom Dezember 1991. Die bis Ende 1992 möglichen Erleichterungen wurden je zur Hälfte von den öffentlichen Gläubigern und den Banken übernommen. Für den Bundeshaushalt bedeutete dies 1992 einen Einnahmeausfall von 1,1 Milliarden DM. Unabhängig von diesen Forderungen wurden 1991 2,7 Milliarden DM Refinanzierungskosten für diesen Fondsanteil erforderlich. Im Januar 1992 wurde in Paris acht ehemaligen Sowjetrepubliken (GUS) von 17 staatlichen Gläubigern ein Zahlungsaufschub bis Ende 1992 gewährt, bei dem auf die Bundesrepublik eine Ausfallsumme von 1,5 Milliarden DM entfällt. Schwer beziffern lassen sich die ebenfalls im KAF aufgegangenen Kosten der Auslandsschulden der DDR-Betriebe.

3) Ein weiterer Sonderhaushalt wickelt die *Schulden des DDR-Zentralstaates gegenüber dem Ausland* ab. Angaben über die Verschuldungshöhe bewegen sich zwischen 16 und 20 Milliarden DM.

4) Ein Sondertopf wurde zum Auffangen *der Verschuldung der DDR-Krankenkassen* gebildet. 12 Milliarden DM in Form von Betriebsmitteldarlehen wurden bisher für diesen Zweck zur Verfügung gestellt.

5) Schon im Sommer 1990 hatte die Allianz-Versicherung von der damaligen Regierung Modrow 51% der *staatlichen Versicherung der DDR* übernommen. Im Dezember 1991 sicherte sich die Allianz den restlichen Anteil, den ihr die Treuhandanstalt für 440 Millionen DM angeboten hatte. 500 Millionen DM mußte die Allianz für die Verluste der Versicherung im Jahre 1991 aufbringen. Nicht beglichen wurden von ihr aber die Altschulden der heute unter dem Namen Deutsche Versicherungs-AG firmierenden ehemaligen staatlichen Versicherungsgesellschaft in Höhe von 6 Milliarden DM. Diese Altschulden hat der Bund übernommen und wickelt sie in einem eigenständigen Fonds ab. Belastend für den Bundeshaushalt

wirkt sich zudem aus, daß die staatliche Versicherung der DDR dem DDR-Staat drei Milliarden DDR-Mark für den Bau von Soldatenquartieren zur Verfügung gestellt hatte. Dieses Darlehen, für das der Bund nun geradestehen muß, wurde mit der Währungsunion auf den Betrag von 1,5 Milliarden DM umgestellt. Bis zum Jahre 2002 muß dieses Darlehen entsprechend der Vereinbarungen mit der Allianz vom Sommer 1991 vom Bund an die Allianz zurückgezahlt werden, wobei zusätzlich zur geschuldeten Summe von 1,5 Milliarden DM jährliche Zinszahlungen in Höhe von 8,9% anfallen. Der Bund wird damit im Gegenzug Besitzer von 53 500 Wohnungen und 97 Eigenheimen der Sowjet- und NVA-Truppen, die jedoch größtenteils stark renovierungsbedürftig sind.

6) Ein Ausgabenfonds, dessen endgültiger Umfang noch ungewiß ist, soll *vermögensrechtliche Ansprüche* entschädigen, in denjenigen Fällen, in denen keine Rückgabe des früheren Eigentums erfolgt. Hier dürfte es sich um eine möglicherweise explosiv wachsende Haushaltsbelastung handeln, die angesichts der Komplexität der Materie, der Vielzahl juristischer Verfahren und der Schwierigkeiten mit dem Aufbau eines funktionierenden Justizwesens in Ostdeutschland sich über Jahrzehnte negativ bemerkbar macht und erheblich zur Staatsverschuldung beitragen wird.

7) Eigenständig zu finanzieren sind auch die *Kosten für die Stationierung und den Abzug der sowjetischen bzw. russischen Truppen aus Ostdeutschland*. Die hier genannten Finanzverpflichtungen bewegen sich in einer Größenordnung von 10-12 Milliarden DM. Die Gesamtbilanz der Hilfen an die Sowjetunion fällt jedoch deutlich umfassender aus. Eine Gesamtbelastung der Bundeshaushalte der kommenden Jahre von 61,7 Milliarden DM wurde vermutet.

8) Durch eine künstliche Scheidung der DDR-Staatsbank in die zwei Institute, Staatsbank Berlin und Deutsche Kreditbank AG (DKB), wurde letzterer die Aufgabe der *Abwicklung der Verbindlichkeiten der ehemaligen Volkseigenen Betriebe, der Landwirtschaftlichen Produktionsgenossenschaften, der Gemeinden, der neuen Länder und der Wohnungsbaugenossenschaften* gegenüber der Staatsbank übertragen. Die DKB ist eine 96%-ige Tochter der Treuhand. Kann sie ihre Forderungen in Höhe von 7 Milliarden (LPGs), 88 Milliarden (VEBs) bzw. 35-50 Milliarden (Gebietskörperschaften und Wohnungsbaugesellschaften) nicht eintreiben, so

muß die Treuhand und schließlich in letzter Instanz der Bund als Eigentümer des Treuhandvermögens für diese einstehen. Beobachter gehen zur Zeit davon aus, daß 85% der genannten Beträge nicht mehr zu erheben sein werden.

Die bis zum 1.1.1995 im Rahmen eines Teils der Nebenhaushalte zur Finanzierung der deutschen Einheit aufgenommenen Kredite, nämlich die Verpflichtungen der Treuhand (420 Milliarden DM), des Kreditabwicklungsfonds (140 Milliarden DM) und die Altschulden des kommunalen Wohnungsbaus (30 Milliarden DM) wurden in einen neuen Erblasttilgungsfonds eingebracht. Der Bund übernimmt ab 1995 den auf 37 Milliarden DM im Jahr geschätzten Kapitaldienst.[288]

Kurzfristig reagierte die Politik auf den zusätzlichen einheitsbedingten Finanzierungsbedarf des Jahres 1990 noch mit Nachtragshaushalten. Der erste, im Sommer 1990, umfaßte nur 3,9 Milliarden DM. Im Oktober 1990 folgte ein zweiter, der weitere 13 Milliarden DM mobilisierte. Schließlich wurde noch ein dritter Nachtragshaushalt erforderlich, mit dem nochmals 15 Milliarden DM bewilligt wurden. Zusätzlich wurde für 1991 und 1992 das „Gemeinschaftswerk Aufschwung Ost" mit einer Finanzausstattung von 12 Milliarden DM aus der Taufe gehoben. Es enthielt im wesentlichen ein Sofortprogramm kommunaler Investitionen (1991: 5 Milliarden DM), Gelder für Arbeitsbeschaffungsmaßnahmen in der gleichen Größenordnung, sowie Mittel für Verkehrsinfrastrukturmaßnahmen (zusammen rund 5,6 Milliarden DM). Begleitet war die Ausgabenexpansion von einer Erhöhung zahlreicher Steuern und Abgaben, wie der Postgebühren und der Versicherungs-, Tabak- und Mineralölsteuern. Der Beitragssatz der Arbeitslosenversicherung wurde angehoben. Und von Juli 1991 bis Juni 1992 wurde ein Solidaritätszuschlag von 7,5% auf die Lohn-, Einkommen- und Körperschaftssteuer erhoben. Ausgeweitet wurde auch die jährliche Nettokreditaufnahme des ERP-Sondervermögens, aus dem nun zinsgünstige Darlehensprogramme für Existenzgründungen, Betriebsmodernisierungen und Vorhaben im Umweltbereich in Ostdeutschland finanziert werden sollen. Betrug die Nettokreditaufnahme im Rahmen des ERP in den achtziger Jahren noch lediglich höchstens 1,5 Milliarden DM per annum, so wuchs dieser

---

288 Vgl. Ehrlicher, a.a.O., S. 27.

Betrag 1990 auf 2,5 Mrd. DM und 1991 auf 7 Milliarden DM. Nachtragshaushalte in beträchtlichem Umfange wurden auch in den Jahren 1992 und 1993 erforderlich. Weitere Finanzmittel wurden 1993 mit dem Föderalen Konsolidierungsprogramm mobilisiert, das, nach der Erhöhung der Mineralölsteuer zu Jahresbeginn 1994 zur Finanzierung der Bahnreform, ab 1995 weitere Steuererhöhungen (u.a. Versicherungsteuer, Vermögensteuer) und die unbefristete Wiedereinführung des Solidaritätszuschlages vorsah. Zur Eindämmung der Staatsausgaben legte die Bundesregierung 1994 ein weiteres Sparpaket, das sogenannte Spar-, Konsolidierungs- und Wachstumsprogramm vor, mit Kürzungen bei den Sozialleistungen von 15 Mrd. DM (insbesondere bei Arbeitslosengeld und Arbeitslosenhilfe) und Einsparungen durch Personalabbau und eine weitere Nullrunde bei der Beamtenbesoldung, sowie gezielten Maßnahmen gegen den Steuermißbrauch und den ungerechtfertigten Bezug von Sozialleistungen.

Die kommenden *Haushaltsrisiken* sind schwerer zu benennen als je zuvor in der deutschen Geschichte. Ungewißheit besteht über die alten und neuen Folgelasten der deutschen Einheit, vor allen Dingen über den Kreditbedarf des Erblasttilgungsfonds und der Nachfolgeorganisationen der Treuhandanstalt (u.a. Treuhand-Liegenschaftsgesellschaft/ TLG, Bodenverwertungs- und verwaltungsgesellschaft/ BVVG, Service-Betriebe u.a. im EDV-Bereich, Gesellschaft für Vertragsmanagement, Abwicklung und Reprivatisierung/ VAR, Portfolio-Management-Gesellschaft und die Bundesanstalt für vereinigungsbedingtes Sondervermögen). Unklar sind die Höhe der finanziellen Aufwendungen zur Leistung von Entschädigungszahlungen bei nicht zurückgegebenem Immobilieneigentum, sowie die Gesamtkosten des russischen Truppenabzugs (alleine geschätzte Sanierungskosten ehemaliger Liegenschaften: 25 Mrd. DM[289]) und der Hilfen an Osteuropa und die GUS-Staaten (Zahlungen 1989-93: 125 Mrd. DM)[290]. Hinzu kommen die oben erwähnten ungeklärten finanziellen Folgewirkungen der Hermes-Exportbürgschaften. Unbestimmt sind auch die Kosten für – je nach Sichtweise – die Verlegung des Regierungssitzes von Bonn nach Berlin bzw. des „Doppelregierungssitzes" Berlin/Bonn. Schätzungen sprechen von 60 bis 80 Milliarden DM verteilt auf acht bis

---

289 Nach: Frankfurter Rundschau, 1.6. 1993. S.5.
290 Nach: Der Spiegel, 17.1. 1994, S. 19.

fünfzehn Jahre. Ungeklärt sind des weiteren die Folgelasten der Bahn- und Postprivatisierungen.

Ende 1990 überschritt das Gesamtdefizit der öffentlichen Haushalte erstmals die Billionengrenze (ohne Bahn und Post). Es betrug 1 053 Milliarden DM und damit 124 Milliarden DM bzw. 13,5% mehr als im Vorjahr. Bezogen auf das Bruttosozialprodukt erreichte das Defizit mit 43,5% einen neuen Höchststand erreichte, 1980 hatte es ca. 31,5%, 1970 erst 18,5% betragen. Zu den Zahlen von 1990 sind noch die schwer zu schätzenden Schuldenstände der meisten Sonderhaushalte hinzuzuzählen. Schlesinger u.a.[291] nennen hier eine mögliche Summe von weiteren 80 bis 100 Milliarden DM für 1991. Die jährliche Nettokreditaufnahme des Bundes, die mit der deutschen Einheit Rekordhöhen erreicht hat (1990: 48,0 Milliarden DM; 1991: 53,2 Mrd., 1992: 39,3 Mrd., 1993: 66,9 Mrd. DM, 1994: ca. 70 Milliarden DM[292]), soll 1995 erneut 69 Milliarden DM betragen (alternative Schätzungen sprechen von 80 Milliarden DM). Die Zinsausgaben des Bundes hatten bereits 1992 das Niveau der Neuverschuldung erreicht. Mit anderen Worten, das 1992 neu geliehene Geld wurde fast vollständig für den Schuldendienst gebraucht und stand damit zur Finanzierung politischer Aufgaben nicht mehr zur Verfügung.

Geht die Entwicklung ohne dramatische Trendumkehr weiter, sieht der ehemalige Bundesbankpräsident Schlesinger die Bundesrepublik auf dem Weg in die Verschuldungsfalle. Mit anderen Worten, es besteht die Gefahr, daß der haushaltspolitische Handlungsspielraum des Bundes, aber auch der anderer politischer Ebenen rapide schrumpft und alleine für den Schuldendienst eine immer größere Haushaltsbelastung entsteht. Die Finanzpolitik, so warnte der Sachverständigenrat[293] (1990/91: 188) geriete „dann in einen Teufelskreis, weil immer höhere Kredite beansprucht werden müßten, um die ansteigenden Zinslasten zu decken. Früher oder später wird die Haushaltskonsolidierung notwendig, und die in der Vergangenheit gescheuten Ausgabensenkungen oder Steu-

---

291 Helmut Schlesinger/Manfred Weber/Gerhard Ziebarth: Staatsverschuldung ohne Ende?, Darmstadt 1993, S. 232ff.
292 Nach OECD 1994, a.a.O. S. 63.
293 Sachverständigenrat zur Begutachtung der gesamtwirtschaftlichen Entwicklung: Jahresgutachten 1990/91, Bonn 1991 (Bundestagsdrucksache 11/8472), S. 188.

ererhöhungen werden unumgänglich, und zwar in erheblich größerem Umfang, als es früher notwendig gewesen wäre." In der Tendenz bedeutet dies, daß selbst der Status Quo in der Ausgabenpolitik in Frage steht und eigentlich Neuverschuldung auszuschließen wäre. Der Bundesrechnungshof hat in seinen Bemerkungen von 1991 konkret darauf verwiesen, daß trotz der damals geplanten Halbierung der jährlichen Neuverschuldung des Bundes bis 1995 die Schulden des Bundes letztlich nicht mehr getilgt werden, sondern durch immer neu aufgenommene Kredite refinanziert werden müssen. Deshalb müssen, so der Rechnungshof, „heute und in Zukunft Zinsen auch für solche Kredite gezahlt werden, deren Gegenwert ganz oder teilweise schon nicht mehr vorhanden ist."[294]

Prognosen über die exakte Größenordnung der Verschuldungsentwicklung in den nächsten Jahren bleiben umstritten, nicht zuletzt, weil Uneinigkeit besteht über a) die Höhe des Finanzbedarfs bei einzelnen Aufgaben und b) die Liste neuer Ausgaben, zu denen man auch Pauschalbeträge zählen könnte, wie z.B. für die Beseitigung von Umweltschäden in Ostdeutschland (20 bis 30 Milliarden DM in den nächsten 10 bis 15 Jahren), den Abriß und die Entsorgung der Kernkraftwerke im Osten (6 bis 7 Milliarden DM in den nächsten fünf Jahren) oder befürchtete Milliardenfehlbeträge bei der Bundesanstalt für Arbeit. Ob alle diese Ausgaben tatsächlich ungedeckt sind und deshalb *direkt* zur Ausweitung des Defizites beitragen ist bisher noch ungeklärt.

Fest steht allerdings, daß die Zinszahlungen der öffentlichen Hand sich ausweiten werden. Die Bundesschuld ist zu einem der wichtigsten Ausgabenposten des Bundeshaushaltes geworden. Setzt sich der Trend der Verschuldung fort, so muß bald ein Fünftel der Bundesausgaben für diesen Zweck ausgegeben werden. Nach jüngsten auf den Daten der Bundesschuldenverwaltung in Bad Homburg beruhenden Prognosen[295] wird die Verschuldung des Bundes, die 1982 zum Zeitpunkt der politischen „Wende" von der sozialliberalen zur christlich-liberalen Koalition 308 Milliarden DM betrug und die Ende 1993 auf 685 Milliarden DM (mit den von der Bundesschuldenverwaltung betreuten Nebenhaushalten: auf 943 Milliarden DM) angewachsen war, Ende 1997 selbst bei deutlicher Rückführung der Neuverschuldung auf 38 Milliarden DM

---

294 Zitiert nach Frankfurter Rundschau, 18.9. 1991, S.1.
295 Frankfurter Allgemeine Zeitung, 22.6. 1994, S.8.

mindestens 907,3 Milliarden DM betragen. Die öffentliche Verschuldung insgesamt wird von 1982: 675 Milliarden DM über 1991 1,458 Billionen DM auf 1995: 2,255 Billionen DM anwachsen, und damit werden die gesamten jährlichen Zinsausgaben auf 170 Milliarden DM steigen.

Die Verschuldungsentwicklung ist aber nicht mehr nur ein Problem wirtschaftlicher Stabilität. Ihre Größenordnung kann auch die europäische Wirtschafts- und Währungsintegration beeinträchtigen. Im Vertrag von Maastricht wurde als Vorbedingung für die Teilnahme von EU-Staaten an einer europäischen Währungsunion festgelegt, daß deren öffentlicher Schuldenstand 60% des Bruttoinlandprodukts zu Marktpreisen nicht überschreiten solle und daß das Jahreshaushaltsdefizit auf höchstens 3% des BIP begrenzt bleiben soll. Nach Berechnungen der Bundesbank[296] hatte der Schuldenstand 1993 schon eine Größenordnung von 56% des BIP erreicht. 1994 ist ein Überschreiten der 60%-Grenze möglich. Das Jahreshaushaltsdefizit 1993 war mit 3,3% des BIP bereits größer als die vorgegebene Richtgröße.

4. Grenzen staatlicher Intervention in das Wirtschaftsgeschehen ("Industriepolitik")

Der Begriff „Industriepolitik" bleibt in der deutschen Diskussion umstritten und mißverständlich.[297] Auch wenn kein ausformuliertes Konzept zur staatlichen Intervention im Rahmen der Industriepolitik existiert, ist diese dennoch de facto allgegenwärtig, wenn darunter die Summe aller staatlichen Maßnahmen, die auf die Gestaltung industrieller Strukturen gerichtet sind, verstanden wird.[298]

---

296 Deutsche Bundesbank: Geschäftsbericht 1993, S. 42.
297 Roland Sturm: The Industrial Policy Debate in the Federal Republic of Germany, in: Simon Bulmer (Hrsg.): The Changing Agenda of West German Public Policy, Aldershot 1989, S. 155-174.
298 Vgl. u.a. Victoria Curzon Price: Industrial and Trade Policy in a Period of Rapid Structural Change, in: Außenwirtschaft 41(2/3) (1986), S. 201. Ausführlicher zur Begriffsdebatte: Eberhard von Einem: Industriepolitik: Anmerkungen zu einem kontroversen Begriff, in: Ulrich Jürgens/ Wolfgang Krumbein (Hrsg.): Industriepolitische Strategien. Bundesländer im Vergleich, Berlin 1991, S. 11-33.

Marktoptimisten halten und hielten, trotz der national und international zu beobachtenden umfassenden bzw., wie erstere meinen, ausufernden Praxis der staatlichen Industrieförderung, jegliche Form der Intervention in das Wirtschaftsgeschehen für eine Erscheinungsform staatlicher Gängelung, die den Selbstoptimierungstendenzen des Marktes entgegenwirkt.[299] Die von ihnen präferierte Entscheidung zwischen „mehr Staat oder mehr Markt"[300] ist in allen westlichen Demokratien de facto nie einseitig als Entscheidung zwischen zwei Steuerungsprinzipien getroffen worden. Immer dominierte die Marktlogik, wenn auch in unterschiedlichem Maße modifiziert durch variierende Formen des staatlichen Interventionismus.

Insoweit sich Politik, Verwaltung und Industrie über die Notwendigkeit klar oder gar einig werden, nach Abstimmungen von Interventionen zu suchen, beziehungsweise bestimmte Instrumente, wie die Subventionspolitik, zielgerichtet einzusetzen, insoweit können sich auch umfassendere Erwartungen mit einer nun als „policy" konzipierten Handlungsstrategie verbinden. Dieser konzeptionelle Schritt erst ermöglicht den qualitativen Sprung von einer Politik der meist branchenspezifischen Konservierung wirtschaftlicher Strukturen hin zur Förderung des branchenübergreifenden industriellen Wandels. Die Gründe für die deutschen Probleme mit der Identifikation von Industriepolitik als Politikfeld sind zahlreich. Hervorzuheben sind:

a) historische: In der Bundesrepublik gibt es, etwa im Gegensatz zu Frankreich[301], keine Tradition der Industrieförderung als zentralstaatlicher Aufgabe. Ein „Industrieministerium", das alle Formen der Wirtschaftschaftsförderung und der Gestaltung wirtschaftlicher Rahmenbedingungen für die industrielle Entwicklung koordiniert, existiert nicht. Selbst nach der regierungsamtlichen Anerkennung des Keynesianismus in der zweiten Hälfte der 60er Jahre

---

299 Für viele: Erich Staudt: Technologiepolitik statt Marktwirtschaft, in: Nicolai Dose/Alexander Drexler (Hrsg.): Technologieparks, Opladen 1988, S. 214-226.
300 Ralf Zeppernick: „Mehr Staat oder mehr Markt?" Die Forderungen nach einer neuen Industrie- und Forschungspolitik, in: Hamburger Jahrbuch für Wirtschafts- und Gesellschaftspolitik 30(1985), S. 69-84.
301 Vgl. Wolfgang Neumann/Henrik Uterwedde: Industriepolitik. Ein deutsch-französischer Vergleich, Opladen 1986.

kam es nicht zu einer radikalen Abkehr von dem hergebrachten Konsens über die begrenzten Erwartungen an den Staat hinsichtlich einer industriepolitischen Gesamtkonzeption. Was gesteuert werden sollte war nicht der industriepolitische Strukturwandel an sich, auch wenn in Teilbereichen, wie dem Kohlebergbau[302], seit dem Ende der 50er Jahre unter wechselnden Regierungen der Staat vor zielgerichtetem Engagement keineswegs zurückschreckte. Gesteuert werden sollte lediglich die gesamtwirtschaftliche Entwicklung im globalen Maßstab, wobei davon ausgegangen wurde, daß es der Industrie quasi naturwüchsig gelingen werde, erfolgreiche Wettbewerbspositionen aufzubauen und zu erhalten.

b) ökonomische: Die staatliche Zurückhaltung bei Vorgaben zur Gestaltung der Industriestruktur wurde in entscheidender Weise durch die ökonomischen Erfolge der deutschen Wirtschaftsentwicklung in der Nachkriegszeit ermöglicht. Das Erreichen des zentralen Ziels der ökonomischen Rekonstruktion, der Wiedergewinnung der Wettbewerbsfähigkeit der deutschen Wirtschaft, bedurfte zunächst keiner staatlichen Anleitung; andere umfassende industrielle Strukturprobleme, wie sie in einigen wichtigen Industrieländern auftraten, fehlten zunächst. Weder hatten sich die Akteure, wie in Japan, dessen MITI (Ministry of International Trade and Industry) sich verdient oder unverdient – dies sei dahingestellt – dabei einen geradezu legendären Ruf erwarb[303], vor der deutschen Einigung mit Problemen der nachholenden wirtschaftlichen Entwicklung auseinanderzusetzen, noch war man, wie die britischen Regierungen, mit dem Problem des schrittweisen Zerfalls der industriellen Basis und damit verbunden, dem Verlust an internationaler Konkurrenzfähigkeit konfrontiert.[304]

Die Debatte um die gestalterischen Möglichkeiten einer zielgerichteten Industriepolitik entzündete sich in der Bundesrepublik in den achtziger Jahren, ähnlich wie in den USA, an griffigen Formeln, die die veränderte Konkurrenzsituation der Industrie ins-

---

302 Vgl. Peter Schaaf: Ruhrbergbau und Sozialdemokratie, Marburg 1978.
303 Zur Diskussion: Stephen Wilks/Maurice Wright (Hrsg.): The Promotion and Regulation of Industry in Japan, Basingstoke/London 1991.
304 Vgl. Roland Sturm: Von der „englischen Krankheit" zum Thatcherismus? Gesellschaftliche Krisen und politische Strategien im Großbritannien der 1970er und 80er Jahre, in: Karl Rohe/Gustav Schmidt (Hrsg.): Krise in Großbritannien?, Bochum 1987, S. 230-256.

gesamt betrafen (was diese Debatte von früher sektoral bezogenen strukturpolitischen Diskussionen unterscheidet) – Formeln wie, „technologische Lücke" (im Vergleich mit Japan und den USA) oder „Gefährdung der Zukunft des Industriestandortes Bundesrepublik". Ein starkes Bewußtsein wirtschaftlichen Wandels vermittelte auch die Perspektive des EG-Binnenmarktes '92 (Weißbuch 1985), zumal auch auf der EG-Ebene das Problem der Wettbewerbsfähigkeit v.a. im Hinblick auf die japanische Konkurrenz diskutiert wurde.

Auf europäischer Ebene reproduzierte sich zwar der deutsche Streit zwischen Wettbewerbspolitik und Industriepolitik, allerdings in weit politisierterer Form. Auch ordnungspolitischer Purismus muß sich hier an Resultaten messen lassen. In akademischen Debatten erfolgreiche wettbewerbspolitische Argumente wurden sehr rasch von dem Aktivismus der Kommission und des Rates zurückgedrängt, der nicht nur Industriepolitik mit anderer Bezeichnung, wie Fusionserlaubnis (siehe auch Kapitel V.1.), Kohäsionspolitik oder europäische Technologiepolitik, erlaubte, sondern auch mit dem Maastrichter Vertrag (Artikel 130) explizit auf industriepolitisches Handeln verpflichtet wurde. Im ersten Satz des Artikels 130 heißt es: „Die Gemeinschaft und die Mitgliedstaaten sorgen dafür, daß die notwendigen Voraussetzungen für die Wettbewerbsfähigkeit der Industrie der Gemeinschaft gewährleistet sind." In seinem letzten aber gleichzeitig: „Dieser Titel (hier für Artikel, R.S.) bietet keine Grundlage dafür, daß die Gemeinschaft irgendeine Maßnahme einführt, die zu Wettbewerbsverzerrungen führen könnte." Die Ambivalenz des Industrieartikels ist nur Symptom des erwähnten Zielkonfliktes zwischen Marktsteuerung und staatlicher Intervention zur Modernisierung der europäischen Wirtschaft, wobei letztere auch noch den unausgesprochenen Konflikt zwischen der Modernisierung zurückfallender Regionen in der EU (Kohäsionspolitik) und der Stimulierung ökonomisch-technischer Spitzenleistungen (in) der EU zur Verbesserung ihrer Wettbewerbsposition auf dem Weltmarkt in sich birgt.[305]

In der Bundesrepublik wurde Anfang der achtziger Jahre mit der Rezeption der Erfahrungen und Modelle anderer Länder in der

---

305 Roland Sturm: Konkurrenz oder Synergie? Nationale und europäische Industriepolitik, in: Michael Kreile (Hrsg.): Die Integration Europas, Opladen 1992 (= PVS-Sonderheft 23), S. 234-253.

Industrieförderung der Begriff „Industriepolitik" als Übersetzung des englischen „industrial policy" in die Debatte eingeführt, ohne daß jedoch mit diesem terminologischen Transfer ein gesellschaftlich akzeptierter Definitionsversuch verbunden gewesen wäre. Was damit ausblieb war der Prozeß der Operationalisierung, der den übernommenen Begriff auch übertragbar gemacht hätte. Für eine Definition des Begriffes, die sich an der Praxis der gestaltenden Eingriffe des Staates zur Beeinflussung des industriellen Wandels orientiert, sind vier Ziele des Staatseingriffes von zentraler Bedeutung:

a) Der Erhalt, der Ausbau and die Anpassung von Industriestrukturen *(Wirtschaftsstrukturpolitik)*.
b) Die geographische Neuverteilung von Industriestrukturen *(Regionalpolitik)*.
c) Die Stärkung der wirtschaftlichen Rolle der kleinen und mittleren Unternehmen *(Mittelstandspolitik)*.
d) Die Förderung der industriellen Innovation *(Forschungs- und Technologiepolitik)*.

Das mögliche Instrumentarium von Industriepolitik ist vielfältig. In der Bundesrepublik – und das gilt auch für die EU – wurde bisher aber immer vermieden, über Investitionsanreize hinausgehende Lenkungsmaßnahmen einzusetzen, wie sie etwa der Intention nach mit der französischen Nationalisierungspolitik nach 1981 verbunden waren.[306] Die in der zweiten Hälfte der 70er Jahre von Teilen der SPD geführte Debatte um die Errichtung von Strukturräten zur Steuerung von Investitionsentscheidungen blieb Episode.[307] Finanzielle Anreize stehen als Mittel zur Gestaltung industrieller Strukturen in Deutschland sicherlich im Vordergrund, sind aber nicht die einzigen Lenkungsformen. Unterschieden werden können:

a) *direkte monetäre* Angebote an die Industrie, wie Subventionen, Steuererleichterungen, Kreditgewährungen oder staatliche Investitionen und Regierungsaufträge.

---

306 Vgl. Richard Holton: Industrial Politics in France. Nationalisation under Mitterrand, in: West European Politics 9(1) 1986, S. 67-80.
307 Im Detail Hans Neck: Ordnungspolitische Bedeutung und Effizienz der Strukturpolitik in der Bundesrepublik Deutschland, Frankfurt/Main 1979.

b) *direkte nicht-monetäre* Angebote, wie die Beratung von Unternehmen, z.B. in der Technologiepolitik, oder bei der Genehmigung von Bauvorhaben und
c) *indirekte nicht-monetäre* Angebote, wie das Bereitstellen von Infrastruktur, das Aufrechterhalten eines niveauvollen Freizeit-, Bildungs- und Kulturangebots und die „Pflege" des Investitionsklimas.

Auf europäischer Ebene liegt der Schwerpunkt industrieller Förderbemühungen eindeutig im Bereich der über Programme gesteuerten direkten monetären Hilfen (Strukturfonds, Kohäsionsfonds), ergänzt vor allem in der Mittelstands- und zum Teil auch in der Forschungs- und Technologiepolitik durch direkte nicht-monetäre Elemente (Vermittlung von Informationen, Technologietransfer). Industriepolitische Eingriffe sind hier hinsichtlich der Beschlußfassung über diese und hinsichtlich ihrer Implementation stark formalisiert. Die Logik der Großorganisation EU samt ihrer Antragsverfahren und ihrer, insbesondere im Technologiebereich, Weltmarkt-Orientierung begünstigt den Lobbyismus von Großorganisationen.[308]

Auf kommunaler und Länderebene bildeten sich dagegen dauerhafte industriepolitische Koalitionen, vor allem im Bereich der Beratung und Unterstützung kleiner und mittlerer Unternehmen, heraus. Auch wenn mangels konzeptionellen und institutionellen Eigengewichts der Kommunen nicht generell von einer neuen Form der dezentralen Technologiepolitik[309] im Sinne einer dezentral initiierten Technologiepolitik gesprochen werden kann, ist auf der Länderebene und zum Teil auch kleinräumiger regional[310] ein entscheidender qualitativer Wandel in den Kooperationsbeziehungen von Staat und Wirtschaft hervorzuheben. Die Übereinstimmung in den Zielen, die Übereinstimmung in der Notwendigkeit, neue Wege des industriellen Erfolges zu suchen, sowie das finan-

---

308 Vgl. ausführlicher Roland Sturm: Die Industriepolitik der Bundesländer und die europäische Integration, Baden-Baden 1991, S. 123ff.
309 Vgl. Jochen Hucke/Hellmut Wollmann (Hrsg.): Dezentrale Technologiepolitik? Technikförderung durch Bundesländer und Kommunen, Basel etc. 1989.
310 Vgl. Roland Sturm: Economic Regionalism in a Federal State: Germany and the Challenge of the Single Market, Tübingen 1994 (= Occassional Papers des EZFF, Nr. 1).

zielle Engagement der Länder und die Institutionalisierung von Beratungsstrukturen schufen ein neues Feld politischer Optionen, das nicht mehr ausschließlich von der Logik der traditionellen Gewerbeförderung bestimmt wird. Wirtschaft und Verwaltung treten auf der kommunalen und der Länderebene in eine stärker kooperative Beziehung. In der industriellen Förderpolitik manövrierten sich die staatlichen Ebenen in die Rolle des Dienstleisters und Beraters, des Katalysators und des Marktöffners. Dies ging häufig einher mit der Schaffung spezieller, auf breiterer gesellschaftlicher Kooperation beruhender Beratungsorgane, wie beispielsweise des Technologiebeirates des Landes Rheinland-Pfalz.[311]

Anfang der neunziger Jahre ist die kooperative Beziehung von Staat und Wirtschaft auf der Ländereben in allen Bereichen der Industriepolitik zu einer Selbstverständlichkeit geworden. Regierung, Verwaltung, Finanzsektor, Wissenschaft, Unternehmen und Gewerkschaften bilden situativ und regional angepaßte Modernisierungskoalitionen und bemühen sich um eine konsensuale Umsetzung und Weiterentwicklung von Ansätzen zur technologischen Erneuerung. Diese Bündnisse sind im Laufe der Zeit weit flexibler geworden als der traditionelle Tripartismus oder Korporatismus. Auch wenn die Akteursstruktur ähnlich der korporatistischer Interessenvermittlung ist[312], findet eine Enthierarchisierung von Entscheidungsprozessen statt. Selten ist der Staat in einer Schiedsrichterrolle, und je dezentraler die Kooperationsformen sind, desto weniger gravierend wird das Demokratiedefizit, das sonst mit kollektiven Vereinbarungen nationaler Spitzenorganisationen einhergeht.

In der Technologiepolitik ist das Fachwissen außerhalb des engeren Bereiches der staatlichen Verwaltung in den Universitäten und Unternehmen angesiedelt. Dies wurde in der Vergangenheit als gravierendes Problem jeglicher Bemühungen um staatliche Vorgaben für technologische Innovationen und damit für eine staat-

---

311 Vgl. Technologiebeirat des Landes Rheinland-Pfalz: Rechenschaftsbericht über die 2. Sitzungsperiode 1990/92 und Empfehlungen an die Landesregierung Rheinland-Pfalz, o.O. (Mainz) 1993.
312 Zu dieser These u.a. Hajo Weber: Die Steuerung des technischen Wandels durch Staat, Wirtschaftsverbände und Gewerkschaften, in: Hans-Hermann Hartwich (Hrsg.): Politik und die Macht der Technik, Opladen 1986, S. 273-297.

liche Industriepolitik generell angesehen.[313] Die Finanzierungsquellen für technologische Innovationen sind vielfältig, weil die staatlichen Ressourcen, selbst wenn die staatliche Ebene dies wollte, zur Finanzierung von Innovationen nicht ausreichen würden. Das Setzen rechtlicher Rahmenbedingungen bleibt zwar ein staatliches Monopol, aber angesichts der informellen Absprachen, die die Prozesse der Konsensbildung immer mehr beherrschen, sind diese von zunehmend sekundärer Bedeutung.

Recht, Geld und Wissen fallen als allgemeine Steuerungsmedien immer mehr aus. Was bleibt ist die neue Besinnung auf gesellschaftlichen Konsens als Ressource für Entscheidungsfindung. Die Logik der Konsensbildung impliziert aber gerade die Aufhebung der Trennung der hoheitlichen und der privatwirtschaftlichen Sphäre. Der Staat kooperiert nicht nur, er verändert sich.[314] Modernisierung durch Finden der technologischen Nische wird zum Einfallstor für eine Verflechtungsbeziehung von Staat und Wirtschaft, die die staatliche Realität trennt in eine normensetzende und potentiell konfliktfähige Ebene im Bereich der inneren und äußeren Sicherheit, also in gewisser Weise hier den Minimalstaat klassischer Prägung reproduziert, während immer mehr Politikfelder, allen voran diejenigen der Wirtschaft und hier der Industriepolitik, zu einer durch den Konsens des gemeinsamen Interesses am ökonomischen Erfolg geprägten Einheit verschmolzen werden. Verteilungsfragen treten hinter Konsensbildungsprozesse zurück, weil Verteilung gesellschaftlichen Reichtums nun abhängig gemacht wird vom Erfolg der konsensuell gefundenen Modernisierungsstrategien.

Die am weitesten entwickelten Ansätze kooperativer Steuerung in Nordrhein-Westfalen[315] und Baden-Württemberg sehen gar eine neue Qualität der deutschen Wirtschaftsordnung erreicht. Das Wirtschaftsministerium in Baden-Württemberg[316] setzt sich für ei-

---

313 Beispielhaft für diese Argumentation: Peter Oberender: Möglichkeiten und Grenzen staatlicher Technologieförderung: Eine ordnungspolitische Analyse, in: Jahrbuch für Sozialwissenschaft 38(2) 1987, S. 130ff.
314 Ausführlicher auch zum theoretischen Hintergrund: Dieter Grimm (Hrsg.): Staatsaufgaben, Baden-Baden 1994.
315 Rolf G. Heinze/Helmut Voelzkow (Hrsg.): Die Regionalisierung der Strukturpolitik in Nordrhein-Westfalen, Opladen 1994.
316 Vgl. Wirtschaftsministerium Baden-Württemberg: Gemeinschaftsinitiative Wirtschaft und Politik. Ein Modell für Deutschland, Stuttgart 1993.

ne „dialogorientierte marktwirtschaftliche Industriepolitik" ein, in deren Mittelpunkt die Technologiepolitik steht. „Mit diesem konsensorientierten Politikmodell", so das Ministerium, „können verkrustete Strukturen aufgebrochen werden. Die dadurch ermöglichte Nutzung von Produktivitäts- und Kostenreserven ist für unsere internationale Wettbewerbsfähigkeit entscheidend." Im Rahmen der Gemeinschaftsinitiative Wirtschaft und Politik organisiert Baden-Württemberg nicht nur den Technologietransfer bis hin zur Vermarktung von Produkten. Die Gemeinschaftsinitiative erstreckt sich auch auf das Qualifikationsprofil von Arbeitskräften und organisiert sogar die branchenspezifische Zusammenarbeit von Unternehmen. Hier fungiert der Staat als Beschleuniger einer in den letzten Jahren sich herausbildenden Tendenz wirtschaftlicher Entwicklung. Kooperation von Betrieben (das „Geleitzugkonzept"[317]), der Aufbau von „Netzwerkstrukturen", wie zum Beispiel strategischen Allianzen in Technologiemärkten[318], findet heute auch außerhalb Japans, dessen *keiretsu*-System der Firmenkooperation zum Teil Vorbildcharakter hatte, zwischen Wirtschaftsunternehmen statt. Was bisher fehlte war die Optimierung dieses Prozesses mit dem Ziel der Stärkung der Wettbewerbsposition einer Region, eines Landes oder eines Staates. Noch 1991 wurde beklagt:[319]

„Als politische Programmatik sind netzwerkartige Kooperationen und regionale Synergieeffekte zwar recht populär, in die Förderprogramme von Bund und Ländern hat dies aber nur in Ausnahmefällen Eingang gefunden."

Eben dies möchte die baden-württembergische Gemeinschaftsinitiative unter anderem ändern. Die Gemeinschaftsinitiative ist Resultat der Empfehlungen des Berichts der Zukunftskommission „Wirt-

---

317 Ein „Geleitzug", in dem jeder Betrieb seine eigene Aufgabe hat, der jedoch als Ganzes koordiniert auf einem gemeinsamen Kurs fährt, Hartmut Weule: Der Staat als „Pate" der Informationsindustrie, in: Stiftung für Kommunikationsforschung: „Wer klappt die Zukunft auf?". Informationstechnik in Japan, USA und Europa, Bonn-Bad Godesberg 1991, S. 35.
318 Vgl. Andreas Gahl: Strategische Allianzen in Technologiemärkten, in: Josef Hilbert/Michael Kleinaltenkamp/Jürgen Nordhause-Janz/Brigitta Widmaier (Hrsg.): Neue Kooperationsformen in der Wirtschaft, Opladen 1991, S. 43-57.
319 Josef Hilbert/Brigitta Widmaier/Stephan von Bandemer: Können Konkurrenten Partner werden? , in: Ebda., S. 9-21.

schaft 2000"[320], der 1993 der Öffentlichkeit vorgestellt wurde. Der Bericht plädiert für eine ständige Kooperation und Kommunikation aller gesellschaftlichen Gruppen, um einen Zukunftsdialog „über die langfristigen gesellschaftlichen und technologischen Entwicklungslinien" zu ermöglichen. Die Landesregierung soll diesen initiieren und moderieren. Trotz ordnungspolitischer Bedenken hat der Bund inzwischen die baden-württembergische Anregung aufgegriffen und 1994 die Einrichtung eines von Kanzler Kohl geleiteten Technologierats angekündigt, der allerdings ohne die stärkere Hinwendung der Bundesebene zu kooperativen Formen der Technologiepolitik zunächst eher symbolische Bedeutung haben dürfte.

5. Die Standortdebatte

Die Internationalisierung der Wirtschaft, die Konsequenzen der deutschen Einheit und die verschärfte wirtschaftliche Konkurrenz im Europa des gemeinsamen Marktes, vor allem aber auf dem Weltmarkt, haben das Augenmerk der wirtschaftspolitischen Debatte der neunziger Jahre in Deutschland erneut – nach den bereits 1980/81 und 1987/88 mit ähnlichen Argumenten geführten Debatten – auf die Zukunft Deutschlands als Industriestandort gelenkt.[321] Ging es in früheren Auseinandersetzungen, wie zum Teil noch heute, um spezifische, von interessierter Seite kritisierte Defizite der deutschen Wirtschafts- und Sozialordnung, so hat die heutige Debatte eine neue Qualität gewonnen. Nach Darstellung der OECD „geht es um die Frage, ob und inwieweit sich das deutsche

---

320 Staatsministerium Baden-Württemberg: Bericht der Zukunftskommission Wirtschaft 2000, Stuttgart 1993, S. 17f. Das Dokument trägt deutlich die Handschrift von Konrad Seitz. Vgl. z.B. sein Plädoyer für einen permanenten Dialog zwischen Staat und Unternehmen. Ders.: Staat, Unternehmen und Gewerkschaften, Technik: Ein kreatives Dreieck?, in: Stiftung für Kommunikationsforschung, a.a.O., S. 8-23.

321 Vgl. Manfred Perlitz: Die Aufrechterhaltung der internationalen Wettbewerbsfähigkeit als Verpflichtung für Unternehmen und Gesamtwirtschaft, in: Erwin Dichtl (Hrsg.): Standort Bundesrepublik Deutschland. Die Wettbewerbsbedingungen auf dem Prüfstand, Frankfurt/Main 1994, S. 9ff.; Rolf Simons/Klaus Westermann (Hrsg.): Wirtschaftsstandort Deutschland, Köln 1994.

Wirtschaftsmodell der ‚Sozialen Marktwirtschaft' längerfristig bewährt hat."[322] Auch wenn dies in Deutschland häufig in diesem Zusammenhang so deutlich nicht gesagt wird, ist die Standortdebatte, wird sie in dieser grundsätzlichen Weise geführt, eine Auseinandersetzung um die Frage, wieviel Sozialstaat ist heute in einer freien Marktwirtschaft noch finanzierbar?

Ein neues Element in der Standortdebatte ist aber auch die Kritik an den Qualitäten des deutschen Industriemanagements. Für die Verantwortlichen in den führenden deutschen Unternehmen ist es sicherlich der bequemere Weg, den Verlust an Konkurrenzfähigkeit dem Industriestandort Deutschland anzulasten. Inzwischen ist aber deutlich geworden, daß eine solche Schuldzuweisung zu einseitig ist. Das „rent-seeking" von Managern, also ihr Macht- und Finanzgewinn aufgrund ihrer persönlichen von ihnen selbst geschaffenen strukturellen Absicherung und nicht aufgrund der Verbesserung der Leistungsfähigkeit ihrer Unternehmen, droht die Flexibilität und Innovationskraft wichtiger Industriesektoren zu lähmen.[323] Den Führungskräften der deutschen Industrie wurde ein Versagen im Innovationsmanagement, also bei der marktgerechten Umsetzung der keineswegs zurückgehenden Zahl der Erfindungen hierzulande[324], vorgehalten. Hinzu kommen die betriebswirtschaftlich negativen Auswirkungen des sich erst langsam abbauenden Vertrauens des Managements auf hierarchisch-zentralistische Organisationsformen innerhalb der Unternehmen und autoritäre Führungsstile.[325] Ein Indikator für die Entscheidungsschwäche des Managements ist die Zunahme der Zahl der Unternehmensberater, die inzwischen selbst Aufgaben wie Kostensenkung, strategische Planung oder die Entlassung von Mitarbeitern für das Management wahrnehmen.

Die industrielle Standortwahl kann unter zwei Gesichtspunkten betrachtet werden. Einmal geht es um die Investitionsentscheidungen in Deutschland bereits ansässiger Unternehmen. Investieren diese unter den gegebenen wirtschaftlichen Bedingungen er-

---

322 OECD 1994, a.a.O., S. 74.
323 Polemisch, aber nicht zufällig ein Bestseller: Günter Ogger: Nieten in Nadelstreifen. Deutschlands Manager im Zwielicht, München 1992.
324 Perlitz, a.a.O., S. 44.
325 Wilhelm Scheuten: Hat das Management versagt?, in: Der Bürger im Staat 44(2) 1994, S. 140.

neut in Deutschland? Zum anderen geht es darum, die Investitionen ausländischer Unternehmen nach Deutschland zu lenken. Für jedes einzelne Unternehmen ist eine Investition eine eigenständige betriebswirtschaftliche Entscheidung. Dennoch geht die Standortdebatte davon aus, daß es allgemeine politisch-ökonomische Merkmale eines Landes gibt, die internationale und nationale Investitionsentscheidungen günstig oder ungünstig beeinflussen können. Sinnvoll ist eine Debatte über Standortbedingungen nur dann, wenn gleichzeitig davon ausgegangen wird, daß die negativen Standortmerkmale durch politische Eingriffe beseitigt werden können.

Aussagen über den Standort Deutschland implizieren immer den Vergleich mit anderen Standorten. Nicht alle der in der Debatte genannten Elemente sind aber in gleicher Weise zu vergleichen. Einige sind statistisch schwer zu erfassen und selbst wenn Statistiken vorliegen, ist das Problem des Erhebens vergleichbarer Daten oft nicht gelöst. Die Argumentation neigt dazu, quantifizierbare Indikatoren stärker zu gewichten als nicht quantifizierbare. Das Verhältnis der einzelnen Faktoren zueinander bleibt in Aufzählungen zur Beschreibung der Standortqualität oft ungeklärt. „Es gibt", so Dierkes und Zimmermann,[326] „noch keine oder zumindest keine allgemein akzeptierte dynamische Theorie der Standortqualität eines Landes; dies schließt auch ein, daß man Schwierigkeiten hat, kleine Veränderungen und Oszillationen rechtzeitig von Trendveränderungen unterscheiden zu können, ebenso wie daß die Interpretation von Indikatoren in starkem Maße, vor allem in den Medien und in der politischen Auseinandersetzung, von Mythen und Ideologien eingefärbt ist." Die Standortdebatte ist deshalb vor allem eine politische Diskussion, die von unterschiedlichen Standpunkten aus mit unterschiedlichen Akzentsetzungen und Zielen bestritten wird.[327] Biedenkopf und Miegel sehen sie sogar als synonym mit dem Problem der „guten Regierung" des Gemeinwesens:

---

326 Meinolf Dierkes/Klaus Zimmermann (Hrsg.): Wirtschaftsstandort Bundesrepublik. Leistungsfähigkeit und Zukunftsperspektiven, Frankfurt/Main, New York 1990, S. 26.
327 Ausführlicher: Kurt Biedenkopf/Meinhard Miegel: Investieren in Deutschland. Die Bundesrepublik als Wirtschaftsstandort, Landsberg am Lech 1989, S. 16ff.

„Allen Standortschwächen der Bundesrepublik Deutschland gemeinsam ist ihr weitgehend politisch-gouvernementaler Ursprung. Sie sind ausnahmslos durch politische Entscheidungen herbeigeführt worden und nicht etwa die Folge kaum steuerbarer, weil langfristiger historischer Entwicklungen. ... Der weitgehend politisch-gouvernementale Ursprung der Standortschwächen der Bundesrepublik Deutschland bedeutet, daß diese im Prinzip – eine entsprechende politische Willensbildung und Durchsetzungsfähigkeit unterstellt – verhältnismäßig leicht zu überwinden sind."[328]

Zu den deutschen Standortvorteilen werden in der Regel gezählt:

- das duale Berufsbildungssystem, das den Vorteil des Unternehmers (kein voller Lohn für die Arbeitskraft) mit dem Interesse des Auszubildenden an einer praxisnahen Qualifikation mit möglichem direktem Berufseinstieg verbindet.
- das Qualifikationsniveau der deutschen Arbeitnehmer aufgrund eines ausgebauten Bildungswesens, entsprechend günstig war die Produktivitätsentwicklung.
- die Qualität der Produktion, die in Verbindung mit dem Kundendienst und dem Ansehen der Produkte auch bei im Vergleich teureren Produkten noch für einen Absatzmarkt sorgt.
- die relativ große politische Stabilität des Landes verbunden mit einem hohen Grad sozialer Stabilität (geringe Streikhäufigkeit). Die soziale Stabilität wird nicht zuletzt erreicht durch die großflächige Organisation der Arbeitnehmer in nichtkonkurrierenden Industriegewerkschaften mit der Fähigkeit in Spitzenverhandlungen mit der Arbeitgeberseite einen Interessenausgleich zu erreichen, der von der Basis der Gewerkschaften akzeptiert wird. Hinzu kommt die gewerkschaftliche Neigung zum Konsens statt zur Konfrontation, die Ablösung des Denkens in gesellschaftlichen Konfliktdimensionen durch eine Politik im Geiste der Partnerschaft von Gewerkschaften und Unternehmen.
- die Geldwertstabilität.
- hohe Investitionen in Forschung und Entwicklung[329] und die Bereitschaft des Staates zur Subventionierung von Forschung und zum Ausbau der Infrastruktur.

---

328 Ebda., S. 100.
329 Peter Milling: Forschung und Innovation in der Industrie, in: Dichtl, a.a.O. , S. 51ff.

Einige dieser Standortvorteile haben sich nach Meinung der Kritiker der gegenwärtigen Standortbedingungen bereits zu Nachteilen verwandelt und die Liste der deutschen Standortnachteile verlängert. Als deutsche Standortnachteile gelten heute:

- die Steuerlast der Unternehmen. Zwar gewährt z.B. das System der Körperschaftsteuer eine breite Palette von Abschreibungsmöglichkeiten und sonstiger Steuerfreistellungen, die Steuersätze sind mit 45% für nichtausgeschüttete Gewinne, aber höher als in den USA (35%), Japan (37,5%) oder Frankreich (33,3%). Deutschland bleibt der einzige Industriestaat, der neben einer Vermögensteuer für natürliche und juristische Personen auch noch eine Gewerbesteuer erhebt.[330] Die Abschaffung ertragsunabhängiger Steuern ist eine der zentralen Forderungen für eine Reform der Unternehmensteuern.[331]
- die Arbeitskosten und vor allem die Lohnnebenkosten (zu denen auch die Beiträge für das immer teurer werdende Gesundheitswesen gehören) verbunden mit einer insgesamt geringen Arbeitskostenflexibilität.[332] Unter den Industriestaaten hatte Westdeutschland 1991 mit Schweden und Dänemark die höchsten Lohnstückkosten (= Verhältnis aus Arbeitskosten und Arbeitsproduktivität). Die Hauptkonkurrenten Deutschlands, Japan und die USA, hatten 20-30% niedrigere Vergleichswerte.[333] Das komplexe Regelwerk der Kündigungsschutzbestimmungen und die Rechtsprechung der Arbeitsgerichte erschweren die Entlassung von Arbeitnehmern mit unbefristeten Verträgen.[334] Die Arbeitszeiten sind relativ wenig flexibel gestaltet, Anpassungen der Belegschaftsstärken an die Auftragslage fallen schwer.

---

330 Otto H. Jacobs/Christoph Sprengel: Aspekte der Unternehmensbesteuerung im internationalen Vergleich, in: Dichtl, a.a.O., S. 198.
331 Zur Diskussion u.a. Birgit Breuel: Europa im Umbruch. Perspektiven einer Unternehmensteuerreform, Ladenburg 1991 (=Berta-Benz-Vorlesung 7).
332 Zur Diskussion vgl. auch Ulrich Walwei: Ist die Arbeit zu teuer und inflexibel?, in: Der Bürger im Staat 44(2) 1994, S.122ff.
333 Eduard Gaugler: Das Humankapital als Faktor der Wettbewerbsfähigkeit, in: Dichtl, a.a.O., S. 103ff.
334 nach OECD 1994, a.a.O., S. 101ff.

- hohe Energiekosten, durch wettbewerbsfremde gesetzliche Regelungen, wie den (verfassungswidrigen) Kohlepfennig, durch den fehlenden politischen Konsens in der Frage der friedlichen Nutzung der Kernenergie und durch den mangelnden Wettbewerb der Stromversorger. In den USA, in Großbritannien und vor allem beim wichtigsten deutschen Handelspartner Frankreich sind die Strompreise bedeutend niedriger. Nach Berechnungen des BDI hat die deutsche Industrie bei einem industriellen Stromverbrauch von etwa 180 Mrd. kWh/Jahr im Vergleich zu Frankreich einen strompreisbedingten Standortnachteil von rund neun Milliarden DM.[335]
- ein Rückstand bei der technologischen Innovation, vor allem wegen bürokratischer Hindernisse, gesetzlicher Vorschriften und des Mangels an Risikokapitals. Als Indikator hierfür wird auch die Tatsache gewertet, daß „der Anteil der technologieintensiven Bereiche an der gesamtwirtschaftlichen Wertschöpfung und Beschäftigung seit Jahrzehnten bestenfalls konstant ist – obwohl doch in einem Land, das seine Standortvorteile nicht in natürlichen Ressourcen oder billigen Arbeitskräften finden kann, ein nachhaltiger Bedeutungszuwachs derjenigen Branchen zu fordern wäre, die durch hohe Aufwendungen für Forschung und Entwicklung gekennzeichnet sind."[336]
- Die unzureichende Anpassung des deutschen Bildungs- und Ausbildungssystems an den wirtschaftlichen Strukturwandel. Kritisiert wird, daß die Bandbreite der im Rahmen der Lehrlingsausbildung vermittelten Qualifikationen zu eng sei und zu langsam neue Industrieberufe aufgegriffen werden. So benötigten Gewerkschaften und Arbeitgeber den größten Teil der achtziger Jahre, um sich auf eine Neustrukturierung der Ausbildungsberufe und die Reduktion der Berufskategorien von 465 auf 374 zu einigen.[337] Die Hochschulen sind überlastet und überreguliert und produzieren Langzeitstudenten.
- hohe Umweltkosten. Die Ausgaben für den Umweltschutz sind in Deutschland höher als in anderen Industriestaaten. Um-

---

335 Arnold Willemsen: Der Standort Bundesrepublik: Die Sicht der Wirtschaft, in: Dierkes/Zimmermann, a.a.O., S. 113.
336 Klaus Löbbe: Standortqualität und Wettbewerbsfähigkeit im internationalen Vergleich, in: Der Bürger im Staat 44(2) 1994, S. 121.
337 Ebda., S. 119.

weltschutzmaßnahmen belasteten deutsche Unternehmen 1990 mit 29 Milliarden DM.[338] Ca. 2 000 Gesetze, Verordnungen und „Technische Anleitungen" regeln die Genehmigung und den Betrieb von Chemieanlagen. Damit verbunden ist eine lange Verzögerungsfrist bei Genehmigungen von Neuinvestitionen.[339] Umweltschutzinvestitionen haben aber auch positive Effekte: Sie entlasten nicht nur das Ökosystem, gesetzliche Vorschriften im Umweltbereich erzeugen auch einen Innovationsdruck, aufgrund dessen Erfindungen gemacht werden, womit der Grundstein für in Zukunft konkurrenzfähige Industrien gelegt werden könnte.

- Technologiefeindlichkeit. Hier wird in der Regel das Beispiel der Gentechnologie angeführt.[340] Es bleibt allerdings umstritten, inwieweit die restriktive Gesetzgebung in Deutschland letztendlich für Produktionsverlagerungen ins Ausland verantwortlich war.
- eine hohe Regulierungsdichte, insbesondere bei Marktzugangsregeln und in der Arbeitsordnung.
- hohe Erhaltungssubventionen, z.B. im Bergbau, dem Schiffbau und der Landwirtschaft.
- Rückgang des traditionellen Arbeitsethos[341] verbunden mit Selbstzufriedenheit, Hedonismus und Genußsucht (Stichwort „kollektiver Freizeitpark", Helmut Kohl). Die durchschnittliche Jahresarbeitszeit ist in Deutschland bis zu einem Drittel kürzer als in den wichtigsten Konkurrenzländern. Während die effektive Jahresarbeitszeit der Arbeiter in der verarbeitenden Industrie in Japan bei 2139 Stunden, in den USA bei 1847 Stunden und in

---

338 Perlitz, a.a.O., S. 28.
339 Klaus Conrad: Der Umweltschutz als Standortfaktor, in: Dichtl, a.a.O., S. 256.
340 Vgl. Wolfgang Graf Vitzthum/Tatjana Geddert-Steinacher: Standortgefährdung. Zur Gentechnik-Regelung in Deutschland, Berlin 1992. Wolfgang Graf Vitzthum: Zur Gentechniknovelle 1993. Eher Neuanstrich als Umbau, in: Zeitschrift für Gesetzgebung 8(1993), S. 236-247. Zur Gegenposition: Ulrich Dolata: Internationales Innovationsmanagement. Die deutsche Pharmaindustrie und die Gentechnik, Hamburg 1994.
341 So: Stefanie Wahl: Sind wir zu bequem geworden? Wirtschafts- und Arbeitskultur im Wandel, in: Der Bürger im Staat 44(2) 1994, S. 144ff. Vgl. auch Meinhard Miegel/Stefanie Wahl: Das Ende des Individualismus – Die Kultur des Westens zerstört sich selbst, München 1993.

der Schweiz bei 1764 Stunden lag, betrug sie für Deutschland nur 1499 Stunden.[342] Neuere Untersuchungen weisen daraufhin, daß Anfang der neunziger Jahre das Produktivitätsniveau der Arbeit in Deutschland für die internationale Konkurrenzfähigkeit nicht mehr ausreicht.

Die Bewertung der positiven und negativen Merkmale der Standortqualität bleibt ambivalent. Zwar konstatiert beispielsweise die OECD[343] gewisse Einbrüche in der deutschen Wettbewerbsfähigkeit der achtziger Jahre, weist aber gleichzeitig auf den Beginn einer Umstrukturierung der Produktion in Deutschland und die Flexibilität der Lohnabschlüsse hin. Perlitz stellt zwar Mängel der Standortqualität fest, resümiert aber „daß eine überzogene Kritik am Standort Deutschland nicht zu rechtfertigen ist."[344] Nach Branchen aufgeschlüsselt startet die deutsche Industrie in die neunziger Jahre mit Nachteilen bei Spitzentechnologien, wie Mikroelektronik, Informationstechnik[345] und Telekommunikation. Verbreitet ist die Tendenz, die Standortdebatte punktuell, bezogen auf einzelne Defizite zu führen. Dabei geraten die Zusammenhänge von Kosten und Leistungen gelegentlich außer Acht.[346] Ein Ausbau der Infrastruktur oder ein funktionierendes Bildungssystem sind nur durch steuerfinanzierte Ausgaben möglich, was die Steuerlast erhöhen mag, auch der soziale Friede ist ohne ein gewisses Lohnniveau, schwerlich auf Dauer zu garantieren.

Kritiker des Sozialstaats nehmen die Standortdebatte zum Anlaß, aus den Wettbewerbsproblemen die Notwendigkeit einer gesellschaftlichen Gesamtreform abzuleiten. Man müsse aufhören, vom Staat immer nur Geschenke zu erwarten, und die Politiker müssen von ihrer Gebermentalität, auf Kosten anderer immer wieder neue Geschenke zu verteilen, Abschied nehmen. In dieser Allgemeinheit gerät die Standortdebatte, die als Strategiedebatte gestartet war, leicht in die Situation einer Stellvertreterdiskussion, die

---

342 Gaugler, a.a.O., S. 100.
343 OECD 1994, a.a.O., S. 100f. Vgl. auch nit längerfristiger Perspektive: Claas von der Linde: Deutsche Wettbewerbsvorteile, Düsseldorf 1992.
344 Perlitz, a.a.O., S. 21.
345 Ausführlich: Edgar Grande/Jürgen Häusler: Industrieforschung und Forschungspolitik. Staatliche Steuerungspotentiale in der Informationstechnik, Frankfurt/Main, New York 1994.
346 Zu diesem Argument: Hickel/Priewe 1994, S. 114.

Positionen des Verständnisses der „sozialen Marktwirtschaft" gegenübergestellt und damit ihre unmittelbare Strategiefähigkeit verliert. Strategisch innovativ sind demgegenüber Konzepte, die darauf setzen, die Konkurrenzfähigkeit der deutschen Industrie durch eine Umstrukturierung der Unternehmen in den neunziger Jahren rasch voranzubringen, unter Ausnutzung eines sozialverträglichen Modernisierungspaktes mit den Belegschaften. Ziel dieser Umstrukturierung („lean production", „kommunikative Rationalisierung") ist es, die Unternehmen zu lernenden Organisationen zu machen, die anpassungsflexibel und innovationsflexibel auf den Weltmarkt mit intelligenten Produkten und einer kostengünstigen Produktionsweise reagieren.[347]

---

347 Vgl. auch Frieder Naschold: Das deutsche Wirtschaftsmodell auf dem Prüfstand, in: Der Bürger im Staat 44(2) 1994, S. 133ff.

V. Wirtschaftspolitische Institutionen und Akteure

1. Das Bundeskartellamt und die Monopolkommission (Wettbewerbspolitik)[348]

1.1. Das Politikfeld und die Institutionen

Das Bundeskartellamt wurde am 1. Januar 1958 gegründet. Die unmittelbare Nachkriegszeit war geprägt von alliierten Bemühungen, die deutsche Wirtschaft (z.B. IG Farben) zu entflechten. Vorbild dieser Bemühungen waren die amerikanischen Anti-Trust-Gesetze. Die deutsche Praxis der Antikonzentrationspolitik in der Wirtschaft war eher vorsichtig und geprägt von dem Bemühen, die gewünschte wirtschaftliche Wiederbelebung nicht zu untergraben. Die deutsche Industrie sah in einer Gesetzgebung zur Garantie des Wettbewerbs eine unnötige Einschränkung der freien Marktwirtschaft. Wirtschaftsminister Erhard hingegen erachtete ein Gesetz gegen Wettbewerbsbeschränkungen als Kernstück einer ordnungspolitischen Orientierung, die alleine langfristig die Marktwirtschaft sichern könne. Der sogenannte „siebenjährige Krieg" zwischen Erhard und dem BDI als Interessenvertreter der Industrie endete 1957 mit einem Kompromiß.[349]

Das „Kartellgesetz" kam zustande, seine Überwachung wurde aber nicht einem eigenständigen Ministerium, sondern einer Bundesoberbehörde im Verantwortungsbereich des Wirtschaftsmini-

---

[348] Ausführlicher: Roland Sturm: The German Cartel Office (Bundeskartellamt), in: Bruce Doern/Stephen Wilks (Hrsg.): International Competition Policy Institutions, Oxford 1995.

[349] Vgl. Rüdiger Robert: Konzentrationspolitik in der Bundesrepublik Deutschland. Das Beispiel des Gesetzes gegen Wettbewerbsbeschränkungen, Berlin 1978. Jörg Huffschmid: Die Politik des Kapitals. Konzentration und Wirtschaftspolitik in der Bundesrepublik, Frankfurt/Main 1969, S. 144ff.

sters, dem Bundeskartellamt, übertragen. Die Befugnisse dieses Amtes wurden eng begrenzt. Es war für die Verhinderung der Kartellbildung in der Wirtschaft und des Mißbrauchs von Marktmacht verantwortlich, nicht aber zuständig für die Prüfung von Unternehmenszusammenschlüssen. Das Kartellgesetz wurde zudem durch die großzügige Festlegung von seine Geltung begrenzenden Ausnahmebereichen durchlöchert. Zu diesen gehörten u.a. die Landwirtschaft, die Banken und Versicherungen, die Beförderungsunternehmen und die Energieversorgungsunternehmen. Des weiteren sind auch eine Reihe anmeldepflichtiger Kartelle, wie Konditionen-, Rabatt-, Strukturkrisen-, Rationalisierungs-, Spezialisierungs- oder Ein- und Ausfuhrkartelle vom Kartellverbot ausgenommen.

1973 erst erhielt das Kartellamt die Aufgabe der Fusionskontrolle. Gleichzeitig wurde die Monopolkommission eingerichtet, deren Aufgabe es ist, alle zwei Jahre über die Entwicklung der Unternehmenskonzentration in der Bundesrepublik zu berichten und zu Fragen der Fusionskontrolle Stellung zu nehmen. Darüber hinaus kann die Kommission auch eigenständig Gutachten erstellen bzw. kann von der Bundesregierung zum Erstellen weiterer Gutachten veranlaßt werden. Die Kommission besteht aus bis zu fünf Mitgliedern, die von der Bundesregierung berufen werden. Sie sollen über besondere volkswirtschaftliche, betriebswirtschaftliche, sozialpolitische, technologische oder wirtschaftsrechtliche Kenntnisse und Erfahrungen verfügen. Die Mitglieder dürfen weder Regierungsfunktionen noch Verbandsfunktionen ausfüllen und werden mit der Möglichkeit der Wiederwahl auf vier Jahre bestellt.

Das Selbstverständnis des Kartellamtes beruht nicht zuletzt auf seiner Tradition weitgehender organisatorischer Stabilität. Es hatte bisher drei Präsidenten: Eberhard Günther (1958-1976), Wolfgang Kartte (1976-1992) und Dieter Wolf (seit 1992). Der Präsident vertritt vor allem das Amt in der Gesellschaft und gegenüber der Politik. Er gibt ihm das öffentliche Profil. Einzelne Beschlüsse des Kartellamtes sind allerdings nicht die Aufgabe seines Präsidenten, sondern der autonomen Beschlußabteilungen, die nach Branchen organisiert sind. In einer solchen Abteilung arbeiten zehn bis zwölf Mitarbeiter, die die Entwicklung der Wirtschaft beobachten und Untersuchungen durchführen (in der Regel bedeutet dies, entsprechende Fragebögen an Firmen zu schicken und auszuwerten). In Extremfällen hat das Kartellamt auch das Recht, Beweismittel zu beschlagnahmen (§55 GWB).

Das Amt begann seine Arbeit mit vier Beschlußabteilungen und einer Einspruchsabteilung. Die Einspruchsabteilung sollte dazu dienen, von Maßnahmen der Kartellbehörde betroffenen Unternehmen, eine vorgerichtliche Instanz zu bieten, um ihren Widerspruch gegen Entscheidungen des Kartellamtes geltend zu machen. 1966 wurde diese Einspruchsabteilung, der – wie sich herausstellte – in der Regel neue Gesichtspunkte zur Beurteilung von Verfahren fehlten, aufgelöst. Ende der sechziger und Anfang der siebziger Jahre wurden neue Beschlußabteilungen mit Querschnittsaufgaben geschaffen. Mit dem wachsenden Gewicht der Querschnittsaufgabe „Fusionskontrolle" wuchs das Interesse der branchenorientierten Beschlußabteilungen an dieser Aufgabe. Anfang der achtziger Jahre hatte das Kartellamt neun Beschlußabteilungen, auf die nun nach Branchen auch alle Querschnittsaufgaben aufgeteilt waren. Eine zehnte Beschlußabteilung wurde 1990 als Reaktion auf die gewachsene Arbeitsbelastung aufgrund der Privatisierungen in Ostdeutschland eingerichtet.

Das Kartellamt ist stark geprägt von den Freiheiten seines nichthierarchischen Aufbaus und der Kontinuität seiner Aufgaben und Organisation. Das Amt begann seine Arbeit 1958 mit 88 Mitarbeitern, von denen 26 in den Beschlußabteilungen arbeiteten. In den sechziger und siebziger Jahren erreichte es in etwa seine heutige Größe von über 200 Mitarbeitern. 1992 beschäftigte das Kartellamt 252 Personen, davon 110 in den Beschlußabteilungen.[350] Das grundlegende Organisationsprinzip des Amtes ist die gleichberechtigte Zusammenarbeit von Juristen und Ökonomen. Diese deutliche Abweichung vom Juristenmonopol im deutschen öffentlichen Dienst ist nicht zuletzt das Verdienst des ersten Kartellamtspräsidenten Eberhard Günther. Günther war selbst Jurist, aber stets offen gegenüber ökonomischem und universitärem Fachwissen. Seit 1965 lud er regelmäßig jährlich akademische Fachleute zum „Arbeitskreis Kartellrecht" ein. Heute wird darauf geachtet, daß sich Juristen und Ökonomen etwa zur Hälfte die Leitungsaufgaben in den Beschlußabteilungen teilen. Mobilität von Mitarbeitern zwischen den Beschlußabteilungen oder in andere Positionen im Amt

---

350 Pressestelle: Das Bundeskartellamt, Berlin 1993 (Ms.).

ist durchaus üblich, auch um den Horizont der Mitarbeiter zu erweitern, Mobilität in die/aus der Wirtschaft oder in die/ aus der Wissenschaft ist dagegen die große Ausnahme.

Die Entscheidungsfindung im Kartellamt ist reaktiv. Fehlentwicklungen im Sinne von möglichen Verstößen gegen das Kartellgesetz werden aufgegriffen, das Kartellamt macht es sich aber nicht zur Aufgabe eine Vorstellung von der idealen Form des Wettbewerbs zu entwickeln.[351] Obwohl das Kartellamt zunächst eine sehr kritische Haltung gegenüber Oligopolen und Monopolen einnahm,[352] akzeptierte es rasch, daß de facto in Deutschland die Konkurrenz auf den Märkten Beschränkungen unterliegt. Systematische Orientierung bot das von J.M. Clark 1940 in den USA entwickelte Konzept des „funktionsfähigen Wettbewerbs" („workable competition"), das in Deutschland von einem Mitglied der ersten Monopolkommission, Erhard Kantzenbach, popularisiert worden war. Kantzenbach argumentierte[353], daß eine Situation, in der Märkte in der Hand weiter Oligopole seien, durchaus dem Wettbewerb förderlich sei. Die Tatsache, daß es noch Wettbewerber gibt, halte den Wettbewerb im Prinzip aufrecht, ihre kleine Zahl verschärfe ihn sogar. Großen Wettbewerbern in Oligopolen stehen mehr Ressourcen zur Verfügung, so daß diese im Wettbewerb intensivere Anstrengungen im Bereich technischer Innovationen und für die Modernisierung ihrer Produktion machten. Die Verschärfung des Wettbewerbs sei auch deshalb wahrscheinlicher, weil im durch Oligopole vermachteten Markt die einzelne Innovation für die einzelbetriebliche Wettbewerbsfähigkeit von weit größerer Bedeutung sei als im atomisierten Markt der breiten Konkurrenz.

Kantzenbachs Thesen hatten Ende der sechziger und Anfang der siebziger Jahre einen gewissen Einfluß auf die geltende Wett-

---

351 Norbert Eickhof: Wettbewerb, Wettbewerbsfreiheit und Wettbewerbsbeschränkungen, in: Hamburger Jahrbuch für Wirtschafts- und Gesellschaftspolitik 35(1990), S. 225-238. Zur Theorieentwicklung ausführlicher u.a. Carl Wolfgang Neumann: Historische Entwicklung und heutiger Stand der Wettbewerbstheorie, Frankfurt/Main 1982; Ingo Schmidt: Wettbewerbspolitik und Kartellrecht, Stuttgart ^{3}1990; Volker Emmerich: Kartellrecht ^{6}1991, S. 17.
352 Vgl. Bundestagsdrucksache 3/1795, S. 8.
353 Vgl. Erhard Kantzenbach: Die Funktionsfähigkeit des Wettbewerbs, Göttingen 1966.

bewerbspolitik.[354] Sie gerieten aber in die Kritik, weil der empirische Beweis für die Richtigkeit von Kantzenbachs Annahmen nicht geliefert werden konnte. Zwei weitere wichtige Fragen blieben in der Diskussion über funktionierende Märkte ungeklärt: a) Wie kann eine Kartellbehörde wissen, wann ein Markt innovativ ist oder – weitergehend –, welche Phase des Produktzyklus (Innovation, Massenproduktion, nicht mehr konkurrenzfähiges Produkt) gerade auf einem bestimmten Markt dominiert? und b) Welches ist der „relevante" Markt, bzw. gibt es noch relevante nationale Märkte, die von „nationalen" Firmen dominiert werden?[355]

Die Sackgasse, in die die wirtschaftsstrukturelle Argumentation die Wettbewerbspolitik geführt hatte, diente der neoliberalen Kritik als Argument dafür, solche wirtschaftsstrukturellen Überlegungen insgesamt abzulehnen. Für sie war Wettbewerb das automatische Ergebnis freier Märkte. Wettbewerbsverzerrungen konnten somit immer nur politischen Ursprungs sein. Die Debatte nimmt somit einen stark normativ geprägten Charakter an.[356] Für das Kartellamt bietet in einem solchen „Glaubenskampf" alleine das Kartellgesetz eine (relativ) sichere Rückzugsbasis. Die Bundesregierung unterstützt inzwischen die Argumente der neoliberalen Ökonomen, die die Förderung des „dynamischen Wettbewerbs" zum Hauptziel der Wettbewerbspolitik machen wollen, und definiert als Aufgabe der Wettbewerbspolitik die Privatisierung von Staatsunternehmen, Infrastruktur und Dienstleistungen, sowie die Entregulierung der Märkte.[357]

---

354 Vgl. die Stellungnahme der Bundesregierung zum Bericht des Bundeskartellamtes 1970, Bundestagsdrucksache VI/2380, S.4. bzw. 1966, Bundestagsdrucksache V/1950, S.2. Und das Kartellamt mit expliziter Referenz zu Kantzenbachs Buch: Bundestagsdrucksache V/530, S. 8ff.
355 Ausführlicher: Elke van Arnheim: Der räumlich relevante Markt im Rahmen der Fusionskontrolle, Köln 1991.
356 Vgl. Dieter Schmidtchen: Property Rights, Freiheit und Wettbewerbspolitik, Tübingen 1983.
357 Stellungnahme der Bundesregierung zum Kartellamtsbericht 1987/88, Bundestagsdrucksache 11/4611, S.I und zum Bericht 1991/92, Bundestagsdrucksache 12/5200, S.II.

Graphik 5: Politikfeld „Wettbewerbspolitik"

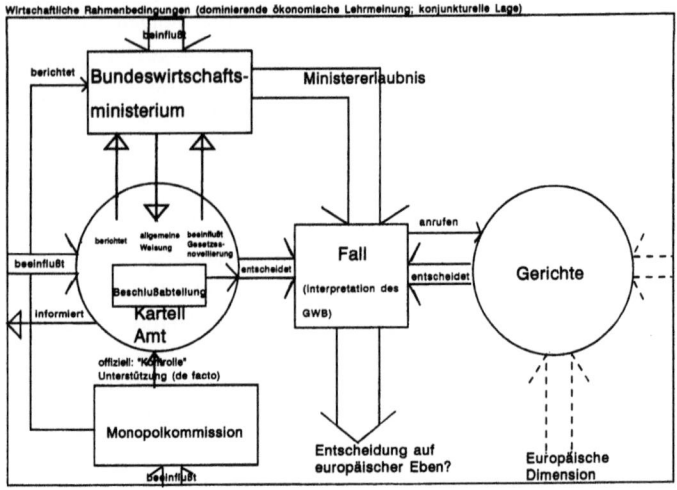

Von den drei Feldern der Wettbewerbssicherung durch das Kartellamt, der Fusionskontrolle, der Kontrolle des Mißbrauchs der marktbeherrschenden Stellung von Unternehmen und der Kartellkontrolle, ist heute die Fusionskontrolle der wichtigste Tätigkeitsbereich des Kartellamtes. Dies zum einen wegen der Welle der Unternehmensfusionen als Reaktion und in Vorbereitung auf den Europäischen Binnenmarkt und als Konsequenz der Privatisierungspolitik nach der deutschen Einheit. Zum anderen hat die Fusionskontrolle für das Amt deshalb einen so hohen Stellenwert, weil hier seine Eingriffsmöglichkeiten am erfolgversprechendsten sind. Nationale Kartellbildungen sind für Unternehmen heute wenig interessant. Am 27.Februar 1985 wurde mit dem Gesetz zur Bereinigung wirtschaftlicher Vorschriften das Kartellamt von der Pflicht enthoben, ein nationales Kartellregister zu führen.

Der Mißbrauch einer marktbeherrschenden Stellung durch Unternehmen ist schwer nachzuweisen. Die Gerichte müssen z.B. im Zweifelsfall davon überzeugt werden, daß von Unternehmen Preise verlangt wurden, die höher sind als hypothetisch angenommene Preise bei vorhandener Konkurrenz.[358] Bereits 1974 räumte die Bundesregierung ein, daß es in der Praxis kaum möglich sei, zwischen Marktpreisen und Marktmachtpreisen zu unterscheiden. Aufgabe des Kartellamtes sollte es deshalb sein, Strukturelemente der Unternehmenslandschaft zu beobachten, die Marktmachtpreise hervorrufen könnten.[359] Die letzten Jahrzehnte haben jedoch gezeigt, daß für das Kartellamt auch in diesem Bereich kaum relevante (insbesondere gerichtsverwertbare) Informationen zu erheben sind. Die Bundesregierung hat deshalb dem Kartellamt empfohlen, seine Arbeit auf Fälle groben Mißbrauchs von Marktmacht zu beschränken.[360]

Marktstrukturkontrollen sind leichter durch die Fusionskontrolle möglich. Die Fusionskontrolle hat auch deshalb eine gewisse Priorität, weil das Kartellgesetz in seinem Artikel 24a(2) einen Zeitrahmen von nur vier Monaten für die Entscheidung über einen Antrag auf einen Unternehmenszusammenschluß nennt. Hinzu kommt, daß bei der Fusionskontrolle die Außenwirkung der Fälle in den Medien am größten ist. Vergleicht man heute den Arbeitsanfall des Kartellamtes auf den oben genannten drei Feldern der Wettbewerbssicherung, so wird auch hier der Vorrang der Fusionskontrolle deutlich. 1991/92, z.B., mußte das Kartellamt 3 778 Fusionskontrollfälle untersuchen, aber nur 65 Fälle im Bereich „Mißbrauchsaufsicht" und sieben Kartellfälle.[361] Die Fusionsneigung der Industrie ist durch die Aufsicht des Kartellamtes nur mäßig beeinflußt worden. Informelle Vereinbarungen zwischen dem Kartellamt und den betroffenen Unternehmen vor der offiziellen Anmeldung der Fusionsabsicht haben zwischen 1973 und 1992 224 Fusionen verhindert. Im gesamten Zeitraum wurden schließlich insgesamt 16 146 Fusionen gemeldet (vgl. Tabelle 6). Das Kartellamt ließ 101 Fusionen (= 0,6%) nicht zu. Vor Gericht hielten nur

---

358 Vgl. den ersten Bericht der Monopolkommission: Anwendung und Möglichkeiten der Mißbrauchsaufsicht über marktbeherrschende Unternehmen seit Inkrafttreten der Kartellgesetznovelle, Baden-Baden 1975. Zum Kommentar des Kartellamtes vgl. Bundestagsdrucksache 7/5390, S. 7ff.
359 Stellungnahme der Bundesregierung zum Kartellamtsbericht 1974, Bundestagsdrucksache 7/3791, S.II.
360 Stellungnahme der Bundesregierung zum Sechsten Hauptgutachten der Monopolkommission 1984/85, Bundestagsdrucksache 11/555, S. 2.
361 Bundestagsdrucksache 12/5200.

55 Untersagungen (=0,3% aller Fälle) der Überprüfung stand. Fünfzehnmal baten Unternehmen um eine Ausnahmegenehmigung des Wirtschaftsministers, die in sechs Fällen gewährt wurde.

Tabelle 6: Registrierte Fusionen (1973-1992)

Jahr	Zahl	Jahr	Zahl
1973	34	1983	506
1974	294	1984	575
1975	445	1985	709
1976	453	1986	802
1977	554	1987	887
1978	558	1988	1159
1979	602	1989	1414
1980	635	1990	*1548*
1981	618	1991	*2007*
1982	603	1992	*1743*

Kursiv: nach der deutschen Einheit. Fusionen mit ostdeutscher Beteiligung: 1990: 121; 1991: 784; 1992:521. Zum Vergleich: Vom 21. September 1990, als die europäische Fusionskontrollverordnung in Kraft trat, bis zum 31. Dezember 1992 wurden von der Kommission der EU 133 Fusionen registriert. Vier der Fusionsvorhaben wurden aufgegeben. Bei den verbleibenden 129 waren in 35 Fällen deutsche Firmen beteiligt, und 74 Fusionen hatten direkte Auswirkungen auf den deutschen Markt.

Quelle: Bundestagsdrucksache 12/5200, S. 11, 66 und 147.

Wichtigster Gegenspieler des Kartellamtes in der Wettbewerbspolitik sind die Gerichte, in erster Linie der Kartellsenat beim Oberlandesgericht Berlin bzw. der Kartellsenat beim Bundesgerichtshof (BGH), bei denen Entscheidungen des Kartellamtes angefochten werden können. Mit Absicht wurden Entscheidungen des Kartellamtes in der Wettbewerbspolitik nicht wie gewöhnliches Verwaltungsentscheidungen behandelt, was bedeutet hätte, juristische Einspruchsmöglichkeiten bei der Verwaltungsgerichtsbarkeit anzusiedeln. Außer in Bußgeldsachen gilt der Kartellsenat beim BGH als Zivilsenat. Die Tätigkeit des Kartellamtes betrifft den als nichtstaatlich definierten Bereich „Wirtschaft", der auch nicht durch Umwege zu einem Gegenstand der Staatsverwaltung gemacht werden sollte.

Die starke Position der Gerichte ergibt sich aus dem Interpretationsspielraum, den das Kartellgesetz bietet. Das Kartellamt kann bei ständiger Erfolglosigkeit nur versuchen, auf den Gesetzgeber einzuwirken, um ihn zu einer Reform des Kartellgesetzes zu veranlassen, womit eine neue Basis für Gerichtsentscheidungen entsteht. In der Frühphase der Existenz des Kartellamtes versuchten Gerichte noch eine gewisse Konsistenz ihrer Entscheidungen im Sinne allgemeiner Wettbewerbsregeln zu beachten. Heute steht der jeweilige Einzelfall deutlich im Vordergrund.[362] Dies hatte zur Folge, daß in einigen Wirtschaftsbereichen, wie im Bereich der Kaufhausketten, aufgrund früherer Urteile von Gerichten zum speziell anzuwendenden Begriff des relevanten Marktes als Voraussetzung von Wettbewerb (coop/wandmaker-Urteil von 1986)[363], das Kartellamt selbst bei Fusionen von Marktführern machtlos ist (Karstadt-Hertie Fusion 1993). Hinzu kommen neuerdings aus der Sicht des Kartellamtes problematische Interpretationsunterschiede zwischen dem Kartellamt, das auch bei internationalen Unternehmen, die in Deutschland agieren, Wettbewerbsgesichtspunkte beachtet sehen möchte, und den Gerichten, die den Schwerpunkt ihrer Argumentation auf den grenzüberschreitenden freien Warenverkehr legen.[364]

Entscheidungen in der Wettbewerbspolitik orientieren sich in den meisten anderen europäischen Ländern vor allem an einem politisch definierten „öffentlichen Interesse". Das Kartellamt ist de jure an die gesetzlichen Vorgaben des Kartellgesetzes gebunden. De facto bleibt es von den vorherrschenden Trends der Volkswirtschaftslehre ebenso wie von konkreten politischen Umständen nicht unbeeinflußt. Über die wettbewerbspolitisch adäquate Unternehmensgröße kann gestritten werden, je nachdem ob der lokale, der regionale, der deutsche, der europäische oder Weltmarkt als Referenzgröße gilt. Der frühere Kartellamtspräsident Kartte[365] hat in Interviews stets eingeräumt, daß Fusionen auch mit dem (allerdings langfristig nie erreichten) Ziel des Erhalts von Arbeitsplätzen erlaubt wurden. Ein anderes Beispiel für wettbewerbsfremde

---

362 Vgl. Siegfried Klaue: Die bisherige Rechtsprechung zum Gesetz gegen Wettbewerbsbeschränkungen, in: Zehn Jahre Bundeskartellamt, Köln etc. 1968, S. 253ff.
363 Vgl. Bundestagsdrucksache 11/554, S.9.
364 Vgl. Bundestagsdrucksache 12/5200, S. 25.
365 Z.B.: „Wir stehen häufig unter Zwängen". Kartellamtspräsident Wolfgang Kartte über die Konzentration in der Wirtschaft, Interview in: Der Spiegel, 4.12. 1978, S.98.

Überlegungen: Das Entsorgungsmonopol „Duales System Deutschland" (Grüner Punkt) wird vom Kartellamt zur Zeit nur beobachtet[366] und nicht grundsätzlich in Frage gestellt, weil es an Alternativen für das Recycling System tatsächlich oder aus politischen Gründen fehlt.

Das politisch definierte „öffentliche Interesse" wird im Kartellgesetz durch den Artikel 24(3) berücksichtigt. Bei der Ministerentscheidung im Rahmen dieses Artikels darf auch die Wettbewerbssituation auf internationalen Märkten berücksichtigt werden. Begrenzt wird die Ministererlaubnis durch das Gebot, daß die marktwirtschaftliche Ordnung durch den politischen Eingriff nicht gefährdet werden darf. Das deutsche Kartellverfahren wird im Falle der Ministererlaubnis in einem Zwei-Stufen-Prozeß durchgeführt. Zunächst erfolgt die Entscheidung des Kartellamtes auf der Grundlage der „objektiven" Kriterien des Kartellgesetzes. Der Wirtschaftsminister muß sodann eine Stellungnahme der Monopolkommission einholen. Die Entscheidung des Ministers ist die zweite, politische Stufe des Verfahrens. Bisher hat das öffentliche Interesse, das Ausnahmeentscheidungen der Wirtschaftsminister gefunden haben, dazu beigetragen, daß dieses Instrument relativ sparsam benutzt wurde. Dennoch bleibt das Kartellamt gegenüber solcher, vom Wettbewerbsrecht losgelöster politischer Interpretation der Wettbewerbssituation skeptisch.[367]

1.2. Deutsche Einheit und europäische Wettbewerbspolitik

Die deutsche Einheit brachte das Kartellamt in eine schwierige Situation. Es war klar, daß die daniederliegende ostdeutsche Wirtschaft neuer kapitalkräftiger Partner bedurfte. Dies verband sich mit dem strategischen Interesse der westdeutschen Industrie, eventuelle ostdeutsche Konkurrenz zu verhindern. Passivität des Kartellamtes hätte in dieser Situation die Aufgabe wettbewerblicher

---

366 Bundestagsdrucksache 12/5200, S.21.
367 Vgl. Wolfgang Kartte: Wettbewerbspolitik im Spannungsfeld zwischen Bundeswirtschaftsministerium und Bundeskartellamt, in: Helmut Gutzler/Wolfgang Herion/Joseph H. Kaiser (Hrsg.): Wettbewerb im Wandel, Baden-Baden 1976, S. 55f.

Strukturen in der ostdeutschen Wirtschaft bedeutet. Einwände des Kartellamtes gegen Fusionsvorhaben waren aber gleichzeitig in der Gefahr, dem Vorwurf ausgesetzt zu sein, daß sie eine schnelle, im wirtschaftlichen Gesamtinteresse liegende Umstrukturierung der ostdeutschen Wirtschaft behindern und Arbeitsplätze aufs Spiel setzen.

Nach der ersten demokratischen Wahl zur Volkskammer der DDR im März 1990 setzte die Regierung de Maizière ein „Amt für Wettbewerbsschutz" ein, das für die Übergangsperiode bis zur deutschen Einheit im Oktober in der DDR die Aufgabe eines Kartellamtes übernahm. Seine Mitarbeiter wurden vom Bundeskartellamt ausgebildet, seine interne Organisation war allerdings traditionell hierarchisch. Der Präsident des Amtes hatte gleich nach seiner Ernennung eine anderweitige Tätigkeit gefunden, so daß das Amt Zeit seines Bestehens von seinem Vizepräsidenten geleitet wurde. Die Beschlußabteilungen waren nicht autonom, sondern dem Vizepräsidenten unterstellt. Dieser mußte vierzehn Tage vor einem drohenden Fusionsverbot durch das Kartellamt den zuständigen Minister unterrichten, der dann aus öffentlichem Interesse anders entscheiden konnte. Im Vergleich zur Organisation der westdeutschen Wettbewerbskontrolle fehlte die klare Trennung von an gesetzliche Vorgaben gebundenen und politischen Entscheidungskriterien. Der DDR-Wirtschaftsminister traf im Zeitraum des Bestehens des „Amtes für Wettbewerbsschutz" nur eine wesentliche Entscheidung aus „öffentlichem Interesse" entgegen den Intentionen des Amtes, nämlich die Erlaubnis der in Kapitel IV.3.3. erwähnten Übernahme der staatlichen Versicherung der DDR durch die Allianz. In der Regel stellte sich bei Fusionsfällen heraus, daß die west-ost Fusionen die Wettbewerbssituation auf dem nationalen deutschen Markt nicht dramatisch verschlechterten, sondern den westdeutschen vergleichbare (und in gleicherweise deformierte) Wettbewerbsverhältnisse schufen.

Die Treuhandanstalt als wichtigerer Akteur bei der Umstrukturierung der ostdeutschen Wirtschaft schenkte dem Kartellamt zunächst wenig Beachtung. Das Amt machte der Treuhandanstalt aber bald deutlich, daß ohne Rückkoppelung ihrer Entscheidungen mit den Beschlußabteilungen, diese Entscheidungsprozesse in zeitraubende Blockaden laufen könnten. Bis Ende 1990 hat das Kartellamt 600 Fusionen untersucht. In fünf Prozent der Fälle hatte das Amt Einwände.[368] Hauptziel des Kartellamtes war es, das Aufrechterhalten von Gebietsmonopolen früherer DDR-Firmen zu verhindern. Entscheidungen fielen in engem informellem Kontakt mit der Treuhandanstalt. Das Kartellamt entschied schneller als dies bei normalem Geschäftsgang der Fall gewesen wäre und – nach entsprechenden Konsultationen mit dem Wirtschaftsministerium – oft großzügiger. Dennoch ist das Kartellamt mit den Ergebnissen der Privatisierungspolitik nicht in allem einverstanden. Es kritisierte Treuhandentscheidungen, die zu einem sehr frühen Stadium schon zugunsten bestimmter Investoren fielen und damit andere Wettbewerber ausschlossen. Vor allem hätte sich das Kartellamt eine größere Rolle auswärtiger Investoren gewünscht, nicht zuletzt um den gesamtdeutschen Markt von Ostdeutschland aus kompetitiver zu gestalten. Vernachlässigt wurden nach Meinung des Kartellamts bei der Privatisierungspolitik auch die kleinen und mittleren Unternehmen. Stattdessen ging die Treuhand oft den bequemeren Weg des schnellen Großverkaufs an Großinvestoren.[369] Zu Lasten der kleinen und mittleren Unternehmen gingen auch die Dumping-Methoden, mit denen die Treuhand versuchte, ihre Betriebe im Markt zu halten.[370]

Kritisch wird vom Kartellamt auch die Europäisierung der Wettbewerbspolitik und deren Nähe in der Praxis zur Industriepolitik[371] begleitet. Anders als bei der älteren Wettbewerbskontrolle nach den Artikeln 85 und 86[372] des EG-Vertrages sieht sich das Kartellamt durch die seit 1989 gültige EG-Fusionskontrollverordnung[373] in ihrer Handlungsfähigkeit beschnitten. Der Fusionskontrolle auf europäischer Ebene, die von der Kommission politisch gesteuert wird, fehlt nach Meinung des Amtes die „neutrale", nur den Buchstaben der Verordnung verpflichtete Instanz. Ein zwei-

---

368 Bundestagsdrucksache 12/847, S. II.
369 Bundestagsdrucksache 12/5200, S. 14f.
370 Ebda. S. 32f.
371 Ulrich Immenga: Die europäische Fusionskontrolle im wettbewerbspolitischen Kräftefeld, Tübingen 1993, S. 18ff. Vgl. auch Martin Bangemann: Mut zum Dialog. Wege zu einer europäischen Industriepolitik, Stuttgart etc. 1992.
372 Ausführlicher: Josef Blank: Europäische Fusionskontrolle, Heidelberg 1991.
373 Hans-Jörg Niemeyer: Die Europäische Fusionskontrollverordnung, Heidelberg 1991.

stufiges Verfahren der Trennung der Wettbewerbsexpertise von politischen Argumenten könnte nach Meinung des Kartellamtes und der Bundesregierung durch die Einführung eines europäischen Kartellamtes geschaffen werden.[374]

Das Amt sieht seine Bedeutung auch dadurch schwinden, daß es nun die Kontrollmöglichkeiten bei Großfusionen verloren hat. Wird das im Maastrichter Vertrag so zentrale Subsidiaritätsprinzip ernstgenommen, sollte die Möglichkeit der Ausweitung der Rolle nationaler Kontrollbehörden bzw. der Rückgewinnung ihres Einflusses bestehen. Zwar gibt es nach Artikel 9 der europäischen Fusionskontrollverordnung bereits die Möglichkeit der Rückverweisung eines Falles an die nationale Kartellbehörde, sollte eine Regierung eines Mitgliedstaates gegenüber der Kommission ihr überragendes nationales Interesse geltend machen, doch hat Artikel 9 eine Reihe nicht erwarteter Konsequenzen gezeitigt. Zum einen zeigt sich die Kommission äußerst unwillig, solchen nationalen Begehren nachzukommen. Die fünf Bitten um Rückverweisung, die die Kommission zwischen 1990 und 1992 erreichten, wurden von ihr ignoriert. Hinzu kommt, daß eine solche Bitte, wie erwähnt, nicht vom Kartellamt ausgesprochen werden kann. Leitet die nationale Regierung den Wunsch des Kartellamtes auf Rückverweisung eines Falles nicht nach Brüssel weiter, wie im Falle der Fusion Kali-Salz AG, Kassel/ Mitteldeutsche Kali AG, Sondershausen, kommt dies einer „Ministererlaubnis durch die Hintertür" gleich. Das Kartellamt versucht, der ungeliebten Brüsseler Praxis bei Fusionskontrollen, die bisher nur zu zwei Fusionsverboten führte, mit Überzeugungsarbeit bei den europäischen Partnern zu begegnen. Ziel ist eine größere Konvergenz der wettbewerbspolitischen Grundhaltung, die die Wettbewerbspolitik in Europa mit oder ohne ein europäisches Kartellamt auf eine gemeinsame Grundlage stellen könnte.

---

374 Vgl. z.B. Stellungnahme der Bundesregierung zum Kartellamtsbericht 1991/92, Bundestagsdrucksache 12/5200, S.1f.

2. Die Deutsche Bundesbank (Geldpolitik) und die europäische Währungsunion

2.1. Die Deutsche Bundesbank

Die Deutsche Bundesbank[375] wurde 1957 als Nachfolgerin der föderal organisierten Bank deutscher Länder gegründet. Damit wurde Artikel 88 des Grundgesetzes verwirklicht, in dem es heißt: „Der Bund errichtet eine Währungs- und Notenbank als Bundesbank". Ihr Direktorium, das für die Leitung der Tagesgeschäfte zuständig ist, bildet zusammen mit den neun Vertretern der Landeszentralbanken den Zentralbankrat. Vor der deutschen Einheit hatte jedes Bundesland seine eigene Zentralbank. Um den Charakter des Zentralbankrates als überschaubares Beratungsgremium zu erhalten, beschloß der Gesetzgeber, nicht zuletzt auf Initiative der Bundesbank, die Zahl der Landeszentralbankvertreter durch das Zusammenlegen von Landeszentralbanken zu verkleinern. Nach der Gesetzesänderung von 1992 wurde, mit Ausnahme der Länder Nordrhein-Westfalen, Baden-Württemberg, Bayern und Hessen, für zwei oder drei Länder jeweils eine Landeszentralbank eingerichtet.

Der Zentralbankrat faßt mit einfacher Mehrheit die entscheidenden Beschlüsse in der Währungs- und Kreditpolitik und legt die Richtlinien für die Geschäftsführung und Verwaltung der Bundesbank fest. Das Bundesbankgesetz (§§ 7 und 8) sieht eine Wahl der Mitglieder des Zentralbankrates für acht Jahre und nur ausnahmsweise auch für einen kürzeren Zeitraum (mindestens zwei Jahre) vor. Die Absicht des Gesetzgebers war es, die Dauer der Amtszeiten der Mitglieder des Zentralbankrates vom zeitlichen Zusammenhang mit dem Anfang und Ende von Legislaturperioden zu entkoppeln, um eine direkte Verbindung von Regierungsneubildung und Neubesetzung der Leitungsfunktionen der Bundesbank auszuschließen. Dieses Ziel wurde nicht nur erreicht, es stellte sich sogar eine weit über den Rahmen einer Legislaturperiode hinausrei-

---

375 Vgl. auch Roland Sturm: Die Politik der Deutschen Bundesbank, in: Klaus von Beyme/Manfred Schmidt (Hrsg.): Politik in der Bundesrepublik Deutschland, Opladen 1990, S. 255-282. Roland Sturm: How Independent is the Bundesbank?, in: German Politics 4(1) (1995). David Marsh: Die Bundesbank. Geschäfte mit der Macht, München 1992.

chende Kontinuität der Amtsführung an der Spitze der Bundesbank her. Die Führung der Bundesbank ist vor allem Sache des Direktoriums und speziell des Präsidenten. Dies wurde nie durch die Tatsache beinträchtigt, daß das Direktorium bis 1992 die Höchstzahl zehn seiner Mitgliedern nicht ausschöpfte. Mit der Reform von 1992 wurde das Direktorium auf acht Mitglieder (Präsident, Vizepräsident und sechs weitere, §7BBankG) verkleinert. Die Spitze der Bank ist von einem hohen Maße personeller Kontinuität geprägt. Seit 1977 wurde jeweils der frühere Vizepräsident zum Nachfolger des amtierenden Präsidenten.

Tabelle 7: Präsidenten und Vizepräsidenten der Deutschen Bundesbank

	Amtszeit in Jahren	Mitgliedschaft im Direktorium
	insgesamt in Jahren	
Präsident		
Karl Blessing (1958-69)	12	12
Karl Klasen (1970-77)	8	8
Otmar Emminger (1977-79)	3	22
Karl Otto Pöhl (1980-91)	12	15
Helmut Schlesinger (1991-93)	3	22
Hans Tietmeyer (seit 1993)	2	5
Vizepräsident		
Heinrich Troeger	12	12
Otmar Emminger	8	22
Karl Otto Pöhl	3	15
Helmut Schlesinger	12	22
Hans Tietmeyer	3	5
Johann Gaddum	2	9

Das Bundesbankgesetz (§ 3) verpflichtet die Bundesbank in gewollter Einseitigkeit auf das Ziel der Sicherung der Währung. Allerdings ergänzt §12 diese Festlegung mit den Worten: „Die Deutsche Bundesbank ist verpflichtet, unter Wahrung ihrer Aufgabe die allgemeine Wirtschaftspolitik der Bundesregierung zu unterstützen." Worauf der zentrale Nachsatz folgt: „Sie ist bei der Ausübung der Befugnisse, die ihr nach diesem Gesetz zustehen, von Weisungen der Bundesregierung unabhängig." Aus diesen Festlegungen der Rolle der Bundesbank ergeben sich eine Reihe von Gesichtspunkten:

1) Die zentrale Aufgabe der Bundesbank ist die Sicherung der Währung. Um dies zu gewährleisten, bedient sie sich der Elemente der Geldpolitik, wie der Diskont-, Kredit- und Offenmarktpolitik, der Mindestreserve-Politik oder der Wertpapierpensionsgeschäfte. Ziel der Geldpolitik ist es, die umlaufende Geldmenge im Gleichgewicht mit dem Produktionspotential der Wirtschaft zu halten, um inflationäre Tendenzen zu vermeiden. Als Reaktion auf den Inflationsschub der von der ersten Ölpreiskrise 1973/74 ausging und im Einklang mit der allmählichen Abkehr vom keynesianischen Paradigma als herrschender Lehre in den Wirtschaftswissenschaften weltweit, hat sich die Bundesbank seit Ende 1974 zum Monetarismus bekannt. Praktisch bedeutete dies für sie den Versuch, die Geldmengenentwicklung in der Bundesrepublik durch die Vorgabe von Geldmengenzielen zu steuern. Selbstverständlich kann die Bundesbank mit der Festlegung dieser Ziele den Wirtschaftsprozeß nicht kontrollieren.

Graphik 6: Inflationsrate und Diskontsatz seit 1970

Quelle: Frankfurter Allgemeine Zeitung, 17.8.1994, S. 10.

Die Hauptfunktion der Bekanntgabe von Geldmengenzielen ist eine psychologische: durch das Benennen derjenigen Geldmengenentwicklung, die die Bundesbank als vertretbar ansieht, wird ein Stabilitätskorridor bestimmt, bei dessen Überschreiten die Wirtschaftsteilnehmer auf zinspolitische Korrekturmaßnahmen der Bundesbank vertrauen können. Damit wird die Inflationserwartung gedämpft, was zum Beispiel bedeuten kann, daß in Lohnverhandlungen nicht schon im voraus Lohnerhöhungen gefordert werden müssen, die eventuelle Inflationsverluste ausgleichen. Solche Lohnerhöhungen würden, falls sie von der Produktivitätsentwicklung entkoppelt sind, selbst inflationstreibend wirken (Lohn-Preis-Spirale). Die Ausweitung der Geldmenge als Folge der Einführung der DM in der DDR hat zur Sorge Anlaß gegeben, daß dies angesichts der fehlenden wirtschaftlichen Basis Ostdeutschlands zu einem dauerhaften Inflationsschub führen könne. Diese Befürchtung hat sich bisher nicht bewahrheitet. Allerdings muß sich die Bundesbank mit einem Phänomen auseinandersetzen, das ihren theoretischen Modellannahmen widerspricht. Die Geldmengenentwicklung übertraf in den letzten Jahren deutlich die vorgegebenen Geldmengenziele[376], dennoch ist die Inflation unter Kontrolle. Diese aus der Sicht der Bundesbankökonomen widersprüchliche Entwicklung, sowie zahlreiche technische Probleme, z.B. mit der Definition von Geldmengen für die Festlegung von Zielkorridoren der Geldmengenentwicklung, mögen – zumal ihre europäischen Partnerbanken ähnliche Probleme haben – die Bundesbank mittelfristig zu einem Umdenken hinsichtlich ihrer Strategie der Geldmengensteuerung führen.

2) Die Unabhängigkeit der Bundesbank ist nur im Bundesbankge Mehrheit beseitsetz geregelt. Sie könnte also mit einfacher parlamentarischer igt werden. Insofern ist die Bundesbank auf eine starke gesamtgesellschaftliche Unterstützung ihrer Antiinflationspolitik angewiesen, will sie ihre Unabhängigkeit wahren. Eine solche Unterstützung war in der Vergangenheit aufgrund der traumatischen Erlebnisse hoher finanzieller Verluste für weite Teile der Bevölkerung in zwei Perioden der Geldentwertung vorhanden, sie könnte aber – mit größer werdendem historischen Abstand – bedeutungsloser werden. Eine zeitgemäßere Begründung für eine unab-

---

376 Vgl. OECD 1994, a.a.O. S. 45ff.

hängige Rolle der Bundesbank bei der Inflationsbekämpfung könnte lauten, daß die Erfahrung zeigt, daß in Ländern mit einer unabhängigen Notenbank die Inflation besser unter Kontrolle gehalten wurde.[377] Unabhängige Nationalbanken konnten nicht zur Beeinflussung der Wirtschaft in Wahljahren mißbraucht werden oder mußten nicht tatenlos einer inflationstreibenden Ausgabenpolitik ihrer Regierungen zusehen. Der statistische Zusammenhang zwischen niedrigen Inflationsraten und Zentralbankautonomie spielte auch für die Begründung der Unabhängigkeit der nach Vollendung der Europäischen Währungsunion nach deutschem Modell geplanten Europäischen Zentralbank eine wichtige Rolle.

3) Die Unabhängigkeit der Bundesbank ist aber nicht unbegrenzt. Sie hat keine Autonomie in Fragen der Außenwirtschaftspolitik. Über den Wechselkurs der DM bestimmt die Bundesregierung ebenso alleine, wie über internationale Verträge mit währungspolitischen Implikationen. Die Bundesbank muß die Bundesregierung, wenn diese es wünscht „in Angelegenheiten von wesentlicher währungspolitischer Bedeutung" (BBankG §13(1)) beraten, ihr Rat muß allerdings nicht beachtet werden. In der Nachkriegszeit, in der das Abkommen von Bretton Woods (1944) die internationalen Wechselkurse festlegte, kam es regelmäßig zu Auseinandersetzungen zwischen der Bundesbank und der Bundesregierung über den Wechselkurs der DM. Während die Bundesregierung und weite Teile der deutschen Industrie befürchteten, mit einer Aufwertung der DM Exportanteile zu verlieren, sah die Bundesbank die Gefahr, daß bei unterbewerteter DM durch den Zwangsaufkauf überbewerteter Währungen ein inflationärer Druck im Inland entstehen könne.

Die spektakulärste Auseinandersetzung in diesem Interessenkonflikt war zweifellos der Bundestagswahlkampf 1969, der neben dem Regierungswechsel von der Großen Koalition zur sozialliberalen Koalition auch die Entscheidung für die von der Bundesbank gegen den Willen des Kanzlers der Großen Koalition, Kiesinger, favorisierte DM-Aufwertung bewirkte. Nach dem Übergang zum Floating der europäischen Währungen gegenüber dem Dollar 1973 entfiel z.T. der Zwang des Regierungseingriffs zur Festlegung von Währungsparitäten. Im Rahmen der europäischen Politik war es

---

377 Vgl. z.B. Caroline Willeke: Zentralbanken und Inflation, Berlin 1992.

aber wiederum eine politische Entscheidung, die die Zukunft der Währungsentwicklung wesentlich bestimmte: Die Gründung des Europäischen Währungssystems (EWS) 1979 auf Initiative von Kanzler Helmut Schmidt und des französischen Staatspräsidenten Valéry Giscard d'Estaing. Die Bundesbank spielte hier nur eine Nebenrolle. Mit der Philosophie der Gründer des EWS, daß die Währungsvereinheitlichung der wirtschaftlichen Vereinigung vorausgehen solle, war sie nicht einverstanden. Helmut Kohl nutzte in seiner Kanzlerschaft noch deutlicher die Vorrechte der Bundesregierung in der Währungspolitik und demonstrierte der Bundesbank damit deutlich die Grenzen ihrer Autonomie. Er verzichtete bei drei wichtigen Anlässen darauf, die Bundesbank zu konsultieren bzw. ihr Einverständnis zu suchen:

a) 1988 als zum Anlaß des 25. Jahrestages des deutsch-französischen Freundschaftsvertrages u.a. ein deutsch-französischer Wirtschaftsrat gegründet wurde, der auch die Geldpolitik beider Länder koordinieren sollte. Dahinter verbarg sich die französische Absicht, die europäische Ankerwährung DM, die die Wirtschaftsentwicklung aller europäischen Länder beeinflussen kann, mitzukontrollieren. Nach Protesten der Bundesbank wurde der Rat von einem Entscheidungsgremium zu einem Beratungsgremium herabgestuft, was der Einflußnahme auf die Bundesbankpolitik einen informelleren Charakter gab.

b) Die Entscheidung über den Maastricht-Vertrag, der mit der geplanten Schaffung einer Euro-Währung der Bundesbank ihrer Kontrollfunktion über die nationale Währung beraubt. Die Bundesbank könnte sich nach einer Angleichung der Wirtschaftsentwicklung in den EU-Staaten (Konvergenz) durchaus eine gemeinsame Währung vorstellen, fürchtet aber, daß ein politisch motivierter Zeitplan die ökonomischen Voraussetzungen einer Währungsunion mißachten könnte.[378] Darüberhinaus scheinen europaweit immer noch sehr unterschiedliche Auffassungen hinsichtlich der Rolle einer europäischen Notenbank nebeneinander zu existieren, die es aus der Sicht der Bundesbank wenig wahrscheinlich scheinen lassen, daß die Antiinflations-

---

378 Vgl. die Ausführungen des früheren Präsidenten der Hamburger Landeszentralbank Wilhelm Nölling: Unser Geld. Der Kampf um die Stabilität der Währungen in Europa, Berlin, Frankfurt/Main 1993, S. 127ff.

politik einer europäischen Notenbank politisch unbehelligt bliebe.

c) Der deutlichste Affront gegen das Selbstverständnis der Bundesbank, der zum freiwilligen Rücktritt ihres Präsidenten Pöhl[379] führte, war sicherlich die einsame Entscheidung der Bundesregierung, der DDR im Februar 1990 eine sofortige Währungsunion (ohne Übergangsperiode) anzubieten. Erneute Konflikte brachen über den zu wählenden Umtauschkurs aus, der aus der Sicht der Bundesbank aus wahltaktischen Gründen zu günstig für die ostdeutschen Bürger gewählt war und damit extrem ungünstig für die ostdeutsche Industrie, die nicht konkurrenzfähig genug war, um eine Vervierfachung des Lohnniveaus gemessen an der Produktivität zu verkraften. Auch die Entscheidung, die deutsche Einheit zunächst im wesentlichen über Kredite (Fonds Deutsche Einheit) zu finanzieren, ging an der Bundesbank vorbei.[380]

4) Eine weitere Einschränkung der Autonomie der Bundesbank verbindet sich potentiell mit dem parteipolitischen Einfluß auf die Auswahl ihres Führungspersonals. Die Vertreter der Landeszentralbanken werden vom Bundesrat gewählt, wobei der Wahlvorschlag des vorschlagenden Landes bisher immer erfolgreich war (wohl um keinen Präzedenzfall zu schaffen), auch wenn der Zentralbankrat, der nach BBankG §8(4) anzuhören ist, Bedenken wegen der Qualität des Bewerbers oder der Bewerberin äußerte.[381] Die parteipolitische Färbung der Landeszentralbankvertreter ist von geringerer Bedeutung als die parteipolitische Einflußnahme auf das Direktorium. Hier erwies sich bisher, daß die Ernennung von Parteifreunden, wie Karl Otto Pöhl durch Helmut Schmidt, keineswegs automatisch zu einer parteipolitischen Kontrolle der Bundesbank führte. Die Bundesbank zeigte sich erstaunlich resistent gegen den in Deutschland sonst allgegenwärtigen Zugriff des Parteienproporzes auf öffentliche Ämter. Vor allem aber identifizierten sich Bundesbankpräsidenten in erster Linie mit ihrer Aufgabe und der institutionellen Kontinuität ihres Hauses und kamen daher,

---

379 Zur Position Pöhls: David Marsh: Pöhl breaks silence about Maastricht, in: Financial Times, 12.11. 1993, S. 2.
380 Marsh, Bundesbank, a.a.O., S. 288.
381 Vgl. Sturm, Bundesbank, a.a.O., S. 264.

auch bei mit der Zusammensetzung der Bundesregierung übereinstimmender parteipolitischer Präferenz, häufig mit ihr in Konflikt. Es ist umstritten[382], ob das traditionelle Maß parteipolitischer Unabhängigkeit der Bundesbank unter Hans Tietmeyer (CDU) noch gilt, der zum ersten Mal in der Geschichte der Bundesbank auch einen Vizepräsidenten aus seiner Partei, der Regierungspartei, zur Seite hat. Kritiker weisen auf Tietmeyers Rolle als Mitverfasser des sogenannten Lambsdorff-Papiers hin, das Auslöser des Regierungswechsels 1982 war, und seine Doppelrolle als Mitglied des Direktoriums der Bundesbank und Verhandlungsführer der Bundesregierung bei den Verhandlungen zur Währungsunion mit der DDR.

Die Bundesbank hat vor allem seit den achtziger Jahren eine gewisse Rolle für die Haushaltsfinanzierung erlangt. Es ist ihr verboten, die Notenpresse zu bedienen, um dem Bund fehlende finanzielle Mittel zur Verfügung zu stellen. Um die Voraussetzung für die zweite Stufe der europäischen Währungsunion zu schaffen, verlor die Bundesregierung 1994 durch eine Gesetzesnovellierung des BBankG auch noch das Recht, auf maximal sechs Milliarden DM Kassenkredite der Bundesbank zur Überbrückung von Liquiditätsengpässen Zugriff zu nehmen. Die Bundesbank ist aber verpflichtet, nach entsprechender Rücklagenbildung, einen Teil ihrer Gewinne an den Bund abzuführen. Seit 1989 (Neuregelung der Gewinnabführung der Deutschen Bundesbank im Haushaltsgesetz) wird der Bundesbankgewinn nicht mehr in vollem Umfang in den Haushalt eingestellt, sondern zum Teil direkt zur Tilgung von Altschulden verwendet. Die Bundesregierung geht dabei von einem Sockel dauerhaft zu erwartender Einnahmen aus Bundesbankgewinnen aus, nach dessen Überschreitung (überplanmäßige Einnahmen) eine Finanzsumme für Tilgungszahlungen zur Verfügung steht. Das Vertrauen auf einen stets vorhandenen Bundesbankgewinn ist aber, wie die historische Erfahrung zeigt, nicht unproblematisch.

---

382 Zur Presse vgl. Wilfried Herz: Die Autonomen, in: Die Zeit, 1.10.93, S. 26.

Tabelle 8: Bundesbankgewinnabführung in Milliarden DM

1957	0,04	1976	-
1958	0,04	1977	-
1959	0,06	1978	-
1960	-	1979	-
1961	-	1980	2,3
1962	-	1981	10,5
1963	-	1982	11,0
1964	-	1983	11,4
1965	-	1984	12,9
1966	-	1985	12,6
1967	0,1	1986	7,3
1968	0,3	1987	0,2
1969	-	1988	10,0
1970	0,5	1989	10,0
1971	-	1990	8,3
1972	-	1991	14,5
1973	-	1992	13,1
1974	-	1993	18,3
1975	0,4		

Quelle: Geschäftsberichte der Deutschen Bundesbank

2.2. Europäische Währungsunion

Seit dem Ende der sechziger Jahre gab es wiederholt Versuche, die europäische Integration auf dem Feld der Währungspolitik voranzubringen. Beschlüsse, wie diejenigen der Staats- und Regierungschefs der EG-Länder vom 22. März 1971 über die stufenweise Verwirklichung einer Wirtschafts- und Währungsunion oder die Entschließung des EG-Ministerrats vom 21. März 1972 über die Errichtung des Europäischen Fonds für währungspolitische Zusammenarbeit wirkten sich praktisch alle zunächst in einer gegenseitigen Bindung eines Teils der europäischen Währungen aus. Für Wechselkursschwankungen wurden Schwankungsbreiten festgelegt, die bis Anfang März 1973 im Wechselkursverbund (der sogenannten „Schlange") von den An- und Verkaufslimits für den Dollar (dem sogenannten „Tunnel") begrenzt wurden, wobei die „Schlange" bestenfalls die Hälfte des 4,5 Prozentpunkte breiten „Tunnels" (+/- 2,25%) ausnutzen konnte.

Nach dem Übergang zum Floaten des Dollars gegenüber anderen Währungen blieb die europäische Währungszusammenarbeit erhalten. Am 13. März 1979 löste das Europäische Währungssystem (EWS)[383] die „Schlange" ab. Die Bandbreite möglicher Wechselkursschwankungen wurde beibehalten. Allerdings nahm die italienische Lira die Ausnahmeregelung für Währungen, die vorher nicht der „Schlange" angehört hatten, wahr und nutzte eine Bandbreite von +/-6%, während das britische Pfund zunächst nicht am EWS teilnahm. Das EWS erwies sich de facto als DM-Zone. Die elf Kursneufestsetzungen bis 1987 waren alle Abwertungen anderer Währungen gegenüber der DM. Von 1987 an blieben die Leitkurse im EWS, in einigen Fällen nicht zuletzt aus politischen Gründen, fünf Jahre unverändert. 1990 trat Großbritannien dem EWS bei. Die lange Zeit stabiler Paritäten im EWS erzeugte bei den politischen Entscheidungsträgern eine Stabilitäts„illusion", basierend auf der Erwartung bereits erreichter und sich ständig vertiefender Konvergenz der nationalen Ökonomien in der EG. Anhänger der „Motorthese" gingen sogar davon aus, daß eine solche Konvergenz von einer einheitlichen europäischen Währung noch rascher vorangetrieben werden könnte.

Dies ist der Hintergrund für das Zustandekommens der Entscheidung, die europäische Gemeinschaft zu einer Wirtschafts- und Währungsunion (WWU) fortzuentwickeln. Die im Vertrag von Maastricht 1992 festgelegte WWU (mit Sonderregelungen für Großbritannien und Dänemark) soll in drei Stufen verwirklicht werden. Das Ende der ersten Integrationsstufe war am 31.12. 1993 erreicht. In ihr sollte das EWS durch eine verstärkte Zusammenarbeit der Mitgliedstaaten in der Wirtschafts- und Währungspolitik gestärkt werden. In der zweiten Stufe ab Januar 1994 sollen die Mitgliedstaaten „übermäßige" öffentliche Defizite vermeiden und – soweit diese nicht bereits besteht – die Unabhängigkeit ihrer Zentralbanken mit Gesetzesänderungen festschreiben. Außerdem wurde in Frankfurt am Main ein Europäisches Währungsinstitut (EWI) eingerichtet, das aus einem Präsidenten und den Präsidenten der nationalen Zentralbanken besteht. Erster EWI-Präsident wurde der Belgier Alexandre Lamfalussy. Das EWI hat in erster Linie eine

---

383 Ausführlicher z.B. Bernhard Herz: Währungspolitische Asymmetrie im Europäischen Währungssystem, Baden-Baden 1994.

Überwachungs- und Beratungsfunktion und dient als Gremium, das die letzte Stufe der Währungsunion vorbereitet.

Die dritte Stufe der Währungsunion ist diejenige der irreversiblen Aufgabe der nationalen Währungen, die durch den europäischen ECU ersetzt werden. Es soll ein Europäisches System der Zentralbanken entstehen (ESZB), das sich aus den Zentralbanken der Mitgliedstaaten und der Europäischen Zentralbank (EZB) zusammensetzt. Die Aufgabe nationaler Notenbanken wird von der EZB übernommen. Diese ähnelt in ihrem zweistufigen Aufbau stark der Deutschen Bundesbank, auch wenn die Entscheidungspraxis der EZB, angesichts divergierender nationaler Interessen und unterschiedlicher währungspolitischer Traditionen, eine weit „politischere" Art der Auseinandersetzung um die Währungspolitik kennzeichnen wird. Das Entscheidungsgremium der EZB ist der EZB-Rat. Er besteht aus den Mitgliedern des Direktoriums, das die Geschäfte leitet, und den Präsidenten der nationalen Zentralbanken. Sofern für EU-Mitgliedsländer eine Ausnahmeregelung gilt, sie also der EZB nicht angehören, werden diese in einen „Erweiterten Rat" miteinbezogen, um nach Möglichkeit auch in diesem Rahmen die europäische Währungspolitik zu koordinieren.

Der Übergang zur dritten Stufe der WWU ist an Konvergenzkriterien gebunden, die sich a) auf die Preisstabilität beziehen (die Inflationsrate darf maximal 1,5 Prozentpunkte über derjenigen der drei preisstabilsten Mitgliedsländer liegen); b) auf die öffentliche Verschuldung (jährliche Neuverschuldung nicht mehr als 3% des BIP; Gesamtverschuldung nicht mehr als 60% des BIP); c) auf die Wechselkursstabilität im EWS (keine Abwertung der Währung, Einhalten der normalen Bandbreite in den letzten beiden Jahren) und d) auf die Geldpolitik (der durchschnittliche langfristige Nominalzinssatz darf nicht mehr als zwei Prozent über dem der drei preisstabilsten Länder liegen). Diese Kriterien sind aus systematischen Gründen, weil sie z.T. als Relationen und nicht als absolute Größen definiert sind, und weil sie unvollständig seien, wenn tatsächlich wirtschaftliche Konvergenz überprüft werden solle, kritisiert worden. Politisch relevant ist vor allem das Problem, daß der Vertrag von Maastricht einen genauen Zeitplan zur Einführung der WWU Stufe drei vorsieht.

Bis zum 31. Dezember 1996 entscheidet der Rat der Staats- und Regierungschefs mit qualifizierter Mehrheit, ob eine Mehrheit der Mitgliedstaaten die Konvergenzkriterien erfüllt und legt gegebenenfalls den Beginn der dritten Stufe der WWU fest. Sofern bis Ende 1997 kein Termin für diese dritte Stufe festgelegt wird, beginnt sie am 1. Januar 1999. Integriert werden alle Staaten, die die Konvergenzkriterien erfüllen. Die dritte Stufe tritt in Kraft, auch wenn eine Mehrheit der Staaten außerhalb der Währungsgemeinschaft bleiben müssen. Diese Staaten sollen den Status von Mitgliedsländern mit Ausnahmeregelung erhalten.

Die Weiterentwicklung des EWS nach 1992 und die gesamteuropäische wirtschaftliche Entwicklung haben Zweifel genährt, ob die Ablaufmodelle des Maastrichter Vertrages die geplanten Regierungskonferenzen von 1996 überstehen. Die Konvergenz, ja selbst die Stabilität europäischer Ökonomien (Verschuldungsentwicklung, Arbeitslosigkeit), ist in Frage gestellt. Dramatisch deutlich wurde die Auseinanderentwicklung der Leistungskraft der europäischen Volkswirtschaften, die durch bevorstehende EU-Beitritte weiterer Länder noch verschärft werden kann, im Rahmen der EWS-Krisen von 1992/93. Mehrere Spekulationswellen gegen überbewertete Währungen führten zum Ausscheiden von Großbritannien und Italien aus dem EWS und zur Abwertung der spanischen und der irischen Währungen. Um Instabilitäten des EWS besser ausbalancieren zu können und den ausgeschiedenen Währungen den Wiedereintritt in den EWS zu erleichtern, beschlossen die EWS-Mitgliedsländer am 1. August 1993 die bisherigen Bandbreiten für Wechselkursschwankungen drastisch (von +/- 2,25 auf +/- 15,0%) zu erweitern, was einem Übergang von festen zu flexiblen Wechselkursen gleichkommt. Ob sich auf dieser Basis noch die Intentionen des Maastrichter Vertrags umsetzen lassen, muß zumindest als fraglich erscheinen. Auch politisch sind die Widerstände gegen eine europäische Wirtschafts- und Währungsunion noch in diesem Jahrtausend gewachsen. Der Deutsche Bundestag hat im Zusammenhang mit der Ratifizierung des Vertrages von Maastricht mit überwältigender Mehrheit betont, daß er vor der endgültigen Entscheidung über die Aufgabe der DM und die Einführung eines europaweiten ECU als Währungseinheit eine erneute parlamentarische Behandlung dieses Gegenstandes und eine entsprechende Beschlußfassung wünscht.

VI. Ausblick: Perspektiven der politischen Wirtschaftslehre

Das Forschungsprogramm der politischen Wirtschaftslehre ist mit den oben diskutierten Themen nur unzureichend umrissen. Es ist offensichtlich, daß es bei vielen der behandelten Themen, sei es der Staatsverschuldung, sei es der Industriepolitik, sei es der Wettbewerbspolitik, oder auch im Hinblick auf die Rolle der Zentralbanken, an ausreichend intensiven komparativen Bemühungen fehlt. Zumal wenn von solchen komparativen Studien mehr als das Aneinanderfügen von Einzelstudien zu bestimmten (oft nur von zwei) Ländern erwartet wird, nämlich der qualitative Sprung zum Vergleich, der sich an übergreifenden Fragestellungen orientiert. Dies schließt nicht aus, daß die eine oder andere vereinzelte vergleichende Studie[384] (selten jüngeren Datums) durchaus vorhanden ist, der sozialwissenschaftliche Forschungsbedarf ist aber enorm. Dies um so mehr, als gerade national jeweils andere Konstellationen des Verhältnisses von Politik und Wirtschaft auch die theoretischen Bemühungen um das für die Politische Wirtschaftslehre zentrale Interdependenzproblem voranbringen könnten.

Zu wenig Beachtung wird in der Politischen Wirtschaftslehre auch der Integration sogenannter „Randphänomene" in Forschungsprogramme geschenkt, wie zum Beispiel der Frage nach den ethischen Voraussetzungen wirtschaftlichen Handelns[385], der wirtschaftswissenschaftlichen Politikberatung[386] oder dem Thema der Wirtschaftskriminalität[387]. Dabei sind es gerade die ökonomischen Skandale und die ökonomischen Prognosen, die die Schlagzeilen beherrschen und die das Alltagsbild der Marktwirtschaft prägen.

---

384 Zum Beispiel zur Rolle der Banken in Volkswirtschaften: Jonathan Clarkham: Keeping Good Company: A Study of Corporate Governance in Five Countries, Oxford 1994.
385 Z.B. Peter Koslowski (Hrsg.): Neuere Entwicklungen in der Wirtschaftsethik und Wirtschaftsphilosophie, Heidelberg etc. 1992. Georges Enderle u.a. (Hrsg.): Lexikon der Wirtschaftsethik, Freiburg 1993.
386 Z.B. Thomas Schneider (Hrsg.): Die wirtschaftspolitische Beratung im Vergleich. Frankreich und die Bundesrepublik Deutschland, Pfaffenweiler 1989.
387 Karlhans Liebl: Wirtschaftskriminalität als Gegenstand von Forschung und Praxis, in: Aus Politik und Zeitgeschichte 11(1985), S. 31ff.

Schließlich wird in den letzten Jahrzehnten und verstärkt nach dem Zusammenbruch der sozialistischen Ökonomien und dem Ende der entwicklungstheoretischen Hoffnungen auf den Erfolg einer vom Weltmarkt abgekoppelten „autozentrierten" Entwicklung der Dritten Welt auf die einigende und beherrschende Kraft des Weltmarkts hingewiesen.[388] Eine „nationale" politische Wirtschaftslehre muß angesichts der Europäisierung und Internationalisierung der Wirtschaft auf den ersten Blick in gewissem Maße als obsolet erscheinen. Auch wenn mit vielen guten Argumenten auf die Weltwirtschaft „ohne Grenzen" hingewiesen wird, kann aber eine „politische" Wirtschaftslehre die bestehenden institutionellen Realitäten nicht übersehen, ganz abgesehen von der Wechselwirkung der Entwicklungen auf globaler und nationaler/regionaler/lokaler Ebene. Die internationale Perspektive ist sicher mehr als Außenwirtschaftspolitik und mehr als die bestehende Formenwelt internationaler Organisationen, wie Weltbank, Internationaler Währungsfonds (IWF) oder Welthandelsorganisation (WTO). Die Dimensionen und Kausalitäten der ständig fortwirkenden Internationalisierung des Verhältnisses von Politik und Wirtschaft auch im Rahmen der politischen und ökonomischen Realitäten der Nationalstaaten und Wirtschaftsblöcke (wie der EU) noch umfassender und jeweils zeitgemäß analytisch aufzunehmen, bleibt die große Zukunftsaufgabe der Politischen Wirtschaftslehre.

---

388 Für viele: Wolf-Dieter Narr/Alexander Schubert: Weltökonomie. Die Misere der Politik, Frankfurt/Main 1994.

Namenregister

Abendroth, Wolfgang 85
Adenauer, Konrad 35, 127
Axelrod, Robert 49f.

Böhm, Franz 85
Brandt, Willy 99, 101
Breuel, Birgit 140
Buchanan, James 46

Clark, J.M. 200

Dahrendorf, Ralf 112
de Maizière, Lothar 140, 207
Downs, Anthony 16, 24, 31f., 34, 41

Easton, David 58
Erhard, Ludwig 51, 80, 83f., 86ff., 93, 197
Eucken, Walter 85f.
Eynern, Gert von 10ff.

Fraenkel, Ernst 52
Friedman, Milton 107

Geißler, Heiner 54
Georgescu-Roegen, Nicholas 145
Gilder, George 116
Giscard d'Estaing, Valéry 215
Gore, Al 59
Gorz, André 147

Gramsci, Antonio 67
Gruhl, Herbert 145f.
Günther, Eberhard 198f.

Habermas, Jürgen 53, 64
Harich, Wolfgang 147
Hayek, Friedrich August 85
Hitler, Adolf 78
Hobbes, Thomas 25

Jungk, Robert 145

Kalecki, Michael 36
Kantzenbach, Erhard 200f.
Karrte, Wolfgang 198, 205
Keynes, John Maynard 82
Kiesinger, Kurt-Georg 214
Kluncker, Heinz 101
Kohl, Helmut 111, 113, 115, 119f., 126f., 132, 188, 195, 215

Laffer, Arthur 116
Lambsdorff, Otto Graf 109ff., 217
Lamfalussy, Alexandre 219
Locke, John 25
Luhmann, Niklas 59f.

Marshall, George 81
Marx, Karl 15f., 63, 67
Matthöfer, Hans 108
Modrow, Hans 140, 173

Möller, Alex 96
Morgenstern, Oskar 43
Müller-Armack, Alfred 85

Neumann, John von 43
Niskanen, William A. 42

Olson, Mancur 46ff.

Parkinson, Anthony 41
Phillips, Bill 37
Pöhl, Karl Otto 216

Rawls, John 25
Riker, William 43
Röpke, Wilhelm 85
Rohwedder, Detlev Karsten 140
Rüstow, Alexander 85

Scheel, Walter 99
Schiller, Karl 87, 89, 93, 96
Schlesinger, Helmut 177
Schmidt, Helmut 99, 101ff., 105, 108f., 114, 127, 215f.
Schumpeter, Joseph 26ff.
Smith, Adam 9, 25
Stoltenberg, Gerhart 113f., 116

Tietmeyer, Hans 217
Tullock, Gordon 46

Wagner, Adolph 168
Waigel, Theo 164
Weber, Max 40, 112
Wildenmann, Rudolf 16
Wolff, Dieter 198

Sachregister

ABM Arbeitsbeschaffungsmaßnahmen) 115, 136, 138f., 175
Angebotspolitik(-ökonomie) 76,
  107, 109, 111f., 117, 119, 126
Arbeitslosigkeit/Arbeitsmarkt 11,
  17, 36ff., 60, 76, 82, 84, 90,
  99ff., 104, 107, 109f., 113f.,
  116, 124f., 221
Arbeitsmarktpolitik siehe Beschäftigungspolitik
Armut 11, 116
Aufschwung Ost 139, 175
Ausgaben (des Staates) 37f., 88, 91,
  95ff., 99, 102f., 107ff., 113,
  119, 125f., 165f., 168, 175f.,
  178, 214
außenwirtschaftliches Gleichgewicht 89f., 162

BDA (Bundesverband der Deut-
  schen Arbeitgeberverbände) 94
BDI (Bundesverband der Deutschen
  Industrie) 94, 197
Beschäftigungsgesellschaft 138f.
Beschäftigungspolitik 86, 89f.,
  102ff., 113, 115, 139, 143
Binnenmarkt siehe EU
Bodenreform 79
Bretton-Woods-System 100, 214
Budget 41, 84, 91, 96f., 108, 143,
  156, 159-179, 217
Bundesbank (Notenbank) 84, 87f.,
  91, 94, 96, 99f., 102, 104, 110,
  112, 114, 119, 143, 161, 164,
  172, 179, 210-222
Bürokratien 18, 26, 40-42.45

Chaosforschung 69f.
Club of Rome 145
COMECON siehe RGW
crowding out 165f.

DAG (Deutsche Angestelltenge-
  werkschaft) 94
deficit spending 91, 101, 108, 165,
  169
Defizit 98, 103, 114, 121, 125, 157,
  161, 171-179
Deflation 84
Demokratietheorie 27, 31
Demontage 80f.
Deregulierung siehe Entregulierung
DGB (Deutscher Gewerkschafts-
  bund) 94
DIHT (Deutscher Industrie- und
  Handelstag) 94
Diktatur 26, 147
Dritter Weg 11, 79f.

Eigentum 56, 76, 83, 85, 124
Einheit, deutsche 9, 11, 29f., 76,
  112, 115, 118, 121, 124, 126,
  131ff., 154f., 161, 168, 170,
  171-179, 181, 188, 202, 206-

208, 210, 216
Eliten 27, 53, 56
Entgrenzung des Staates 72, 185-188
Erblasttilgungsfonds 143, 175f.
Entregulierung 73, 76, 112, 114, 119f., 125, 201
ERP (European Recovery Program) 81, 157, 171, 175f.
EU (Europäische Union)/ EG (Europäische Gemeinschaft)/ Binnenmarkt 13, 118, 120, 134, 141, 179, 182f., 188, 202, 204, 208, 218-221, 223
EWI (Europäisches Währungsinstitut) 219
EWS (Europäisches Währungssystem) 215, 218ff.

Finanzplanungsrat 92, 163
Floating 100, 214
Föderales Konsolidierungsprogramm 176
Föderalismus 18, 90, 210
Fonds Deutsche Einheit 134, 171f., 216
Fordismus 68
formierte Gesellschaft 51, 87
free rider 47
Freiburger Schule 85
Fusion(skontrolle) 182, 198f., 202ff., 207ff.
Fünf Weisen siehe SVR

Geldmenge(nziele) 37, 97, 112, 212f.
Geldpolitik 84, 87, 95, 99, 102, 110, 212f., 220
Gesellschaftsvertrag 25
Gewerkschaften 15, 38, 46ff., 54, 56, 77, 79, 84ff., 90, 93ff., 99, 101, 103f., 106, 112, 115, 137f., 185, 191f., 194
Globalsteuerung 58, 76, 83, 89ff., 93, 95, 100ff., 104f., 107ff., 111, 125, 165

Handelskrisen 17
Haushalt siehe Budget
Hermes-Kreditversicherung 138, 156f., 176
homo oeconomicus 23f., 48, 71
Humanisierung der Arbeitswelt (HdA)-Programm 105f.

Individualisierung der Gesellschaft 9
Individualismus, methodischer 14, 16, 22
Industriepolitik 126, 131, 141, 179-188, 208, 222
Inflation 36ff., 54, 84, 87ff., 96f., 99ff., 108, 112f., 117, 125, 158, 160, 165, 167, 212ff., 216, 220
Innovation 60, 125, 189, 193, 196, 201
Institutionenökonomik, neue 18
Interessenverbände 18, 45, 51, 54ff., 85, 93f., 119
Investitionsklima/-förderung 55, 66, 106, 119, 184, 190
Investitionslenkung 104, 183

Kapital, Das (Marx) 15
Kartellamt 53, 126, 141, 197-209
Kartelle 48, 78, 83, 198, 202f.
Keynesianismus 50, 58, 65, 68, 76, 82f., 87, 95f., 98ff., 102f., 110f., 119, 124, 164f., 169f., 181, 212
Klassenkampf 15, 36, 53f., 64
Koalition 26, 29, 42-45
Kohäsionspolitik 182
Kollektives Handeln 18, 25f., 45-49
Kommunistisches Manifest 62
Kommunitarismus 71
Konjunkturausgleichsrücklage 91, 97
Konjunkturpolitik 89ff., 95, 97f., 100, 104, 111, 119, 124, 164
Konjunkturrat 92, 163

Konjunkturzyklus, politischer 26, 35-39
Konjunkturzyklus, wirtschaftlicher 35, 37f., 90
Konkurrenz siehe Wettbewerb
Konzertierte Aktion 56, 90, 93f.
Korporatismus 51, 55-57, 72, 185
Korruption 53, 60
Kreditabwicklungsfonds 142, 171f., 175
Krise 17, 63f., 66f., 69, 76, 82, 87f., 95, 97, 102
Kultur, politische 25, 131

Lastenausgleich 157
lean production 196
Lebenswelt 71, 73
Liberalismus (Neo-) 71, 76, 80, 83ff., 87f., 107, 121, 164f., 170, 201
Löhne 84, 94ff., 101, 112, 125, 136f., 193, 195f., 213, 216

Maastrichter Vertrag 179, 182, 209, 215, 219ff.
Magisches Viereck 90f., 125
Marktwirtschaft, ökologische 75f., 126, 148
Marktwirtschaft, soziale 12, 65f., 75ff., 82, 84f., 87f., 95, 98, 101, 103, 109, 111ff., 124, 127, 148, 189, 196
Marshall-Plan 81, 95, 157
Marxismus 9f., 15ff., 36, 57, 62-69
minimal winning coalition 43
Minimalstaat 36, 125, 186
Ministererlaubnis 206, 209
Mißbrauchsaufsicht 198, 202f.
Mitbestimmung 15, 76, 83, 85f., 94, 98
MITI (Ministry of International Trade and Industry), Japan 181
Mittelstandspolitik 183f.
Monetarismus 50, 76, 102, 112, 212
Monopole 25, 48, 62f., 121, 200
Monopolkommission 197f., 206

Morgenthau-Plan 80

Neue Linke 57, 63-65
Neue Soziale Frage 54
Next Steps 59
NPÖ (Neue Politische Ökonomie) 14, 16ff., 22-51, 71
Nullsummenspiel 43, 50

Ökologie 17, 125, 144-154, 194
Ökosteuern 151f.
Öl(preis)krise 100, 104, 107f., 112, 124, 212
OPEC 100
Ordnungspolitik 83, 86, 94, 182, 188, 197

Phillips-Kurve 37f., 99f.
planification/Planung 58, 82f., 86, 104
Pluralismus 51-55, 87, 93
Postmaterialismus 11, 70
Preise 27, 52, 61, 84, 89f., 94, 96, 101, 108, 110, 124, 133, 136, 150, 153, 202
Privatisierung 73, 76, 120f., 125, 136, 140ff., 143f., 157, 177, 199, 201f., 208
Profitrate, tendenzieller Fall der 63
public choice 17

rational choice 17
Reaganomics 111
Regionalpolitik 86, 102, 183
Reichsverband der Deutschen Industrie 77
Reinventing Government 59
rent-seeking 48f., 189
RGW (Rat für gegenseitige Wirtschaftshilfe) 133, 136, 173
Risikogesellschaft 70

Solidaritätszuschlag 175f.
Sozial-Ökonomischer Rat (Niederlande) 56
sozialer Friede 55, 66, 109, 131, 196

Sozialismus 51, 75, 105, 129f., 146f.
Sozialpartnerschaft (Österreich) 56
Sozialpolitik 15, 66, 83, 85ff., 97f., 103, 113, 115, 132, 139, 143
Sparpolitik 56, 88, 95, 97, 104, 109f., 113f., 119, 125f., 168, 170, 176
Spieltheorie 25f., 49-51
Staatsverschuldung 17, 88, 101, 103, 108f., 111, 114, 117, 126, 152, 154-179, 220ff.
Stabilitätsgesetz 89f., 92f., 102, 125, 162, 169
Stagflation 37, 100
Stamokap-Theorie 62
Standort(-wahl, -debatte) 66, 76, 125, 167, 182, 188-196
Steuerpolitik 50, 88, 91, 96f., 99, 104, 107, 110, 112, 116ff., 126, 160, 165, 167, 175f., 178, 184, 192, 196
Streik 55, 84, 96, 101, 115, 191
Strukturpolitik 76, 90, 105f., 141, 181ff.
Studentenbewegung 15
Subsidiaritätsprinzip 85, 209
SVR (Sachverständigenrat zur Begutachtung der gesamtwirtschaftlichen Entwicklung) 89, 91, 94f., 102, 104, 159ff., 163f., 177
Systemtheorie 14, 58-62, 64

Tarifpolitik/-autonomie 47, 66, 90, 106, 115, 124
Technologie(politik) 68, 76, 105, 125, 182ff., 186ff., 193
Thatcherismus 111
Theorie der Firma 18
Transformation der osteuropäischen Wirtschaftssysteme 11f., 129, 157
Treuhand 136-144, 171ff., 175f., 207f.
trickle down-Argument 116

Tripartismus 55, 93, 185

unsichtbare Hand 25ff.
Unternehmer, politischer 26-28

Verbände siehe Interessenverbände
Vermögensverteilung/-bildung 15, 76, 82f., 86, 98
Verstaatlichung 58, 78f., 83, 85f., 183

Wachstum (der Wirtschaft) 25, 44, 56, 66, 84, 87, 89f., 98, 100, 103, 112, 125, 130, 146, 162
Wachstumskritik 44, 75, 144ff.
Währungsreform 83, 167
Währungsunion, deutsche 124, 132, 135-136, 142, 174, 216f.
Währungsunion, europäische 179, 210, 214f., 217-221
Weltmarkt 37, 133, 183, 196, 205, 222
Werttheorie 63
Wettbewerb(sfähigkeit) 48f., 53, 76, 83f., 100f., 105, 107, 118, 124ff., 133, 136, 140, 148, 150, 181f., 187-196, 197-209, 216, 222
Wirtschaftsethik 112, 222
Wirtschaftskriminalität 53, 126, 222
Wirtschaftspolitik 13, 65, 75-127, 130, 141
Wirtschaftsverfassung 9f., 12, 79, 82, 84ff., 89
Wirtschaftswunder 87, 89, 129
Wohlfahrtsstaat 58, 60 , 65, 82, 97f., 103, 109, 111f., 124
workable competition 200
WWU (Wirtschafts- und Währungsunion) siehe Währungsunion, europäische

Zinspolitik siehe Geldpolitik
Zwei-Drittel-Gesellschaft 124

MIX
Papier aus verantwortungsvollen Quellen
Paper from responsible sources
FSC® C105338

If you have any concerns about our products,
you can contact us on
ProductSafety@springernature.com

In case Publisher is established outside the EU,
the EU authorized representative is:
**Springer Nature Customer Service Center GmbH
Europaplatz 3, 69115 Heidelberg, Germany**

Printed by Libri Plureos GmbH
in Hamburg, Germany